JAHRBUCH DER PSYCHOANALYSE
Band 77

JAHRBUCH DER PSYCHOANALYSE

Beiträge zur Theorie, Praxis und Geschichte

77

frommann-holzboog

Bibliografische Information
der Deutschen Nationalbibliothek

Die Deutsche Nationalbibliothek verzeichnet diese Publikation in der Deutschen Nationalbibliografie; detaillierte bibliografische Daten sind im Internet über <http://dnb.dnb.de> abrufbar

ISBN 978-3-7728-2077-9
eISBN 978-3-7728-3177-5
ISSN 0075-2363

Stuttgart-Bad Cannstatt 2018
www.frommann-holzboog.de
Satz: 3W+P GmbH, Rimpar
Gesamtherstellung: Druckerei Laupp & Göbel, Gomaringen

Inhalt

Wolfgang-Loch-Vorlesung

Editorial

Edward O. Wilson, der Begründer der Soziobiologie, hat sein Lebenswerk dem Wechselspiel zwischen Evolution und sozialen Verhaltensweisen gewidmet. Beschäftigt haben ihn Ameisenvölker genauso wie der Mensch als Gruppenwesen. Seine wissenschaftlichen Anstrengungen galten dem letzten einer unwahrscheinlichen Kette von Meilensteinen in der Geschichte des *Homo Sapiens,* nämlich seiner Fähigkeit, in »in hohem Maße organisierten Gruppen« (Wilson 2016, 62) zusammen zu leben und zu arbeiten. Dieses Gruppenverhalten ist für Wilson im Rahmen der Evolutionstheorie ein eigenständiger, gleichrangiger Faktor neben der individuellen Selektion – eine These, für die er ebensoviel Zuspruch wie scharfe Kritik erfahren hat. Sie steht den triebtheoretischen Annahmen der freudschen Psychoanalyse durchaus nahe. Für Wilson ist die Frage, warum sich höheres soziales Leben entwickelt hat und welche Antriebskräfte dafür verantwortlich sind, trotz der großen Fortschritte in der Erforschung der Frühzeit von Lebensformen aber bis heute ungeklärt. Sie kann seiner Meinung nach nur dadurch gelöst werden, dass verschiedenste Wissenschaftsdisziplinen zusammenarbeiten.

Wir können vermuten, dass Sigmund Freud die Ergebnisse der Evolutions- und Soziobiologieforschung mit großem Interesse verfolgen würde, hat er doch der Psychodynamik der evolutionär frühen gemeinschaftlichen Lebensformen, z.B. der »Urhorde«, ein ganzes Werk, *Totem und Tabu,* gewidmet (Freud 1913). Was aber kann die heutige Psychoanalyse zu den Fragen nach Ursachen und Dynamiken von Gruppenbildung beitragen? Welche Forschungsfelder könnten wir als Psychoanalytiker in den aktuellen Wissenschaftsdiskurs einbringen? Die metapsychologische Erkundung von Gruppenfaktoren steckt noch in den Anfängen. Und um die erhofften Erfolge der Gruppentherapien ist es vielleicht etwas stiller geworden. Aber galt nicht die Gruppe von Beginn an als entscheidender Faktor psychoanalytischen Lernens? Ob in den Mittwochsgesellschaften Freuds, den kasuistischen Fallseminaren

Jahrbuch der Psychoanalyse 77, S. 7–12

unserer heutigen Ausbildung, ob in Säuglingsbeobachtungs-, Supervisions- bzw. Intervisonsgruppen, das Lernen in Gruppen spielt in der Frühgeschichte der Psychoanalyse, in der modernen psychoanalytischen Ausbildung und schließlich auch für die lebenslange Verfeinerung psychoanalytischen Verstehens eine bedeutende Rolle.

Zeitgleich zu der Entwicklung ihres Lernens in Gruppen haben Psychoanalytiker versucht, psychoanalytisches Denken ›nach draußen‹ zu bringen, es anderen Berufsgruppen anzubieten und auf gesellschaftliche Fragestellungen anzuwenden. Enid und Michael Balint z. B. haben ein Gruppenverfahren entwickelt, das ursprünglich Ärzten helfen sollte, unbewusste Übertragungs- und Gegenübertragungsbewegungen in den Interaktionen zwischen Patient und Arzt mitzudenken und in ihre alltägliche Arbeit einfließen zu lassen. Inzwischen sind diese Balintgruppen auf der ganzen Welt verbreitet und geben Ärzten, Lehrern, Erziehern, Pflegepersonal sowie Studierenden verschiedenster Fachbereiche psychoanalytische Unterstützung bei ihrer täglichen Arbeit. Wolfgang Loch, der als einer der wenigen deutschen Psychoanalytiker bald nach dem Ende des Zweiten Weltkriegs wieder Kontakt zur Internationalen psychoanalytischen Gesellschaft aufnehmen konnte, lernte diese Gruppen 1958/59 in London kennen und brachte die Idee mit nach Deutschland, wo er ab dem Wintersemester 1960/61 zusammen mit Alexander Mitscherlich in Frankfurt die ersten Balintgruppen anbot (Loch 1995). Die später sich daraus entwickelnde sogenannte Methode der »Deutungsoptionen« stellt eine Retransformation und Zuspitzung der Balintgruppenidee für Psychoanalytiker dar. Es ist eine ungewöhnliche Form der psychoanalytischen Fallarbeit, mit reduziertem klinischen Material und einer Gruppe, die sich auf ihre ausgelösten Assoziationen verlässt. Der große Vorteil dieser Arbeitsweise ist, dass sie den Gruppenmitgliedern eine Identifikation mit dem vorgestellten Patienten und dem vorstellenden Psychoanalytiker ermöglicht (vgl. Danckwardt/Schmidhüsen/Wegner 2014). Auch diese Methode findet inzwischen immer mehr Verbreitung, z. B. in den jährlich stattfindenden »Free Clinical Groups (FCG)« auf den Jahrestagungen der Europäischen Psychoanalytischen Föderation (siehe Panel auf der 30. Jahrestagung der EPF in Den Haag/Niederlande, 2017: Unfamiliar Talking on Clinical Material? The Method of the Free Clinical Groups. Wegner, P./Sklar, J./Thußbas, C.).

Der *Group-Relations*-Ansatz nach dem Tavistock-Modell schließlich kombiniert systemisches mit psychoanalytischen Denken. Dadurch konnte psychoanalytisches Verstehen für Arbeitsgruppen, Institutionen und gesellschaftliche Konflikte entwickelt und erprobt werden. In den *Group-Relations*-Konferenzen, die von der üblichen Tagungsstruktur mit Vorträgen und Seminaren abweichen, können Teilnehmende konkrete Erfahrungen mit Beziehungen in sowie zwischen verschiedenen Gruppen sammeln. Die Idee ist, im Sinne Bions innerhalb des Konferenz-Settings ein *Lernen durch Erfahrung* (Bion 1962) zu ermöglichen. Gleichzeitig werden die Gruppenbewegungen als unbewusste Inszenierungen sozialer Gesetzmäßigkeiten konzipiert, die im Rahmen der Tagungen durch die Leitungsgruppe der Konferenzen deutbar und verstehbar werden sollen.

Zeigen diese Beispiele nicht deutlich, dass Psychoanalyse eine Wissenschaftsdisziplin ist, die sich genuin als Forschung *in* Gruppen versteht und selbst reflektiert und signifikante Ansätze zur Forschung *über* Gruppen entwickelt hat? Gehen wir noch einen Schritt weiter: Geht unsere eigene Entwicklung von der Ein-, Zwei- und Drei-Personenpsychologie nicht immer mehr in Richtung einer Gruppenpsychologie, einer *Group in Mind*-Idee (McDougall 2017)? Auch Herbert Rosenfeld hatte mit den sogenannten mafiaähnlichen Strukturen bestimmte psychische Konstellation im Individuum mit einer Gruppenmetapher zu beschreiben versucht (Rosenfeld 1990, 147). Verfolgt nicht jeder von uns in seinen sozialen Interaktionen eine *Group-in-Mind*-Theorie? Aber welche Annahmen liegen all diesen Ansätzen zugrunde? Kann die Gruppe, wie Balint und Loch sie verstehen, tatsächlich als *Prisma* der unbewussten Bewegungen eines vorgestellten Falls oder eines institutionellen bzw. gesellschaftlichen Konflikts dienen? Wie kann mit destruktiven Großgruppenregressionen umgegangen werden und inwiefern sind wir überhaupt von bestimmten Gruppenannahmen gänzlich abhängig?

Der vorliegende Band soll die Vielfalt der *nicht-therapeutischen* Arbeit in und über Gruppen in der Psychoanalyse auffächern und der Diskussion zugänglich machen. Zwei Beiträge aus dem *Group-Relations*-Ansatz ermöglichen uns einen unmittelbaren Einblick in entsprechende *Group-Relations*-Konferenzen. Hermann Beland, einer der Begründer der Nazarethkonferenzen, bezieht sich in seinem Beitrag auf die 6. Nazarethkonferenz, in der die Konferenzdynamik zum ersten Mal den Konflikt zwischen Israelis und Palästinensern miteinbezog. An zwei Ereignissen dieser Konferenz diskutiert er die Hypothese der Zusammensetzung kollektiver Feindseligkeiten aus individuellen Selbstzerstörungen. Gerade nicht funktionierende Gruppen werden untersucht. Dorothee von Tippelskirch-Eissing beschäftigt sich in ihrem Beitrag mit klinischem Material aus *Group-Relations*-Konferenzen in Israel 2006 und 2007, mit deren Hilfe sie die Projektionen internationaler Kollegen auf ihr Deutsch-Sein sowie ihre Gegenübertragungen dazu reflektiert. Der Beitrag gibt einen guten Einblick in Aufbau und Verlauf dieser Konferenzen.

Ein Beitrag von Jonathan Sklar »Zur Bedeutung von Balintgruppen«, die Übersetzung eines Kapitels aus seinem 2017 bei Karnac erschienen Buches *Balint Matters,* stellt die Geschichte und Funktionsweisen von Balintgruppen dar, die mit verschiedensten klinischen Beispielen aus Balintgruppensitzungen veranschaulicht werden (Sklar 2017). Die Zusammenarbeit von psychoanalytischem und ärztlichem Denken, von Affekt und Körper wird herausgearbeitet. Der Artikel von Wegner und Thußbas schließt inhaltlich direkt an Sklar an. Er stellt Ergebnisse aus einer Gruppenarbeit nach der »Methode der Deutungsoptionen« dar. Stundenmaterial, welches Peter Wegner (2018) in Band 76 als Einzelfallstudie ausgewertet hat, wurde im vorliegenden Beitrag »Feinkörnige Strömungen seelischer Substanzen in der psychoanalytischen Situation? (Teil 2)« in einer Supervisionsgruppe, die nach der Methode der Deutungsoptionen arbeitete, vorgestellt. Es wurde der Frage nachgegangen, ob die Psychodynamik, die in der Einzelfallstudie konstruiert wurde, von der Gruppe ähnlich oder unterschiedlich erarbeitet bzw. ergänzt wird. Mit diesem Vorgehen konnte nicht nur belegt werden, dass unbewusste Übertragungs- und Gegenübertragungsbewegungen zwischen Analytiker und Analysand sich in den Gruppenprozessen wiederfinden lassen. Es konnte auch ein wesentlicher neuer Mikroprozess herausgearbeitet werden.

Der Beitrag von Jürgen Bruns »Lehranalytiker zwischen Konflikt und Dilemma: Gruppenprozesse im psychoanalytischen Institut« wendet den Blick auf die Psychodynamik psychoanalytischer Ausbildungsinstitute und dabei speziell auf die Rolle der Lehranalytiker. Er führt den Begriff der »doppelten Ichspaltung« ein, zu dem Lehranalytiker, die sowohl mit der Institutsgruppe als auch mit den Ausbildungskandidaten identifiziert sind, in Konfliktfällen fähig sein müssen. Beispiele für typische Konflikte an Ausbildungsinstituten unterstreichen seine Überlegungen.

Uta Zeitzschel lässt uns mit ihrem Beitrag »Frühe Erfahrungen als Einstieg in die psychoanalytische Welt. Beobachterin und Seminargruppe in der analytischen Säuglingsbeobachtung« ganz unmittelbar an einer psychoanalytischen Säuglingsbeobachtung teilhaben. Durch den Wechsel der Darstellung konkreter Beobachtungserfahrungen und Erfahrungen in der Gruppensupervision werden nicht nur die triangulierenden Funktionen der Gruppe herausgearbeitet, sondern auch die Potentiale der Säuglingsbeobachtung für die psychoanalytische Ausbildung unmittelbar nachvollziehbar.

Karin Zienert-Eilts stellt in ihrem Essay »Populismus als destruktiver Container« ihre Überlegungen zu destruktiven Gruppenprozessen auf gesellschaftlicher Ebene vor. Anhand von Zitaten aus Wahlkampfreden Donald Trumps werden ihre Gedanken veranschaulicht. Der Beitrag versteht Populismus als einen Container, der Destruktivität nicht verarbeitet, sondern im Gegenteil anheizt.

Der Band endet in gewohnter Weise mit der Wolfgang-Loch-Vorlesung. Hanna Gekle hat uns ihren Beitrag »Über das Schöpferische im Paranoischen Mechanismus« zur Verfügung gestellt. An Texten von Ernst Bloch arbeitet sie den Unterschied zwischen einem ausgearbeiteten Wahnsystem und einer nur partial wirksamen paranoischen Verwerfung heraus und führt uns das Kreative dieser Mechanismen vor Augen.

Wir bedanken uns bei allen für ihre Beiträge und ihre Bereitschaft, sich mit dem Thema in dieser emotionalen Dichte und Tiefe auseinanderzusetzen. Unseren Leserinnen und Lesern wünschen wir eine spannende Lektüre.

Berlin, im April 2018

Berlin	Angelika Ebrecht-Laermann (fed.)
Berlin	Bernd Nissen
Berlin	Claudia Thußbas (fed.)
Hamburg	Uta Zeitzschel

Literatur

Bion, W.R. (1962): *Learning from Experience.* Dt. (1992): Lernen durch Erfahrung. Frankfurt am Main: Suhrkamp.

Dankwardt, J.-F./Schmithüsen, G./Wegner, P. (2014): *Mikropozesse psychoanalytischen Arbeitens.* Frankfurt am Main: Brandes & Apsel.

Freud, S. (1913): *Totem und Tabu.* In: GW IX, 3–194.

Loch, W. (1995): *Theorie und Praxis von Balint-Gruppen: Gesammelte Aufsätze.* Frankfurt am Main: Brandes & Apsel.

McDougall, W. (2017): *The Group Mind: A Sketch of the Principles of Collective Psychology.* London: Wentworth Press.

Rosenfeld, H. (1990): *Sackgassen und Deutungen: Therapeutische und antitherapeutische Faktoren bei der psychoanalytischen Behandlung von psychotischen, Borderline- und neurotischen Patienten.* Stuttgart: Klett Cotta.

Sklar, J. (2017): *Balint Matters: Psychosomatics and the Art of Assessment.* London: Karnac.

Wegner, P. (2018): *Feinkörnige Strömungen seelischer Substanzen in der psychoanalytischen Situation (Teil 1).* In: *Jahrb. Psychoanal. 76,* 165–192.

Wilson, E.O. (2016): *Die soziale Eroberung der Erde: Eine biologische Geschichte des Menschen.* München: C.H. Beck.

Friedensbedingung in Nahost: »Outside Is the Massacre« und »The Usefulness of the Uselessness«

Nachdenken über zwei Ergebnisse der 6. Nazarethkonferenz über »Repeating, Reflecting, Moving On – Germans, Jews, Israelis, Palestinians, and Others Today«, Platres/Zypern, September 2008

*Hermann Beland**

Klaus Heinrich, dem Ehrenmitglied der Deutschen Psychoanalytischen Vereinigung, dem Autor von *Anfangen mit Freud* mit folgender (verborgener) Selbstbeschreibung gewidmet:

»Indem eine unermüdliche philosophische Übersetzungstätigkeit Widerstände ernst nahm, die Verdrängtes indizierten (den Stoff der Religionswissenschaft zum Beispiel als das Verdrängte der Philosophie), wandte sie die psychoanalytische Grundregel auf alle szientifischen Stoffe und Denkfiguren an und berief sich auf die Unabgeschlossenheit angstabwehrender Einsicht im Denkprozess der Gattung, der nun selber als ein analytischer Prozess erschien.«

(Heinrich 1997, 20f.; Wortumstellungen von H. B.)

* Hermann Beland, Psychoanalytiker, Dozent, Supervisor und Lehranalytiker am Berliner Psychoanalytischen Institut – Karl-Abraham-Institut; leitende Positionen in der Deutschen und Internationalen Psychoanalytischen Vereinigung, u. a. Vorsitzender der Deutschen Psychoanalytischen Vereinigung (1988–90); zahlreiche Veröffentlichungen zur Theorie und Technik der Psychoanalyse und zur Dynamik gesellschaftlicher Konflikte; Mitorganisator von internationalen Gruppenkonferenzen für nationale Gruppen im Konflikt (Deutsche und Israelis, psychoanalytische Gruppen im Konflikt, *Partners in Confronting Collective Atrocities (PCCA).*

Jahrbuch der Psychoanalyse 77, S. 13–32 © 2018 frommann-holzboog

Zusammenfassung

Zwei Ergebnisse der sechsten Gruppenkonferenz über »The Past in the Present« (Zypern, September 2008) werden dargestellt und diskutiert. Das Besondere an dieser Konferenz über »Repeating, Reflecting, Moving On« war die Ausdehnung der Konferenzdynamik auf den aktuellen Konflikt zwischen Israelis und Palästinensern. Das Hochspannungsdreieck zwischen Deutschen, Israelis und Palästinensern stand unter der Primary Task Enmity. Die Übertragungsbewegung in einer Small Study Group (SSG) führte nach einer explosiven ersten Sitzung zu einer Befriedung der Gruppe, die Modellcharakter für gesellschaftliche Friedensprozesse zu haben schien. Die Hypothese lag nahe, dass die kollektiven Feindseligkeiten aus individuellen Selbstzerstörungen zusammengesetzt wären. Die Alphafunktion von SSG + Consultant transformierten die individuellen Probleme, wenn sie der Gruppe anvertraut wurden (»The usefulness of the uselessness«). Die Begegnung der Untergruppen im System Event hingegen, die die Alphafunktion gegenüber großgesellschaftlicher Feindseligkeit realisiert hätte, fand nicht statt. Maß und Intensität der Angst wie die Anforderungen an die Angsttoleranz der Teilnehmenden waren zu hoch (»Outside is the massacre«). Dies ist das zweite Konferenzergebnis, das für zukünftige Versuche zu berücksichtigen wäre. Beide Konferenzergebnisse erlauben die weitere Diskussion der fraglichen Ausdehnung von Bions Beta- und Alphafunktionstheorie auf gesellschaftliche Dynamiken.

Summary

Mental Preconditions for Peace in Near-East: »Outside Is the Massacre« und »The Usefulness of the Uselessness«. Reflections on Two Results of the 6th Nazareth-Conference on »Repeating, Reflecting, Moving On – Germans, Jews, Israelis, Palestinians, and Others Today«, Platres/Zyprus, September 2008

Some results of the sixth group relation conference about »The Past in the Present« are reported in detail and discussed. The special importance of this conference lay in the extension of its dynamic on the actual bloody conflict bet-

ween Palestinians and Israelis. The primary task of this tense triangle between Germans, Israelis, Palestinians had been Enmity. The transference movement in a Small Study Group (SSG), after an explosive first session, led to peace in the group, which movement seemed to have a model character of societal peace processes. The hypothesis was that collective Enmity might be compounded of individual self-destructivenesses. The alpha-function of SSG + consultant transformed the individual problems after having been confided to the group (»usefulness of the uselessness«). On the other side, the meeting of sub-groups of the System Event did not happen. These meetings would have represented the chance of alpha-processes working on the atrocities in the society at large. The amount and intensity of anxiety as much as the demands on members' anxiety-tolerance were much to high (»outside is the massacre«), being the second result of the conference. Both results allow for further discussion of the extension of Bion's alpha-function on society at large which is doubted.

1. Zur Anwendung der Alphafunktionstheorie Bions auf Großgruppen

Die Komplexität von Gruppenkonferenzphänomenen steht mindestens eine Potenz höher als die unverbundenen Phänomene einer psychoanalytischen Sitzung, auf die Bion das mathematische Erkenntnisverfahren analog angewendet hatte (Integration durch *selected fact,* Poincaré). Man entkommt den erkenntnistheoretischen Problemen nicht, wenn man versucht, über Gruppenkonferenzen nach dem Tavistockmodell (Nazarethkonferenzen) zu reflektieren. Das Problem besteht in der intuitiven Wahl einer integrierenden Tatsache, die zwar eine große Zahl von Phänomenen zu einer Gestalt zusammenkommen lässt, die dann auch methodisch-phänomenologisch bearbeitet werden können, die jedoch von anderen Konferenzteilnehmenden nicht unbedingt zwingend als ihr *selected fact* akzeptiert wird. Eine Gruppenkonferenz habe so viele Ergebnisse wie sie Teilnehmende hat, sagt man. Ich möchte trotzdem versuchen, die klinischen Evidenzen zu schildern, die meines Erachtens hinter zwei Konferenzergebnissen standen.

Es sind unzweifelhaft *»Experiential Conferences«*. Es werden Erfahrungen gemacht, die individuell wie kollektiv eine nachhaltig verändernde Wirkung auf das Verhältnis von Individualstruktur und Gruppennatur beim Einzelnen haben. Davon soll im Folgenden die Rede sein.

Biran (1998) hatte Bions Alphafunktionstheorie vom Individuum auf das Verständnis analoger Phänomene in der Gesellschaft ausgedehnt. Genauer gesagt hatte sie seine Betafunktionstheorie für die extremen Feindschaften in Gesellschaften im Konflikt analog angewendet. Sie entdeckte ganze Untereinheiten *(pockets)* innerhalb der Gesellschaft, die ihrer Meinung nach unter dem Einfluss von Betaelementen operieren würden. Diese Elemente seien in ihrer krudesten Form zwar im kollektiven Gedächtnis gespeichert. Sie seien jedoch kollektiv-mental nicht verarbeitet *(digested);* Zeit und Erfahrung würden keine Umänderungen am Gedächtnisinhalt leisten. Gesellschaftliche Betaelemente würden permanent die Unfähigkeit beweisen, aus Erfahrung zu lernen. Sie würden wieder und wieder agiert. Als Beispiele wählte Biran die terroristischen Aktivitäten seit mehreren Jahrzehnten im Mittleren Osten und die Ermordung Jitzhak Rabins.

Die Gruppenkonferenz auf Zypern von 2008 war die erste unter den Nazarethkonferenzen, die die Erfahrungsmöglichkeiten der Gruppenkonferenzen auf den verzweifelt machenden Konflikt zwischen Palästinensern und Israelis ausgedehnt hatte. Der gewagte Schritt von vergangenen zu aktuellen Konflikten war in den vorangehenden Konferenzen vorbereitet worden. Mira Erlich-Ginor hatte den Versuch als Eintritt in ein Hochspannungsdreieck bezeichnet, das zwischen Deutschen, Juden/Israelis und Palästinensern gebildet würde. Ein aktueller blutiger Konflikt zwischen Israelis und Palästinensern wurde auf die Nachwirkungen des Holocaust für Juden und Deutsche getürmt. Entsprechend war als *Primary Task* der Konferenz von 2008 *Enmity* gewählt worden. (Der Ausdruck *the tense triangle* stammt laut mündlicher Mitteilung von Veronika Grüneisen von Dan Bar-On.)

Die Konferenz wollte und sollte überprüfen, ob die Konferenzgruppe mit ihren Untergruppen und typischen Prozessen den Container bilden könne, der weit und tief genug reichen würde, um den Niederschlag von drei Völkerkatastrophen perzipierend aufzunehmen. Erinnerungen von Einzelnen und von Teilgruppen könnten sich in Betaelementen vergegenwärtigen und – Ausdehnung der Alphafunktion auf Großgruppen – könnten als verstandene ihren Drang zum destruktiven Agieren in »gutes Regieren« transformieren.

Freuds Theorie der Primär- und Sekundärprozesse bildete ersichtlich die theoretische Grundlage von Bions Grundannahmen-/Arbeitsgruppentheorie wie die seiner Denkmechanismen (PS↔D, *Container-Contained),* speziell seiner Alphafunktionstheorie (Bion 1992; 2001; 2006). Biran wiederholte in gewisser Weise Freuds methodische Ausdehnung psychischer Funktionen von Einzelnen auf Völkergruppen und Menschheit (vgl. Freud 1937c, 56).

Ich nähere mich der nachträglichen Reflektion über die Ausdehnung der Beta-, Alphafunktion auf Gruppenprozesse unter Zuhilfenahme der Gedanken zweier Autorinnen, die über die Ausdehnung von Bions Alphafunktionstheorie nachgedacht haben. Biran wurde bereits erwähnt. Segal (2001) hatte in ihrer Rezension von Julia Kristevas Buch *Le Génie feminin II* eine interessante Konsequenz aus Bions *Container-Contained*-Gruppentheorien gezogen (Bion 2006): Gruppen und die Gesellschaft als Ganze seien dazu da, das Unerträgliche der Einzelnen aufzunehmen und zu halten, das jene noch nicht verarbeiten konnten, um es vielleicht kollektiv tolerabel zu verändern. Die Nazarethkonferenzen waren bisher eine erstaunliche Bestätigung dieser weitgefassten Annahme.

Die unbewusste transgenerationale Weitergabe traumatischer Inhalte an die nächste Generation innerhalb einer Familie dürfte eine entsprechende Funktionsausweitung der Hoffnung auf eine soziale, in diesem Falle generationale Alphafunktion sein.

In den Nazarethkonferenzen bildete die konflikthafte Gegenwart der anderen Gruppe als Grunddynamik die entscheidende Spannungsquelle für neue, vordem unbekannte psychische Erfahrungen und das Lernen aus ihnen. Eine Hypothese über jene Spannungsquellen beträfe unter der *Primary Task Enmity* vor allem also die kollektiven Betakonkretismen, die sich in der Konferenz unvorhersagbar, vordem unbekannt, aber erwartbar als Arbeitsanforderungen zeigen würden.

Ich setze Birans Hypothese fort. Sie hatte, wie bereits ausgeführt, die Analyse von Betaphänomenen auf die israelisch-palästinensische Gesellschaft ausgedehnt. Sie charakterisierte damit ganze Bezirke der Gesellschaft als solche, die unter dem Einfluss von Betaelementen agieren würden. Deren Gewaltakte würden in der rohesten Form im kollektiven Gedächtnis aufbewahrt, würden unverändert von Zeit und Erfahrung bleiben, wie sie waren, seien refraktär gegenüber Lernprozessen. Sie seien apodiktisch verschlossen gegen Gespräch und Verständnis. Ihr typisches Phänomen sei die Wiederholung Desselben an sich. Terrorakte z. B. würden ständig wiederholt, kontradiktorisch zu jedem Dialogversuch.

Biran weitete ihre Beurteilung auf die Menschheit als Ganze aus:

> Wars, terror, killing, murder have recurred since the beginning of human history without any change, except for the changes in the technology of killing. (Biran 1998, 100)

Es gibt nach Biran keine gesellschaftliche Alphafunktion, keine kollektiven Verarbeitungsprozesse analog zur Schmerzerfahrung und Trauerarbeit des Individuums.

Birans gesellschaftstheoretischer Versuch, sich in der Gegenwart mit der Hypothese kollektiver Betaelemente zu orientieren, war, so scheint mir, ein Versuch der Desillusionierung. Was uns gesellschaftlich wirklich fehle, sei Hoffnung und Wirksamkeit einer sozialen Art von Alphafunktion zum Besten der Gesellschaft, von deren utopischer Existenz man sich besser verabschieden sollte. Als letzten Gedanken fügte Biran (1998, 100) allerdings den Hinweis auf eine »intuitive Gesellschaft« hinzu, wie es sie in vergangenen Kulturen gegeben habe, deren Führungsschichten sich sozusagen an der Noesis der *»Social Dreaming Matrix«* (Lawrence 1998) orientiert hätten. Ein Beispiel sei der Traumprimat des Pharao gewesen, bezogen auf die unbewusst erfasste gesellschaftliche Bedrohung durch Wirtschaftszyklen und die Einsetzung von Josef, dem Traumdeuter, als Wesir der Arbeitsgruppe (Staat). (Jedenfalls hatten die Theologen der Josefsgeschichten eine derartige Gesellschaftsauffassung enthüllt, als sie Josef idealisieren wollten. Eine traumhafte Gesellschaft!)

Die folgende Diskussion von Konferenzergebnissen wird einen Beitrag zu der Frage liefern, ob Kleingruppen über Alphafunktionskompetenz verfügen. Es wird sich zeigen, dass bei Großgruppen die Intensität von Ängsten entscheidend sein dürfte, wenn Großgruppenspannungen sich nicht erforschen lassen, bzw. wenn eine zu hoch geforderte Angsttoleranz sich der Arbeit verweigert und die Erforschung lähmt.

Die Konferenzfrage war, ob der Versuch gut gehen konnte, Angehörige dreier Völker zusammenzubringen, wenn sie in der einen Hälfte der Gesellschaft durch Terrorakte ohne Ende gegeneinander aufgebracht bleiben und Vergeltung üben müssen und nur in der anderen Spaltungshälfte nachdenken, Gespräche führen, nach Kompromissen suchen. Würde man irgendwelche Zusammenhänge neu erfassen können, wenn sich die Teilnehmenden unter dem Schutz der Konferenzen den gefährlichen Spannungen der drei Völker aussetzen würden? Konnte man von dem Versuch, diese drei Völker zusammenzubringen, irgendetwas erhoffen, das noch nicht bekannt war, das vielmehr neu wäre für den Friedensprozess in Nahost? Etwas, das eine notwendige Erkenntnis der Verhinderung der Friedensprozesse wäre oder eine Teilbedingung sichtbar und plausibel machen könnte, die für einen Frieden in Nahost gültig wäre?

2. Betrachtung des ersten Konferenzergebnisses: »The Usefulness of the Uselessness«. Bericht aus einer *Small Study Group* unter der *Primary Task ›Enmity‹*

Es sind zwei Quellen, auf die ich im Folgenden meine Vermutungen stütze: 1. die Entwicklung der Übertragung in einer *Small Study Group,* die schließlich dazu führte, dass ausgerechnet die Mitteilung der je eigenen Persönlichkeitsstörung eine Bereicherung für die Gruppe und der Grund ihrer Befriedung wurde; und 2. der Bericht von Veronika Grüneisen, die als Beobachterin der Gruppenvorgänge auf der Konferenz, als *Involved Observer,* wichtige Momentaufnahmen besonders des *System Event* festgehalten hat (s. u.).

Die Entwicklung der Übertragung in einer *Small Study Group,* die sogleich ausführlich geschildert werden soll, führte zu folgender These:

Die Mitteilungen aller Einzelnen einer Gruppe von ihren individuellen Selbstzerstörungen, ihre Einsichten in das Wichtigste aller anderen, ebenso das Akzeptieren, Mitteilen und Bedauern für den angerichteten Schaden könnten die Alphafunktionstoleranz der Gruppe beweisen und in Funktion setzen. Sie könnten die Voraussetzung wie das Realvorbild für eine kollektive Befriedung von Gesellschaften sein.

Wie in der *Small Study Group* geschehen, könnte das die entscheidende Vorbedingung für kollektives Überwinden von kollektiver Feindschaft sein. Die Berechtigung dieser Hypothese dürfte in dem letztlich wahnhaften Charakter aller persönlichen Störungen (private Vorurteilsstruktur) liegen. Geteilte und akzeptierte Einsicht entmachtet den früher unbewusst-konkretistischen Charakter der privaten Störung. Damit würde das kollektive Problem blutiger Gruppenfeindschaften im Feld eines Individuums verändert, das danach veränderte Gruppenbeziehungen hätte.

Der Übertragungsprozess in der *Small Study Group,* der schließlich zu einer wesentlichen Einsicht bei allen führen sollte, wie sie in der ersten These formuliert ist, begann mit einer hochaggressiven Beschwerde einer Libanesin aus den USA über die rassistischen Schikanen und Demütigungen bei den Flughafenkontrollen auf dem Balkan (Zwischenlandung auf dem Wege nach Zypern). Die Anklage wurde in einer Art und Weise vorgetragen, dass sie genau die Reaktion bei einigen Mitgliedern der Gruppe hervorrief, derentwegen die Beschwerde geführt wurde. Die Zuhörer wurden durch den Ton der Anklage zu Mitangeklagten, fühlten sich ungerecht beschuldigt und stiegen ein – mit heftigen Gegenaggressionen wegen der Falschbeschuldigung (manische Gegenbeschuldigung, Racker 1954).

Meine Versuche, den Gruppenkrieg zu klären, waren nicht erfolgreich, vielleicht auch nicht geschickt, weil sie der Anklägerin anfangs erlaubten, meine Interpretation total enttäuschend zu finden. Sie hätte ein Recht darauf, hier und jetzt aggressiv zu sein und jetzt und hier ein Recht darauf, dass ihre Aggression nicht personalisiert, sondern als Gruppenaffekt gedeutet würde. Offenbar hatte dieser *Consultant* keine Ahnung vom Gruppenverständnis nach Bion und wäre unfähig zu entsprechenden Gruppendeutungen. Sie sei schließlich zu einer Gruppenkonferenz nach Zypern gekommen, und jetzt so etwas! Ihre Verachtung galt einem noch viel schlimmeren Feind als jenem Flughafenpersonal, das sie wegen ihrer Hautfarbe oder ihres Heimatpasses demütigte. Jetzt kam sie den weiten Weg aus den USA. Die ganze Konferenz war ihr verdorben.

Ihre Enttäuschung über mich wirkte so ansteckend für die anderen, wie ihre anklagende Empörung aggressive Gegenreaktionen hervorgerufen hatten. Zuerst aber breitete sich unter der provozierenden Kraft ihres gereizt anklagenden Tones, der faktischen Ausdehnung ihrer Beschuldigung auf alle, ein Krieg gegen sie aus. Ein Palästinenser konnte rasend werden wegen ihrer gefühlsmäßigen Falschanklage und der damit verbundenen Demütigung. Er wurde sehr laut und war in Tränen. Es seien dieselben Falschanklagen und Erniedrigungen wie die durch die israelischen Soldaten an den Checkpoints. Sie gab ebenso laut zurück. Beide gerieten in einen Deutungsstreit, der andere Mitglieder einbezog, der die Qualität ihrer unerträglichen Aggressivität betraf, ob einfache Aggression oder ob moralischer Sadismus (Psychopathie).

Dieser Mann verdarb sich jedoch das Mitgefühl der anderen, weil er, wie allmählich deutlich wurde, kein Verständnis der anderen für seine Reaktion gelten ließ. Während er für sich selber geradezu weise die außerordentlich schwierige Tugend der Selbstbeherrschung des ohnmächtig Unterlegenen an den Checkpoints beschwor, hatte er weder Verständnis für andere, denen es identifikatorisch ebenso ging wie ihm, noch erlaubte er den Anwesenden jedes Mitgefühl mit ihm selbst. Er bezweifelte ganz offen die Ehrlichkeit des Mitgefühls der anderen. Seine Spaltung war für alle deutlich ein privates Problem. Er litt unter einer speziellen Mentalisierungsstörung. Er war einsichtig für sich selbst, aber ließ nichts von seiner Menschlichkeit und Einsicht bei anderen gelten.

Viel schwerer war es, die leidenschaftlichen Falschbeschuldigungen als solche aufzunehmen. Es war außerordentlich schwer geworden zu denken. Ich konnte nichts in Ruhe schildern, das nicht sofort als Angriff verkannt wurde: dass *Enmity* jetzt gegenwärtig sei; dass wir es nicht mit Aggression zu tun hätten, sondern mit dem Schlimmsten, mit Wirklichkeitsverdrehungen, mit der rasenden Ohnmacht unter Falschbeschuldigungen, wie auf dem Flughafen geschehen, aber auch, wie hier jetzt präsent. Mein Englisch war auch viel langsamer und suchender, der eloquenten Anklägerin unterlegen.

Eine Frau klagte darüber, dass niemand sie höre, obwohl sie seit langem versucht habe, sich Gehör zu verschaffen. Ihre Rede verhallte ganz merkwürdig, als würde sie es überhaupt nicht bewirken können, gehört und also verstanden zu werden, was die Wortbedeutungen ihrer Rede anging. Der Inhalt der Rede war jedoch eine weitere Anklage gegen alle: Alle würden wie der israelische Geheimdienst ihre Zeugenschaft auslöschen, um Tatsachen zu verleugnen, die sie beschwören könne, um sie selbst wie die Tatsachen inexistent zu machen. Ihre Anklagen umgab eine unheimliche Stimmung.

Meine Versuche, die Ohnmacht am Checkpoint zu einer Aufgabe für alle zu machen, die Isolierung des Ohnmächtigen zu überwinden, das verzweifelte Elend des nicht Gehört-Werdens für alle gültig zu machen, scheiterte. Ebenso fanden meine Hinweise auf die enorm schwierige Toleranz für die eigene Ohnmacht sowie mein Vorschlag kein Gehör, die schwierige Selbstbeherrschung mit zu fühlen, sich trotz Ehrverlust in der Erniedrigung und trotz ohnmächtig-wütender Empörung *nicht* zu körperlicher Gegenwehr provozieren zu lassen. Ich wurde nicht verstanden, weder gehört, noch begriffen. Es war, als wäre ich nicht mehr zum Austausch zugelassen oder als spräche ich eine unerwünschte oder fremde, unverständliche Sprache.

Ebenso verhallten meine Versuche, den ausgebreiteten moralischen Sadomasochismus zu einem Problem für alle zu machen und auf eine kollektiv präsente narzisstische Spaltung und Autodestruktion hin zu befragen. Ich wurde nicht gehört. Der deutsche *Consultant* wurde schließlich überhaupt nicht mehr gehört. Die Mitglieder hörten jetzt nur noch auf einander und sprachen zu zweit oder zu dritt miteinander. Sie weinten, sie trösteten sich. Aber der *Consultant* war wie Luft. War er ungültig, weil er ein Deutscher war? Er war jedenfalls ganz und gar ohnmächtig. Er wurde nicht einmal aktiv geschnitten. Er war wie inexistent, dabei nutzlos, bedeutungslos, mundlos. Nach meinem Gefühl richtete sich der wortlose Angriff auf meine Funktion zu verstehen, was los war, und dieses Verständnis mitzuteilen, nicht so sehr gegen den Deutschen. Sollte ich endgültig schweigen, weil ich sowieso nichts zu sagen hätte? Schließlich ließ ich ein Päckchen mit Tempotaschentüchern in der Mitte des Zimmers zurück, weil die vorhandenen gegen die Tränen aufgebraucht waren und sagte: »*The German consultant is useless.*« Ich ließe ihnen diese Behauptung als Geschenk zurück. Sie sollten versuchen zu verstehen, was das zu bedeuten hätte.

Nach dieser Sitzung war ein Gruppenmitglied zur Konferenzverantwortlichen für Außenkontakte gegangen, um die Sorge der Gruppe auszudrücken, dass mit dem *Consultant* irgendetwas nicht in Ordnung sein könnte, er körperlich gestört oder seelisch am Ende sei. Man mache sich Sorgen, könne sich sein Verhalten nicht erklären. Vielleicht wäre er besser zu ersetzen? Später erfuhr man, dass diese Frau ganz aus eigenen Stücken gegangen war. Die Gruppe wusste nichts davon. Als ich zu Beginn der nächsten Sitzung fragte, ob sie im Auftrag der Gruppe gegangen war, tat sie zuerst, als wüsste sie nicht, worauf ich mich bezog. Es war ihr peinlich. Die Gruppe war befremdet. Ein Mitglied schimpfte zwar mit mir, weil sie kein solches Geschenk von mir hätte haben wollen wie: »*The German consultant is useless.*« Sie wollte einen nützlichen *Consultant.* Aber der Bann war gebrochen. Sie erkannten sich wieder in der Frau, die die Sorge ausgedrückt hatte, ich sei – gestört. Sie hatten mich wirklich bedeutungslos, *useless* gemacht, denkunfähig und wahrheitslos. Das war *Enmity* akut. Es war jedoch nicht klar, weshalb. Es hatte anscheinend damit zu tun, dass ich die ersten Anklagen nicht als einfache Aggression gedeutet und auf die Gruppe bezogen hatte, wie ich nach Meinung der Anklägerin sollte, sondern als moralischen Sadismus, als persönliches Problem benannt habe. *Ich hatte in der Tat nach der Gruppenbedeutung eines persönlichen Problems und aller persönlichen Probleme gefragt.* Was hat die Feindschaft zwischen den Völkern mit jemandes persönlichem Problem zu tun? Ich hatte also ideologiekritisch, sogar *prima vista* Tavistock-kritisch gedeutet. Noch nie waren persönliche Probleme als solche zur Gruppenaufgabe gemacht worden. Darin waren alle enthalten, das hatten sie mir übel genommen, weil aufdeckend, und mich deshalb für unfähig erklärt. Ich war kein Grundannahmenführer der *Fight-Flight*-Gruppe gewesen wie unbewusst verlangt.

Der Bann war auch deshalb gebrochen, weil ich für jeden fühlbar deutlich nicht beleidigt und rachsüchtig war, obwohl doch ziemlich angegriffen und in Frage gestellt. Der Widerstand kam, wie sich dann zeigte, wirklich aus der gruppendeutungstechnisch unerwarteten Frage nach dem Zusammenhang von kollektiver Feindschaft und persönlichem Problem, persönlicher Feindschaft gegen sich selbst und andere. Diese Fragestellung hatte die erste Sprecherin unwissend jedoch ins Zentrum gestellt. Sie sollte sich, nachdem die *uselessness* des deutschen *Consultant* sich als *useful* erwiesen hatte, für die Arbeit dieser *Small Study Group* als außerordentlich wichtig erweisen.

Die primären Anklagen waren tatsächlich außerordentlich gut geeignet, das Thema *Enmity* in seiner individuellen wie kollektiven Form zugleich zu vergegenwärtigen. Die manische Falschbeschuldigung einer Einzelnen hatte dasselbe Muster wie die Propaganda einer Großgruppe, die in den Krieg führt. Der Identitätspunkt war die vorauslaufende destruktive Realitätsverzerrung.

Es ergab sich dann in den weiteren Gruppensitzungen, dass ein Gruppenmitglied nach dem anderen sein persönliches Problem zur Verfügung stellte. Die Gruppe wurde durch die gewährte Einsicht bereichert und evident befriedet. Ich freute mich unter den Kollegen über die Formel *»The usefullness of the uselessness«*. Ich dachte, dass sie für alle Gruppenarbeit der ganzen Konferenz passen würde. Nach den ersten drei persönlichen Problemen, die unter dem Gesetz der Betaelemente standen, also agiert werden mussten (Gegenbeschuldigungsmanie, Mentalisierungsspaltung, neidisch-rivalisierende Beseitigung des *Fight-Flight*-Führers), und nach der Nutzlosigkeitsdeutung des *Con-*

sultant waren die folgenden Problembeschreibungen reflektiert. Sie hatten den Charakter einer Klage. Man kann sagen, dass sie die Alphafunktion der Gruppe herbeiriefen. Jedes der aktuellen persönlichen Probleme wollte in dieser und den folgenden Stunden zur Sprache kommen. Es wurde eine Art Gruppenrecht, dass jede/r Teilnehmende das Recht hatte, über ihr/sein aktuelles persönliches Wichtigstes zu sprechen.

Nach den drei agierten Problemen klagte eine Israelin über die Begrenztheit ihrer mentalen Verarbeitungsfähigkeit, die bei schwierigen Erfahrungen und Reden in Gruppen besonders hervortrat. Sie würde dann nur noch ›Bla Bla Bla‹ hören und hatte gestern eine Großgruppensitzung verlassen müssen, weil sie buchstäblich nichts mehr aufnehmen, nichts mehr begreifen konnte. Sie schilderte, dass sie davor gestern in der Großgruppe völlig durchlässig für die Staatsideologie und die entsprechende mediale Propaganda ihrer Nation gewesen sei und dieser ihre Stimme geliehen hatte. Es redete aus ihr mit Formulierungen und in einer Schnelligkeit, wie sie sich privat nicht wiedererkennen würde. Sie wünschte sich jetzt eine völlige Stille in der Kleingruppe; aber vor allem wünschte sie ein mögliches Verständnis ihrer Verarbeitungsüberforderung, des Zuviels an unverarbeiteter Erfahrung. Sie kannte ihr Aufnahmeproblem seit eh und je. Sie suchte die Alphafunktion der Gruppe. Die Gruppe möchte sie bitte nicht mit weiteren Unverständlichkeiten belasten, sondern verstehend erleichtern, in einer Stille zur Ruhe kommen lassen. Ich hatte alle gebeten zu schweigen und sich das Aufnahmeproblem zu eigen zu machen.

Eine seelische Verwandte dieser Frau musste alles aufschreiben, um es aufnehmen zu können. Sie fühlte sich stigmatisiert von ihrem Verarbeitungssymptom, das alle sehen konnten. Die Gruppe nahm auf und verstand, stärkte die Alphafunktion und die Distanzierung von privaten und öffentlichen Ideologien.

Zwei Teilnehmende hatten vermeintlich nichts zu bieten, der eine *nur* seine Anerkennung des Verlustes, seine Trauer und seine Tränen nach seiner Scheidung, die andere, aufgeregt weinend und selbstentwertend, ihre familiäre Katastrophenarmut in einem friedlichen Leben in einer kriegsfreien, bürgerlich friedlichen Stadt. Was für eine Diskrepanz zu den Schicksalen der anderen! Beide waren bewegt von der Erfahrung der Dankbarkeit der Gruppe, die beschenkt war durch das Mitteilen der privaten Erschütterung, Isolierung und Schmerzarbeit.

Über den Teilnehmer, der nicht glaubte, dass andere Menschen fühlen und denken wie er, hatte ich bereits gesprochen. Alle waren für ihn Fremde im Geiste. Er selbst war und dachte menschlich, jene nicht. Er litt aber nicht eigentlich unter seiner Isolierung. Ihm gab jedoch das Paradox von der *usefullness of the uselessness* ganz direkt die hoffnungsvolle Richtung, den Unterschied zwischen ihm und den anderen zu bezweifeln. Er sagte am Ende der Konferenz, er denke dauernd über *the usefulness of the uselessness* nach.

Die Frau, der niemand zuhörte, hörte den anderen zu und beendete wegen dieser erstaunlichen Erfahrung ihre Anklage. Sie litt ganz direkt und persönlich unter der Verlogenheit der offiziellen politischen Reden, und war oft von ihrer Angst vor den Folgen ihres Protestes dagegen terrorisiert, lebte eingestandenermaßen ihre Angst vor Verfolgung, Gefängnis, Totgeschwiegenwerden. Bei ihr war das Ziel der Konferenzarbeit, *Enmity* zu erforschen, am engsten privat und kollektiv verkoppelt. Niemand würde ihren verzweifelten Protest gegen die Propagandalügen hören wollen, nicht die Israelis, nicht die Palästinenser. Sie merkte, dass die Gruppe ihr Problem mitfühlen konnte. Die Paranoia sistierte.

Eine Teilnehmerin war resigniert und verzweifelt wegen ihrer politischen Erfolglosigkeit bei ihrem sozialpolitischen Auftrag, Palästinensern hinter der israelischen Mauer zu helfen (Friedensdienste). Niemand glaubte ihr, der Ausländerin; sie musste die gefährliche Schutzlosigkeit einer Frau im nächtlichen Dunkel der Mauer selbst erleiden (Messerattacke), deren Elektrifizierung sie politisch nicht erreichte. Sie befreite sich durch ihren Bericht von ihrer Machtlosigkeit, nahm die Hilfe der Gruppe an, ihre Ohnmacht nicht länger persönlich zu nehmen und überlegte später, vielleicht doch weiterzumachen, vielleicht an einem anderen Ort.

Die Anklägerin des Anfangs gestand sich ein, dass sie besser fahren würde, wenn sie den äußeren Krieg, den sie so leicht herstellte, in ihrem Inneren aufsuchen würde und die Wohltat ihrer eigenen Freundlichkeit für andere genießen könnte. »Ich würde es lieber freundlich tun.«

Fazit: Die Gruppe wurde der Container für die je private »Sucht der Selbstzerstörung« (Freud über den individuellen Todestrieb). Jedes Gruppenmitglied hatte in den letzten beiden Sitzungen keine Mühe, den Nutzen der Mitteilung negativer Selbsterkenntnis als Quelle der Veränderung bei allen Beteiligten und als Befriedung zwischen allen zu sehen. Es dämmerte die Interpretationsmöglichkeit, dass *die kollektiven Feindschaften sich vielleicht aus allen privaten Selbstzerstörungen zusammensetzten, die als Betaelemente existierten. Wurden sie mit Hilfe der kollektiven Propaganda infinit gemacht und auf den Feind projiziert?* Die tolerante Anerkennung der individuellen Schäden seitens der Gruppenmitglieder war jedenfalls das Gegenteil der kollektiven Feindschaft *Enmity.* Wir waren sehr beeindruckt von der Arbeit der Gruppe, die aus der ersten Übertragung gewonnen worden war, fanden es aber dennoch schwierig, das Ergebnis auf den Begriff zu bringen. Ich versuche es hier zum ersten Mal öffentlich, und kann mich immer noch nicht frei machen davon, dass es banal und zwecklos klingen könnte, wie der berühmte persönliche Tropfen auf den kollektiven heißen Stein. Aber müssen nicht alle großen Befriedungen der Menschheit wie in der Vergangenheit mit Einzelnen anfangen?

3. Der *System Event* der Konferenz und das Maß der Angst: *Outside Is the Massacre*

Ich gehe über zu dem versprochenen Bericht über die Erfahrungen im *System Event.* Die Ergebnisse des *System Event* knüpfen direkt an an Birans Hypothese, dass die kollektiven Destruktivitäten den Charakter von repetitiven Betastrukturen hätten. Sie gehen jedoch über jene Hypothese hinaus, insofern sie die dort fehlende Begründung für die Unveränderbarkeit wie für das eigentliche Betacharakteristikum der Unverstehbarkeit liefern. Ich vermute, dass es die übergroße Intensität der kollektiv begründeten Angst war, die die Gruppenbegegnungen, das Verstehen der Gruppenparanoia und jede Initiative zur Überwindung der wahnhaften Überzeugungen lähmte.

Im *System Event* dieser Konferenzen wird erfahrungsgemäß die Arbeit an der *Primary Task* unter Gruppendruck intensiviert. Der *System Event* wird methodisch von der Hypothese getragen, dass die Wahrnehmung eigener Gruppenvorgänge in einer selbstgewählten Gruppe als Werkzeug zur Erkundung fremder Gruppenprozesse brauchbar ist, *wenn Gruppen wagen würden sich zu begegnen.*

Nachträglich komme ich zu folgender Vermutung: Der Prozess der Untersuchung kollektiver Feindschaft musste zum gefühlt unüberschaubaren Wagnis werden, wenn eine Gruppe sich der gefürchteten verrückten und maßlosen

Grausamkeit der anderen, vermeintlich ideologischen Gruppen aussetzte, wenn sie ihnen begegnete. Draußen würde sich dann das Massaker vollziehen (Formulierung eines Mitglieds einer Teilgruppe).

Die mögliche Erkenntnisbewegung hätte folgendermaßen ausgesehen, wenn sie stattgefunden hätte: Die Angst der Mitglieder einer Gruppe, der kollektiven Feindschaft der anderen Gruppe begegnen zu müssen, hätte aus der Einsicht in die eigene paranoide Angst eine Einsicht in den ideologischen Charakter der kollektiven Feindschaft der anderen Seite, deren Motive und deren Gesetzmäßigkeiten gewinnen können. Der wechselseitige neue Realismus, wenn die Gefahren als bewältigbar erkannt worden wären, hätte beide Gruppen verändern können (Alphafunktion von Gruppen).

Die Untergruppen des *System Event* begegneten sich 2008 aus latenter kollektiver Angst überwiegend nicht. *Enmity* war – so muss man rückblickend vermuten – in unbegrenzter Größe gegenwärtig. Sie war gleichzeitig überwiegend verleugnet. Nachträglich gesehen war das Gefühl der Überforderung der Gruppen des *System Event, Enmity* als Kollektivphänomen zu erforschen, nicht verwunderlich, wenn man die Intensität der Ängste ermisst.

Die zweite These begründet die teilweise Erfolglosigkeit des *System Events* dieser Konferenz mit der Toleranzüberforderung gegenüber zu großer kollektiver Angst. Die Formulierung einer Teilnehmerin ist der symbolische Ausdruck des Erkenntnisgewinns dieses *System Events* für das enorme Maß der Angst: *Outside is the massacre.*

These: Kollektiv blutige Feindschaft ist – vielleicht immer – ideologisch gesteuert. Sie wird dadurch grenzenlos. Das ideologische Vorurteil als kollektiv gültig geglaubter Wahn, das kollektive Betaelement, enthält die infinite Entgrenzung der Destruktivität. Die Ideologie macht aus einer Gruppenfeindschaft einen Glaubenskrieg, der – als totaler – den entgrenzten Charakter des kollektiven Wahns agiert. Er tendiert – kollektiv analog zum schizophrenen Weltuntergang – zur Weltzerstörung.

Ich gehe davon aus, dass kollektive kriegerische Feindseligkeiten strukturanalog zu individuellen psychotischen Gewalttätigkeiten sind. Ich teile die Vermutung von Biran, dass die Grundmuster von Betaphänomenen individuell und kollektiv analog organisiert sind. Die Ideologie der Gruppe entspricht dem individuellen psychotischen Belief: Es ist die wahnhafte Überzeugung von der jetzt notwendigen Vernichtung als alles beherrschende wie verbindende Struktur aller Elemente des destruktiv-pervers-psychotischen Systems. Feindschaft aus dieser Quelle hat die Tendenz, grenzenlos unmenschlich zu werden. Sie ist als »gute« Vernichtung doppelt gefährlich und wird doppelt gefürchtet.

Bei einer qualitativen Veränderung würden – wie in der individuellen Störung – der Irrtum der unbewussten Teile der Ideologie sowie die Motive zur Bildung des wahnhaften Irrtums erkannt und anerkannt werden müssen.

Die Arbeitsanforderung des *System Events* dieser Konferenz war so enorm, weil die Erforschung von kollektiver *Enmity* in der Gruppenbegegnung so viel bedeutete wie das Auf-sich-ziehen einer kollektiv ideologischen Feindschaft.

Ich zitiere mit freundlicher Erlaubnis der Verfasserin eine halbe Seite über den *System Event* aus dem nachträglichen 20-seitigen Bericht von Veronika Grüneisen in ihrer Funktion als Konferenzbeobachterin. Die Funktion einer Konferenzbeobachterin war erstmalig in dieser Konferenz eingerichtet, vermutlich als Neutralisierungsfunktion. Deren Rückwirkung auf die Konferenzprozesse wurde bisher nicht diskutiert. Die Beobachterin hatte Zutritt zu allen Gruppen mit Ausnahme der *Small Study Groups*. Sie sollte beobachten, aber nicht interpretieren und nicht berichten.

Es hatten sich im *System Event* viele Gruppen gebildet, die das Thema Feindschaft untersuchten. Nationale Gruppen waren nicht darunter. Sie hießen vielmehr u. a. »Sex – Wenn wir nicht mehr kämpfen können und ausgebrannt sind – was dann?« »Aggression und kalter Hass – Der innere Verfolger«; »Getrenntheit – Zusammenarbeit – Identität«; »Den Schmerz der Anderen fühlen«; »Grenzübergang – Unsichtbares Volk – Wachttürme«; »Politische Sprachen und Psychoanalyse – Palästinenser, zwei Israelis, ein Pole«; »Wie passen die Deutschen hinein«; »Trauern und Weitermachen«.

Man kann an den Gruppenthemen erkennen, dass die Untersuchung von kollektiver *Enmity* von den Mitgliedern existentiell als eine Aufgabe der Selbsterforschung angegangen wurde. Es war phänomenologische Arbeit an den eigenen Lebenserfahrungen. Das entspricht den Vorgängen in der *Small Study Group*. Die Untersuchung von Nationalcharakteren hätte, so war wohl die allgemeine Überzeugung, von der *Enmity*-Untersuchung abgeführt. Sie wäre wahrscheinlich auch nicht leistbar gewesen. Die Aufgabe der Gruppenbegegnung als Hauptziel blieb dabei durchaus bewusst.

Aus dem Bericht:

17:00 Uhr. Es ist die vorletzte SE-Sitzung. Veronika Grüneisen besucht die Gruppe, die sich das Arbeitsthema gewählt hat ›Aggression und kalter Hass – Der innere Verfolger‹. Eine Deutsche hatte einen Teil der letzten Sitzung nicht mitbekommen, weil sie angesichts der Gewalt des israelisch-palästinensischen Konflikts völlig deprimiert war. Sie hatte *Staff*-Hilfe gesucht, weil sie Angst hatte, sie würde andere mit ihrer Hoffnungslosigkeit anstecken. Das Einzelgespräch hatte ihr geholfen. Ein Israeli sagte ihr: ›Wärst Du hier geblieben, kann sein, Du hättest meinen Hass abgekriegt. Wir haben normalerweise niemanden, an den wir uns wenden können.‹ Veronika Grüneisen kommentiert: ›Sie bleiben in ihrem Denken. Sie gehen nur nach draußen, wenn sie Verständnis für ihre Hoffnungslosigkeit finden wollen, aber nicht, um den anderen Gruppen zu begegnen.‹

Fakhry Davids kommt in die Gruppe, ausgesandt vom *Staff,* um zuzuhören. Er sagte dann: ›Es scheint, dass es auf dieser Konferenz schon genug war, die Palästinenser überhaupt einzuladen. Der Gedanke tiefer zu gehen und darüber hinaus zu gehen, scheint zu viel zu verlangen oder zu schnell zu gehen.‹ Schweigen. Ein Israeli: ›Vielleicht war es schon zu viel, sie überhaupt einzuladen!‹ Ein Deutscher: ›Mehr als einer könnte die Gruppe explodieren lassen.‹ Fakhry: ›Gemischte Gruppen haben alle Nationen in sich, aber sie lassen etwas anderes draußen. Was Sie hier tun ist nicht nutzlos, aber etwas wird ausgelassen. Das Nach-draußen-gehen wird gefürchtet. Das *System-Event*-System fürchtet Gruppen, die Israelis, Juden, Palästinenser, Deutsche heißen. Wenn diese Gruppen als Gruppen da wären, so die Angst, würde das Undenkbare passieren. Das ist eine Beobachtung, keine Kritik.‹ Eine Deutsche: ›Das hilft mir sehr. Ich möchte sehr gerne raus gehen und nach Hilfe gegen die Feindschaften suchen, *aber ich habe Angst, draußen geschieht das Massaker.*‹ Ein Palästinenser: ›Das Leiden soll endlich aufhören! Nachdenken über dieses System hier hilft überhaupt nichts. Immerzu geht das Töten weiter.‹ Eine andere Deutsche: ›Sollten wir nicht ausprobieren, ob die Hypothese vom Undenkbaren, das passieren könnte, stimmt?‹ Eine Israeli: ›Können wir denn der Beobachtung des Managements trauen?‹ Eine aus der Gruppe der ›Anderen‹: ›Wir schlagen den anderen Gruppen ein Treffen aller Nationalitäten vor, 30 Minuten lang, dann kommen wir zurück und überprüfen, was sich ergeben hat.‹

17:30 Uhr ist Veronika Grüneisen in der nächsten Gruppe, die sich ›Feel the Pain of the Others‹ genannt hat. Sie arbeiten intensiv, reden äußerst heftig miteinander, beruhigen sich und schreien sich wieder an. Eine Palästinenserin besteht darauf, dass Israelis vom Holocaust die Berechtigung ableiten, Gewalt gegen Palästinenser zu gebrauchen. Sie möchte den Schmerz jenes Israeli fühlen, der neben einer Deutschen sitzt. ›Du musst jenen Teil Deines Schmerzes freilassen, der behauptet, er wäre einzigartig. Damit ich ihn spüren kann. Lass mich an ihn ran!‹ Der Israeli: ›Als ich vorhin eine antisemitische Äußerung erwähnte, hast Du nur rationalisiert.‹ Auf diese Weise geht es hin und her. Dann kommt von anderen eine verständnisvolle Bemerkung, dann gibt es die nächste Runde. Veronika Grüneisen kommentiert: ›Ich bin tief berührt von der Intensität und der Ehrlichkeit der Arbeit, obwohl zu sehen ist, dass die Mitglieder die Arbeit im *System Event* nur innerhalb der Gruppe, nicht zwischen den Gruppen leisten. Vielleicht war ich hier jener Angst am nächsten, die ganze Sache würde explodieren, wenn sich die Gruppen als Gruppen treffen würden, jenseits der Gruppengrenzen.‹

Ich beende hier den Bericht, der einen Eindruck davon vermittelt, an welche Gefahren die Arbeit im *System Event* gerührt hat. Die *Staff*gruppe hatte meiner Meinung nach vor der Konferenz selber noch keinen Begriff von der enormen Schwierigkeit der Aufgabe, mit Gruppenmitteln als Teil einer Gruppe den irrationalen Charakter ideologischer Gruppenfeindschaft aufzusuchen und zu untersuchen. Sie gewann diesen Begriff erst während der Konferenz.

Die Teilnehmenden der Konferenz haben beinahe gewagt, die Angst vor dem fremden Wahnsinn sich selber zur Aufgabe zu machen, einen realistischen Angstanteil von dem paranoiden zu trennen und das Ideologisch-Wahnhafte an Letzterem in der eigenen Gruppe zu verstehen.

Während des *System Events* hatte es zu Beginn die Vermutung gegeben, dass Gruppenbegegnungen aus Angst vor der eigenen Zerstörungskraft vermieden wurden. Diese Interpretation des *Staff* war von allen Gruppen angenommen und durchdacht worden. Es war aber der entgegengesetzte Gedanke, der schließlich in einer Gruppe erfasst und ausgedrückt wurde: Dass in dem Feld der Gruppenfeindschaften, die untersucht werden sollten, die Begegnungen der Gruppen in einem Massaker enden würden. Es war also suizidale Angst, projektiv *Angst vor der fremden Zerstörungsabsicht,* weshalb die Begegnung von Gruppen im *System Event* vermieden wurde. Diese Angst war eine überwiegend paranoide Angst. Ihre Milderung setzte die Anerkennung eigener Gruppenangst, die Anerkennung eigener Gruppenverrücktheit voraus.

War es letztlich das Jesus-Modell, dessen Wiederholung die Kräfte der Einzelnen und ihrer Gruppen überfordert hatte? Das Auf-sich-ziehen aller gruppenideologischen Destruktivität?

Ich habe im weiteren Verlauf der Konferenz nicht davon gehört, dass ein Mitglied der *Small Study Group,* die die Milderung der Gruppenfeindschaft doch erlebt hatte, im *System Event* oder in dem Abschlussplenary auf diese Erfahrung hingewiesen hätte. Sie war als Einsicht noch nicht soweit sprachbewusst geworden, dass sie angewendet hätte werden können.

Die gewonnene Einsicht in das enorme Maß der Angst ist meines Erachtens der eigentliche Erkenntnisgewinn des *System Event* gewesen. Jede zukünftige Konferenz, die sich erneut an *Enmity* mit dem Konferenzmittel des Gruppenlernens aus Erfahrung heranwagt, wird diese Erkenntnis berücksichtigen.

Beide Konferenzergebnisse zusammenfassend möchte ich festhalten, dass die aus der Übertragungsbewegung gewonnene erste These meines Erachtens erfahrungsgesichert genug bleibt, um diskutiert zu werden: *Die Mitteilung aller Einzelnen einer Gruppe von ihren individuellen Selbstzerstörungen, ihre Einsicht in das Wichtigste aller Anderen, ebenso das Akzeptieren, Mitteilen und Bedauern des den angerichteten Schaden könnte die Alphafunktionstoleranz der Gruppe beweisen und in Funktion setzen. Sie könnte die Voraussetzung wie das Realvorbild für eine kollektive Befriedung von Gesellschaften sein.*

Diese These leuchtet psychologisch ein. Sie klingt nach einer unerreichbaren politischen Lösung für kollektive Feindschaften, weil es unrealistisch scheint, dass sich eine Mehrheit findet, die aus Einzelnen besteht, die zu der Akzeptanz je eigener Schwächen und dem Bedauern von Schaden vor einander gekommen sind (Depressive Position). Andererseits: Nur viele Einzelne, die Anteil hatten an den kollektiven Vorurteilen, können als Mehrheit von Einzelnen ein entmenschlichendes kollektives Vorurteil aufgeben.

Sie brauchen dazu die aufnehmende und gutartig umdeutende Alphafunktion einer Gruppe. Der *System Event* der geschilderten Konferenz bewies sozusagen, dass Gruppen mit Alphafunktionskompetenz nur in Gruppenprozessen entstehen können, die eine enorme Angsttoleranz während ihrer Genese aufbieten müssen, die sehr schwer zu erreichen ist. Dies ist die zweite Einschränkung einer politischen Realutopie zum Besseren.

Die Einsicht in den ideologischen Charakter von Gruppenfeindschaft in blutigen Konflikten wäre eine Hilfe für die Angsttoleranz bei der Erforschung ihrer Feindschaften.

Literatur

Bion, W.R. (1961): *Experiences in Groups and other Papers.* Dt. (2001): *Erfahrungen in Gruppen und andere Schriften.* Stuttgart: Klett-Cotta.

Bion, W.R. (1962): *Learning from Experience.* Dt. (1992): *Lernen durch Erfahrung.* Frankfurt am Main: Suhrkamp Taschenbuch Wissenschaft.

Bion, W.R. (1977 [1970]): Attention and interpretation. In: Ders.: *Seven Servants.* New York: Aronson. Dt. (2006): *Aufmerksamkeit und Deutung.* Tübingen: edition diskord.

Biran, H. (1998): An attempt to apply Bion's alpha- and beta-elements to processes in society at large. In: *Bion's Legacy to Groups.* Ed. by P. Bion Talamo/F. Borgnogno/S. A. Merciai. London: Karnac, 95–100.

Freud, S. (1924c): Das ökonomische Problem des Masochismus. In: *GW* XIII, 371–383.

Freud, S. (1937c): Konstruktionen in der Analyse. In: *GW* XVI, 43–56.

Lawrence, G.W. (1998): *Social Dreaming at Work.* London: Karnac.

Racker, H. (1954): Psychoanalytic technique and the analyst's unconcious mania. In: Ders.: *Transference and Countertransference.* London: Hogarth. Dt. (1982): *Übertragung und Gegenübertragung. Studien zur psychoanalytischen Technik.* München/Basel: Ernst Reinhardt.

Segal, H. (2001): Rezension von Julia Kristevas Buch Le Génie feminin II. In: *Int. J. Psychoanal.* 82, 401–405.

Hermann Beland, Weddigenweg 11, 12205 Berlin,
hermann.beland@t-online.de

Erfahrungen mit »Deutsch-Sein« als Anders-Sein in zwei Internationalen *Group Relations*-Konferenzen in Israel in den Jahren 2006 und 2007

*Dorothee von Tippelskirch-Eissing**

Zusammenfassung

In diesem Text werden unterschiedliche Reaktionen auf die Autorin beschrieben, welche sie bei ihrer Tätigkeit als ›deutsche Consultant‹ in zwei Internationalen Group Relations-Konferenzen in Israel seitens der mehrheitlich israelischen/jüdischen Konferenzteilnehmenden erfahren konnte. Die zutage tretende Andersheit beruhte sowohl auf der Rolle wie auf der deutschen Nationalität. Das dargestellte Material lässt sich auf verschiedenen Ebenen fassen: Es spricht von dem Begegnungsgeschehen zwischen den Konferenzteilnehmenden und ›der deutschen Consultant‹ im Rahmen und in der Zusammenarbeit in der Konferenz. Darüber hinaus spricht es von dem traumatischen Kern, der vermut-

* Dorothee C. von Tippelskirch-Eissing, Dr. phil., Dipl. Psych., Lehranalytikerin der Deutschen Psychoanalytischen Vereinigung (IPA), niedergelassen in eigener Praxis in Berlin, ehemalige Vorsitzende des Berliner Psychoanalytischen Instituts Karl-Abraham-Institut, Vorsitzende von Partners in Confronting Collective Atrocities e. V. Unter den Veröffentlichungen: Glaube als negative Fähigkeit, in: *Die Arbeit des Negativen, Negativität als philosophisch-psychoanalytisches Problem.* Hg. von E. Angehrn/J. Küchenhoff, Weilerswist 2014: Velbrück Verlag, 174–191; Being German in a Conference ›The Past in the Present‹, in: *Not Knowing Knowing Not Knowing. Festschrift celebrating the life and work of Shmuel Erlich,* ed. by Mira Erlich-Ginor. Astoria, NY, 2017: International Psychoanalytic Books (IPBooks), 297–305.

lich jeder Begegnung zwischen Israelis und Deutschen innewohnt, und weiter jeder zwischenmenschlichen Begegnung im Sinn von Emmanuel Lévinas, demzufolge die Begegnung mit dem Anderen in eine unabweisbare Verantwortungsbeziehung führt. Vor diesem Hintergrund wird die Frage nach der Unabweisbarkeit der Übertragungs-Gegenübertragungsbeziehung zur Diskussion gestellt.

Summary

Experiences of Otherness. Working as a German Consultant Analyst at Two International Group Relations Conferences in Israel in 2006 and 2007

This text describes differing reactions, encountered by the German author in her work as a ›German consultant‹ in two international group relations conferences in Israel, the members of which were mostly coming from Israel or were of Jewish background. The problem of otherness was both referring to the otherness of her role as consultant as well as to the otherness of backgrounds regarding the differing nationalities of the participants. The material presented can be conceptualized on different levels: On the one hand there is the encounter between the differing members of the conference and ›the German consultant‹ regarding the context and the overall frame of the conference. However, this constellation also resonates with the traumatic historic nucleus, that may well be inherent in any encounter of Israelis and Germans; and furthermore, viewed from the perspective of the philosophy of Emmanuel Lévinas, in any encounter of differing human beings. Emmanuel Lévinas has described this traumatic encounter with the other as stringently leading to a relationship of responsibility towards the other. From this background the ever present transference and counter-transference relationship is open to additional perspectives to be discussed here.

Einleitung

Meine Bekanntschaft mit den *Group Relations*-Konferenzen nach dem *Tavistock Modell* geht auf die früher in Deutschland so genannten Nazareth-Konferenzen zurück.

Die in diesen Konferenzen angewendete Methode ist geeignet, Beziehungen innerhalb sowie zwischen verschiedenen an der Konferenz beteiligten Gruppen zu erkunden (daher der englische Begriff: *»Group Relations Conferences«),* bei den ersten drei Konferenzen: zwischen Deutschen und Israelis (1994, 1996 und 2000). Die Konferenzen entwickelten sich fort, sie bezogen später eine Gruppe von »betroffenen Anderen« mit ein (2004 und 2006), eine Gruppe von Palästinensern (2008 und 2010), bis sie sich explizit auf eine Europäische Perspektive hin öffneten (2012, 2014 und 2016).

Seit 2004 habe ich als Mitglied oder als Mitglied im *Staff* in verschiedenen Rollen an diesen Konferenzen teilgenommen.

Meine erste Erfahrung als Mitglied einer derartigen Konferenz (2004 auf Zypern) bedeutete für mich die erste Begegnung mit dieser besonderen Methode zur Untersuchung von Beziehungen in sowie zwischen Gruppen. Die damaligen Erfahrungen wurden für mich zu einem Anstoß, die Methode besser kennen lernen zu wollen. Sie wirkte auf mich wie ein Augen-Öffner, oder – wenn es in der säkularen Welt der Psychoanalyse nicht zu pathetisch klänge – wie eine Offenbarung.

Ich verfügte damals über verschiedenartige Erfahrungen aus Begegnungen zwischen Juden und / oder Israelis sowie nicht-jüdischen Deutschen und Christen.[1] Die Dynamik zwischen den Beteiligten (Angehörige der national und / oder religiös verschiedenen Gruppen) wurde zwar regelmäßig spürbar, jedoch nicht zum Gegenstand einer Untersuchung. Es ließ sich manchmal nur spekulieren, auf welchem Hintergrund ein ›auffälliges‹ Verhalten entstanden sein mochte.

Bald nach dieser ersten Erfahrung auf Zypern nutzte ich die Gelegenheit und meldete mich zu einer Leicester-Konferenz an, d.h. zu der jährlich in Leicester stattfindenden Konferenz, die das Tavistock Institute of Human Re-

1 Als evangelische Theologin war ich u.a. mit der Vorbereitung und Durchführung von interreligiösen und internationalen Tagungen befasst gewesen.

lations (London) durchführt. Die Leicester Konferenz ist gewissermaßen zum Urmodell der *Group Relations* (GR)- Konferenzen geworden, seit dort vor 70 Jahren die Grundelemente einer GR-Konferenz entwickelt wurden (die erste Konferenz fand 1957 statt) und sie bald zu ihrer bis heute im Wesentlichen maßgeblichen Form fanden.[2]

Meine Erfahrungen auf der Leicester Konferenz öffneten mir neue Perspektiven. Ich entdeckte dabei auch, wie sehr ich mich innerlich über Jahre auf diese Arbeit und diese Art, über Gruppen zu denken, vorbereitet hatte – neben meinen Erfahrungen im jüdisch-christlichen, internationalen interreligiösen Zusammenhang ist hier insbesondere meine Ausbildung zur Psychoanalytikerin am Berliner Psychoanalytischen Institut, Karl Abraham Institut, in Berlin von Relevanz.[3] Seither bedeutet mein Engagement in der *Group Relations*-Arbeit eine wesentliche Ergänzung meiner klinischen Arbeit, bietet es doch die Möglichkeit einer spezifischen Brückenbildung zwischen innerer und äußerer Realität, Individuellem und Kollektivem, Individuum und Gruppe (vgl. Erlich 2013).

Über die Jahre habe ich nun in verschiedenen internationalen *Group Relations*-Konferenzen Erfahrungen sammeln können. Doch die Erfahrungen, auf die ich mich in meinem nachfolgenden Bericht beziehe, gehören den Anfängen meiner Tätigkeit an. Ich stütze mich auf zwei Konferenzen, welche die israelische *Group Relations Organisation OFEK* 2006 und 2007 in Ramot durchführte und zu denen ich als *Staff*-Mitglied von dem Konferenzdirektor Joseph Triest eingeladen worden war.

Der Titel der Konferenz im Februar 2006 lautete *»Authority and Leadership: Between Chaos and ›New Order‹«* und im Februar 2007 *»Authority, Lea-*

2 Ich schreibe diesen Text nun im Jahr 2017, dem Jahr, in dem in London das 70-jährige Jubiläum des Tavistock Institute of Human Relations begangen wird. Im gleichen Jahr kann die Israelische Assoziation für die Erforschung von Gruppen- und Organisations-Prozessen, OFEK, ihr 30-jähriges Bestehen feiern, während PCCA e. V. (Partners in Confronting Collective Atrocities), die organisatorische Hülle der Nachfolgekonferenzen der ›Nazareth-Konferenzen‹, auf ihr 10-jähriges Bestehen zurückschaut. Die Tagungen haben freilich schon seit 1994 regelmäßig stattgefunden.

3 Ein besonderer Dank gebührt hier Hermann Beland, einem der Mitbegründer der Nazareth-Konferenzen und Gründungsmitglied von PCCA.

dership and Identity: Systems and Organizations in Times of Globalization and Terrorism«.

Ich möchte darstellen, wie ich als eine deutsche Beraterin *(Consultant)* im Rahmen von diesen beiden *Group Relations*-Konferenzen in verschiedenen, vorwiegend aus Israelis gebildeten Gruppen und in unterschiedlichen Settings wahrgenommen wurde, welche Dynamik dabei im Zuge von Übertragungs- und Gegenübertragungsprozessen der Beobachtung zugänglich wurde und mit welchen Deutungen ich versuchte, den Gruppenmitgliedern Hinweise auf das Geschehen zu geben und die Erfahrungen in Worte zu fassen.

Zur Methode und Struktur der *Group Relations*-Konferenzen

Diese Konferenzen unterscheiden sich von anderen dadurch, dass sie auf einer besonderen Vorstellung vom ›Lernen‹ aufbauen. Das Konzept nennt sich »Lernen durch Erfahrung« (Bion), d.h. es handelt sich um eine Art ›Selbsterfahrung‹ in verschiedenen Gruppensettings.

Wir arbeiten in diesen Konferenzen also nicht mit der üblichen Tagungsstruktur mit Vorträgen, Referenten, Moderatoren, sondern den Teilnehmenden wird in unterschiedlichen Gruppensettings eine Möglichkeit eröffnet, individuell je für sich und auch gruppenbezogen Erfahrungen zu machen. Man könnte das mit einem psychoanalytischen Setting vergleichen, in dem nun allerdings nicht ein Individuum, sondern eine Gruppe den Raum bekommt, um sich mit sich selber auseinanderzusetzen. Dabei ist zu beachten, dass es sich nicht um eine Selbsterfahrung im Sinne einer Gruppentherapie handelt, sondern es darum geht, Erkundungen anzustellen und Erkenntnisse darüber zu gewinnen, wie Gruppen sich verhalten.

Group Relations-Konferenzen verbinden psychoanalytisches Verstehen und Systemtheorie miteinander.[4] Mehrere grundlegende psychoanalytische Begrif-

4 Ich beziehe mich im Folgenden auf verschiedene Beiträge von Kollegen, die über die sog. Nazareth-Konferenzen berichtet haben, vor allem von M. Erlich-Ginor, H.S. Erlich und H. Beland in dem von ihnen gemeinsam herausgegebenen Buch (2009). S.a.H. Beland 2008a und 2008b; L. Brunner/M.F. Davids/D.C. von Tippelskirch-Eissing 2012; H.S. Erlich 2013 und in L.M. Hermanns 2017 sowie M. Erlich-Ginor 2017.

fe haben die theoretische Grundlage des *Group Relations*-Ansatz geprägt, insbesondere solche aus der Objektbeziehungstheorie von Melanie Klein und Wilfred Bion. Ich nenne einige dieser Begriffe und Konzepte: Das dynamische Unbewusste, ergänzt um die Triebtheorie, insbesondere Sexualität und Aggression; das Konzept der Abwehr, vor allem Spaltung, Projektion und projektive Identifizierung, und das Konzept Bions von der Valenz: »die Bereitschaft des Einzelnen […], durch die Grundannahmen und das Handeln nach den Grundannahmen eine Verbindung mit der Gruppe einzugehen« (Bion 2001, 84 f.).

Den Begriff von den Grundannahmen (GA) hat Bion in seinem Buch *Erfahrungen in Gruppen* entwickelt. Dieses Konzept ist für uns wichtig, weil unser Fokus immer auf der Gruppe und nicht auf dem Individuum liegt. Drei Grundannahmen hat Bion unterschieden: Abhängigkeit, Paarbildung und Kampf und Flucht.[5] Zwei weitere wurden später von Kollegen erarbeitet (*Oneness* von P. Turquet (1974) und *Me-ness* von W. G. Lawrence u. a. (1996)). Theoretische Konzepte offener Systeme haben sich ebenfalls als hilfreich für unsere Arbeit erwiesen, wenn es darum geht, Erfahrungen in Gruppen zu ermöglichen und sie unserem Verständnis zugänglich zu machen.

Group Relations-Konferenzen werden auf eine Weise konzeptualisiert und strukturiert, dass sie einen sicheren Raum, einen sicheren *Container* schaffen durch klare Grenzen (Zeit und Raum) und Deutungen, die in der Regel die Form von Hypothesen über den zu beobachtenden Gruppenprozess annehmen.

Die Konferenzen sind gekennzeichnet durch die *Primary Task,* eine Hauptaufgabe, begrenzten Raum und Zeit sowie durch bestimmte voneinander abgrenzbare Rollen. Diese starken Grenzen sind eine notwendige Bedingung für die Arbeit aller Beteiligten, vor allem auch um eine Regression zu ermöglichen, zu der es kommen kann, wenn persönliche Grenzen lockerer sowie Abwehrmechanismen gemildert werden und Gruppenmitglieder die Erfahrung

5 Grundannahmen beschreiben Gruppen in einem anderen als einem Arbeitsgruppen-Modus. Die abhängige Gruppe wünscht, von einem Führer betreut, mit Schutz und Nahrung versorgt zu werden. Die Gruppe im Modus der Paarbildung erwartet einen künftigen, noch ungeborenen Führer, den das Paar hervorbringen soll und der die Gruppe vor Hass-, Destruktivitäts- und Verzweiflungsgefühlen retten wird. Demgegenüber steht die Grundannahme Kampf und Flucht für die Gruppe, die glaubt, sie habe sich zusammengefunden, um gegen etwas zu kämpfen oder davor zu fliehen (Bion 2001, 106–114).

machen, einen neuen, bislang unbekannten psychischen Raum zu betreten. Die starken Grenzen des Settings ermöglichen die Regression, die das Potenzial für Entdeckungen und Kreativität in sich birgt, sofern die damit einhergehenden Ängste nicht übermächtig werden.

Die Mitglieder im *Staff* haben eine Vielzahl von Aufgaben: Kollektiv bilden sie das Management, insofern sie die Grenzen (Zeit, Raum) wahren und sich selber für alle Arten von Projektionen und deren Deutungen und Hypothesen anbieten. Die Hypothesen beziehen sich auf das Hier und Jetzt, sie gründen in Übertragungs- und Gegenübertragungserfahrungen und im Verstehen von Prozessen der projektiven Identifizierung.

Es gibt auch weitere Differenzierungen von Rollen und Autoritäten im *Staff:* z. B. den Direktor, eventuell einen stellvertretenden oder auch einen assoziierten Direktor, einen *administrator,* wie derjenige genannt wird, der zum Management gehört und an den Grenzen vor allem zwischen *Staff* und Konferenzmitgliedern sowie als Ansprechpartner gegenüber dem Tagungsort tätig wird, und Berater im Gruppenprozess, *consultant* genannt, usw. Jedes *Staff*-Mitglied arbeitet in unterschiedlichen Gruppensettings.

Die *Staff*-Mitglieder arbeiten selber als eine Gruppe, sie haben kollektiv die Aufgabe zu verstehen, was in der Konferenz im Ganzen geschieht. Um sich auf die Zusammenarbeit gemeinsam vorzubereiten, findet vor dem eigentlichen Konferenzbeginn jeweils ein Zusammentreffen der *Staff*-Mitglieder statt, währenddessen sie sich kennen lernen, sich auf die Übernahme ihrer Aufgaben, die teilweise erst dann zugeteilt werden, vorbereiten. Typischerweise endet diese Vor-Konferenz mit der Bestätigung der Autorität des Direktors durch die Gruppe.

Es gibt mehrere Hypothesen, die wir in unserer Arbeit zur Anwendung bringen:

- Jede/r der Anwesenden in der Konferenz ist Teil des Erfahrungsfelds und der Dynamik, niemand bleibt außerhalb; das gilt in gleicher Weise für Mitglieder wie für den *Staff.*
- Jede/r bringt ihre/seine persönlichen Faktoren, wie ihre/seine Geschichte, Identität und ihre/seine formelle wie informelle, manifeste wie latente Rolle mit.
- *Staff*-Mitglieder tragen die Verantwortung dafür, sich ständig zwischen den verschiedenen Ebenen zu bewegen: Erfahrung und Reflektion, Worte Fin-

den und Deuten. Diese Wechsel sind angesichts der Macht der Projektionen nicht leicht zu vollziehen. Projektionen bewegen sich auf dem breiten Spektrum zwischen Idealisierung und Verfolgung.

Zum Abschluss dieses Teils stelle ich ein durchaus typisches Arbeitsprogramm einer solchen Tagung vor, wie es für die Tagung im Jahr 2007 festgelegt war.

Das Konferenzdesign sieht vor, dass die Mitglieder an verschiedenen Gruppensettings beteiligt sind: *Plenaries,* Plenarsitzungen finden zu Beginn und am Ende der Konferenz statt; an ihnen sind alle Mitglieder und alle *Staff*-Mitglieder beteiligt. Es gibt Großgruppen-Sitzungen, wir nennen sie *Large Study Groups (LSG),* an denen alle Mitglieder und jeweils drei oder vier *Consultants* beteiligt sind. Kleingruppen, *Small Study Groups* (SSG), bestehen aus ca. zehn Mitgliedern und einem *Consultant; very Small Study Groups* (VSSG) sind etwas kleiner. *Review and Application Groups* (RAG) bestehen in der Regel aus ca. sechs Mitgliedern und einem *Consultant.* Sie bieten den Mitgliedern die Möglichkeit, die Rollen, die sie in der Konferenz übernehmen oder übernommen haben, wahrzunehmen und am Ende auch im Blick auf die Rückkehr in den Alltag zu reflektieren. Schließlich gibt es ein *Organisational Event,* 2007 in zwei Teilen, das sich dadurch auszeichnet, dass die Mitglieder sich hierfür selber in Gruppen aufteilen, sich unter den zur Verfügung stehenden Arbeitsräumen einen aussuchen, genannt: *territory,* an selbst gewählten Themen arbeiten, miteinander in Kontakt treten, und sich gemeinsam über das Geschehen, das sich in diesem Rahmen entfaltet, austauschen und darüber nachdenken, sowohl untereinander als auch mit der Gruppe des Managements, mit den *Consultants,* die eine Gruppe für sich bilden und zur Beratung zur Verfügung stehen.

Eine Besonderheit in der Konferenz 2007 stellte die Einführung einer *Training-Group* dar: Es gab somit drei Arten von Mitgliedern: A-Mitglieder, die erstmals an einer *Group Relations*-Konferenz teilnahmen, B-Mitglieder, die bereits über Vorerfahrungen verfügten und T-Mitglieder, die ihre Erfahrungen nachgewiesen hatten und für eine Art Fortbildung im Rahmen der Konferenz angenommen worden waren. In der Regel haben diese Mitglieder ein etwas anders geartetes Programm, da sie sich darauf vorbereiten, im Rahmen der Konferenz zu einem späteren Zeitpunkt bestimmte Aufgaben eines *Consultant* zu übernehmen. Für meine folgende Darstellung ist es nützlich zu wissen, dass die *Staff*-Mitglieder eigene Arbeitssitzungen haben zu Zeiten, in denen sie nicht mit den Konferenzmitgliedern arbeiten, so dass die Kollegen, die in der *Large Study Group* arbeiten bspw. gemeinsam über ihre Erfahrungen beraten, während die *Small Study Groups* stattfinden und umgekehrt. Zu jeder Konferenz gehört demgemäß ein eigenes Arbeitsprogramm für die *Staff*-Mitglieder.

Annäherungen: Anders-Sein als deutsche Beraterin in zwei israelischen *Group Relations*-Konferenzen[6]

Als ich zur Konferenz 2006 in Israel anreiste, kannte ich abgesehen von zwei Kollegen kaum jemanden von den anderen *Staff*-Mitgliedern, mit denen ich eine Woche lang zusammenarbeiten würde – nicht einmal den Direktor. Schon im folgenden Jahr kannte ich nahezu alle Kollegen auf die eine oder andere Weise, mit einigen verband mich eine Konferenzerfahrung andernorts. Als ich mich beim ersten Zusammentreffen 2007 am Arbeitstisch umsah, fühlte es sich an wie eine Familienzusammenkunft. Die Differenz zu der ausgeprägten Fremdheitserfahrung im Jahr zuvor hätte größer nicht ausfallen können. Damals war ich eindeutig eine von außen, aus dem Ausland, aus Deutschland kommende und darüber hinaus eine mit der Organisation OFEK[7] ganz unerfahrene Mitarbeiterin gewesen.

Sehr schnell musste ich mich in der zweiten Konferenz (2007) auf einen unerwarteten Wechsel in der Aufgabenverteilung einstellen. In der Vorbereitungsphase für die *Staff*-Mitglieder, unmittelbar vor dem eigentlichen Konferenzbeginn, während wir uns auf die Übernahme unserer Aufgaben vorbereiteten, wurde ich gebeten, anstatt der mir zuerst übertragenen Aufgabe eine andere Aufgabe von einer Kollegin zu übernehmen, da diese aufgrund eines plötzlichen Todesfalls in ihrer Familie über Nacht hatte abreisen müssen. Es war eine äußerst schwierige Situation, die Umstände waren dramatisch und

6 Beim Schreiben dieses Berichts konnte ich auf einen Text zurückgreifen, den ich für die israelische Internet-Zeitung von OFEK schrieb (2011) und dessen Grundlage in einem Tagebuch bestand, dass ich während der beiden Konferenzen geführt hatte.

7 OFEK steht hebräisch für Organisation, Person, Gruppe, es handelt sich um ein Akronym, das im Hebräischen das Wort für ›Horizont‹ bedeutet. Ein Vorläufer der Organisation wurde 1984 unter anderem Namen gegründet.

sehr schmerzlich. Sie bedeutete meinen Wechsel aus dem System der Sub-Konferenz mit den A-Mitgliedern (ohne vorherige Konferenzerfahrung) zur Sub-Konferenz der *Training*-Gruppe, in der die besonders erfahrenen Konferenzteilnehmenden arbeiten würden und sich auf die Übernahme einiger Aufgaben zur Übung im Rahmen der Konferenz vorbereiten sollten. Ich war in gewisser Weise ›befördert‹ worden. Die Kollegin, welche die Konferenz unter so dramatischen Umständen hatte verlassen müssen, war eine äußerst erfahrene Kollegin aus West-Europa, neben mir die zweite ausländische *Consultant*, gewesen. Dem entsprach meine damalige Situation mit vergleichsweise wenig Erfahrung in der *Group Relations*-Arbeit in keiner Weise.

Darüber hinaus war das Angebot einer *Training*-Gruppe in diesem Jahr ein für die internationale OFEK-Konferenz neu eingeführtes Element. Diese Tatsache und das Konzept hatten bereits während der Vorbereitung der Konferenz zu einiger Spannung geführt. Das neue Element im Tagungssetting bedeutete eine große Aufmerksamkeit und Neugier für diesen Arbeitsbereich. Ich denke, all dies führte zu dem Gefühl, das vermutlich von Konferenzmitgliedern und auch im *Staff* geteilt wurde, als ob die Arbeit in dieser Gruppe ›besser‹ sei, aufregender als in dem Bereich, dem ich zuvor zugeordnet gewesen war. In den Stunden, die auf diese Umstrukturierung folgten, wuchs meine Angst zunehmend.

Diese Neuordnung brachte dazu eine enge Zusammenarbeit mit dem Direktor der Sub-Konferenz T, einem sehr erfahrenen und hoch geschätzten Kollegen aus Israel, mit sich. Sie vollzog sich zeitweise relativ isoliert von den anderen Kollegen, da unsere Zeiteinteilung von ihren Arbeitseinheiten differierte.

Das sorgte dafür, dass starke Gefühle von Rivalität, Eifersucht und Neid geweckt wurden. Sie äußerten sich schon bald in ironischen Bemerkungen im *Staff* über uns beide: »Das Paar, das bald heiraten wird«. Diese Bemerkungen waren nicht offen feindselig, sie widersprachen nicht dem Sinn für Loyalität, den wir alle benötigten, nachdem das Überschreiten der Grenzen hinein in die Konferenzarbeit für die Gruppe der *Staff*-Mitglieder derart gestört worden war. Dennoch wunderte ich mich: Handelte es sich um eine Flucht der Gruppe in die ›Paarbildung‹, d.h. die Verwandlung der Arbeitsgruppe in eine Grundannahmen-Gruppe im Sinne Bions, weil es zu schmerzlich war mit anzusehen, wie unser Sub-System T (der *Training*-Gruppe) die Arbeit und der Direktor und ich die Rollen aufnahmen, nachdem wir ein *Staff*-Mitglied verloren hatten?

Bei der Eröffnung des Plenums äußerte eine Teilnehmerin der *Training*-Gruppe: »Ein deutsch-jüdisches Paar, das wird gewiss eine unglückliche Ehe«. Meiner Meinung nach ist es nicht einfach, die Bedeutung dieser Äußerung zu verstehen: Ich empfand sie nicht als erstes auf mein deutsches Anders-Sein bezogen, die ich mit dem jüdischen, israelischen Direktor kooperierte. Es fühlte sich eher nach einem neidischen Angriff an, der sich hinter diesem Thema verbarg, während er gegen mich gerichtet war, die ich nicht in der Rolle eines Mitglieds an der Konferenz teilnahm, sondern im *Staff* mitarbeitete, dazu mit jenem sehr geschätzten Kollegen.

Was die Mitglieder der *Training*-Gruppe anging, so war mir ungefähr die Hälfte bekannt; einige aus anderen Konferenzen, in denen wir gemeinsam als Mitglieder oder gemeinsam als *Staff*-Mitglieder teilgenommen und zusammengearbeitet hatten. Rivalität war unmittelbar lebendig: Wie konnte es sein, dass wir jetzt verschiedene Rollen innehatten, ich in der Rolle der *Consultant,* sie als Mitglieder der *Training*-Gruppe. Einige brachten ihre Enttäuschung zum Ausdruck, war ihnen doch nun keines der beiden mit der Gruppe arbeitenden *Staff*-Mitglieder unbekannt, niemand kam ›von Außen‹ – wie es bei der Kollegin der Fall gewesen wäre, welche die Konferenz noch vor Beginn hatte verlassen müssen.[8]

Gleichwohl war die Wahl nicht zuletzt auf mich gefallen, weil alle anderen Kollegen mit den Mitgliedern der Gruppe noch vertrauter gewesen wären als ich. Die Gruppenmitglieder reagierten also auf ein fehlendes ›Anderssein‹ und gleichzeitig auf eine Realität, die anders war, als sie sie erwartet hatten.

In der mir zugeteilten Kleingruppe der *Training*-Gruppe *(Very Small Study Group,* VSSG) entstanden eifersüchtige und neidische Gefühle: Wer war mir näher? Würde ich diejenigen bevorzugen, die mir bereits bekannt waren? Es entstand ein äußerst schmerzlicher Moment, als es darum ging zu realisieren, dass diese Konferenz nicht die Fortsetzung einer vergangenen Konferenz bedeutete, in der ein Gruppenmitglied und ich uns als Mitglieder begegnet waren. Der Verlust des gemeinsam geteilten Bodens wurde erfahrbar. Für uns beide galt es, jene Grenze zu akzeptieren, die uns in dieser Konferenz vonein-

8 Den Konferenzmitgliedern war der dramatische Hintergrund der Abwesenheit dieser mit Interesse und Neugier erwarteten, ihnen unbekannten Kollegin mit internationalem Ansehen nicht bekannt.

ander trennte. Unsere verschiedenen Rollen ließen mich jenes »Gefühl der Isolierung« oder auch das »Empfinden von Einsamkeit« erleben, von denen Bion (1963, Dt. 1992, 44f.) im Blick auf die »Atmosphäre der Entbehrung«, derer die Psychoanalyse bedarf, gesprochen hat. Sie ist gleichermaßen eine notwendige Voraussetzung für die Arbeit in der Rolle einer *Consultant* im Rahmen einer *Group Relations*-Konferenz. Die Bedeutung der Abstinenz konnte ich so noch einmal neu erfahren: Sie bedeutete die Übernahme meiner Rolle auf eine möglichst präzise und aufrichtige Art. Darin bestand meine Antwort auf die spezifische Situation, in der das Anders-Sein der Beraterin einen *Container* einzig in der Rolle finden konnte – unter Verzicht auf die ›natürliche Hilfe‹, die es bedeutet, wenn die Beraterin eine ›Unbekannte‹, eine ›Fremde‹ ist.

Wie ich es bereits in meinem Bericht über die Übernahme der Rolle der *Consultant* sowohl in der Gruppe der *Staff*-Mitglieder als auch in der ersten Begegnung mit den Teilnehmenden der *Training*-Gruppe in der Konferenz 2007 anhand von zwei Vignetten geschildert habe (›das deutsch-jüdische Paar‹), ging es in beiden Konferenzen, auf die ich mich beziehen werde, darum, als deutsche Beraterin in einer internationalen Konferenz in Israel zu arbeiten. Ich schließe diesen Teil mit einigen Vorüberlegungen, die zu meiner Vorbereitung auf die Übernahme meiner Rolle in der ersten Konferenz (2006) gehörten.

Das Anders-Sein, das ich in meiner Rolle für die Mitglieder repräsentieren, und das Anders-Sein, das ich in meiner Rolle erfahren kann, ist – wie ich es inzwischen mehrfach erlebt habe – untrennbar mit der Tatsache meines Deutsch-Seins verknüpft. Doch die Situation unterschied sich von der mir zuvor bekannten Situation in den Nazareth-Konferenzen auf Zypern.

In der israelischen Konferenz in Ramot würde die Beziehung zwischen Israelis und Deutschen (anders als auf Zypern) nicht das Konferenzthema sein. Ich fragte mich, wie ich damit umgehen sollte. Ich wollte schließlich nicht ein Thema in die Konferenz hineintragen, das eines meiner Lebens-Themen ist, und doch konnte ich annehmen, dass es wohl ein Thema sein würde für viele, wenn nicht alle israelischen (und die aus anderen Ländern zur Konferenz nach Israel angereisten) Konferenzteilnehmenden, wenn sie sich einer deutschen *Consultant* gegenüber sehen würden. Ich dachte mir während meiner Vorbereitung, ich müsse einen Weg finden, wahrzunehmen, ob, wann und wie dieser Komplex sich in den Gruppen, mit denen ich arbeiten sollte, entfalten würde.

Weder wollte ich mich aufdrängen noch verbergen. Die Kunst würde, so nahm ich an, wohl darin bestehen wahrzunehmen, wo sich dieses Thema in der unbewussten Dynamik in der Gruppe niederschlägt, und es der Gruppe im geeigneten Moment aufzuzeigen. Es fühlte sich an, als sollte ich zu einer Gratwanderung aufbrechen, was zugleich eine banale Feststellung ist, insofern dieses Risiko jede Deutung auch im Rahmen einer *Group Relations*-Arbeit begleitet. Gleichwohl ich las und bedachte immer wieder diese Passage von Bion:

> In manchen Augenblicken glaube ich, daß die Gruppe eine Einstellung mir gegenüber hat und dass ich diese Einstellung in Worte fassen kann; [...] Diese Situationen liefern das Rohmaterial, auf dem man Deutungen aufbaut; aber die Deutung selbst ist ein Versuch, in präzise Worte zu fassen, was nach meiner Vermutung die Einstellung der Gruppe zu mir [...] ist. Ich ziehe nur einen Teil dieser Situationen heran und betrachte eine Situation dann als günstig für eine Deutung, wenn die Deutung zugleich offenkundig und noch nicht vollzogen ist. (Bion 2001, 103)

Folgende Frage sollte meine Mitarbeit in der Konferenz unablässig begleiten: Welche Einstellung hat die Gruppe mir gegenüber, welche Art Anders-Sein der *Consultant* würde in welchen spezifischen Momenten angesprochen? Und: Welcher Augenblick sollte gewählt werden, um das »zugleich Offenkundige und noch nicht Vollzogene« (im englischen Original: »obvious and unobserved«) für die Gruppe in Sprache zu fassen?

Meiner Erfahrung nach scheint es mir, dass die traumatisch wirkende Begegnung mit dem ›Anders-Sein‹ des deutschen *Staff*-Mitglieds sich ungleich stärker und offenkundig reinszenierte, wenn sich die Gruppe auf unerwartete Weise mit meiner Präsenz konfrontiert sah. Die Gruppe reagierte anders, wenn sie darauf vorbereitet war, mit mir zu arbeiten. Beispielsweise wussten die Mitglieder meiner Kleingruppe aufgrund der zu Konferenzbeginn vorliegenden Broschüre, dass ihre Gruppe vom Konferenz-Management derart organisiert worden war, dass sie zu bestimmter Zeit, am bestimmten Ort mit der deutschen *Consultant* stattfinden würde. Demgegenüber bestimmte das unerwartete Zusammenreffen die Übertragungs- und Gegenübertragungs-Situation auf ganz andere Weise.

Das Unerwartete geschah, als beispielsweise während der Organisations-Veranstaltung *(Organisational Event,* OE) die Aufgabe der Mitglieder darin bestand, Gruppen zu bilden, die sich ihren Arbeitsraum *(territory)* suchen sollten. Eine Gruppe musste in dem Augenblick, als sie die zuvor geschlossene Tür zu ihrem Arbeitsraum *(territory)* noch kaum geöffnet hatte, feststellen, dass ich als *Consultant* just dem von ihnen gewählten Raum zugeordnet war. Die ganz unvermutete Entdeckung meiner Anwesenheit in ›ihrem Territorium‹ veränderte die Atmosphäre unmittelbar. Ich empfand die Panik in der Gruppe und konnte die verschiedenen Reaktionen dort als einen Ausdruck der ungeheuren Schwierigkeiten verstehen, mit dem unerwarteten Auftauchen des Anderen, der deutschen *Consultant,* im eigenen äußeren und inneren Raum umzugehen.

Im Folgenden versuche ich die beiden voneinander so verschiedenen Prozesse zu beschreiben.

Beraterin *(Consultant)* in einer Kleingruppe (2007)

Bezüglich der Arbeit in der Kleingruppe meine ich zeigen zu können, dass sich der Prozess des Umgangs mit der deutschen *Consultant* in der internationalen *Group Relations*-Konferenz in Israel auf eine nicht-zerreißende Art vollziehen konnte. Ich möchte das kurz beschreiben.

Die Kleingruppe *(VSSG)* bestand aus vier weiblichen Mitgliedern, die sich für die *Training* Gruppe qualifiziert hatten und von denen drei bei der Anmeldung als Nationalität »Israelisch«, eine »Amerikanisch« angegeben hatten. Am ersten Tag waren zwei Sitzungen vorgesehen, an den weiteren vier Tagen jeweils eine, am letzten Tag, an dem die Konferenz mittags endete, traf sich diese Gruppe nicht mehr. Die erste Sitzung begann mit den Feststellungen zweier Gruppenmitglieder, A und B, die mich beide von früheren Nazareth-Konferenzen kannten. Wir hatten während dieser Konferenzen keinen engen Kontakt gehabt, aber es war doch zu einem bedeutsamen Austausch zwischen B und mir in einer der Großgruppensitzungen *(LSG,* für alle Mitglieder) auf Zypern gekommen. A erklärte zu Beginn der ersten Sitzung, dass sie »ein Problem mit der deutschen *Consultant«* habe. B antwortete unmittelbar, dass sie »volles Vertrauen« habe, wobei sie eine eigene Deutung hinzufügte, dass dies möglicherweise eine »Verteidigung der guten Deutschen« sei. Niemand nahm diese Äußerungen auf. Ein anderes Gruppenmitglied sprach von ihrer Mutter, die ihr, der Tochter, die »freie Wahl« gegeben habe, begleitet von der Forderung: »Du musst nur immer die Beste sein, egal was Du machst«.

Das Mitglied mit dem amerikanischen Hintergrund C sprach von ihren Schuld- und Schamgefühlen, da sie die einzige sei, die in ihrer Muttersprache sprechen könne: »als nähme [sie] damit jemandem etwas weg«. Die Gruppe schien bestimmte Fähigkeiten als etwas äußerst Gefährliches anzusehen. Es schien besser, keine Differenz erkennbar werden zu lassen, aus der Angst, dies möge eine vernichtende Vergeltung nach sich ziehen.

Die zweite Sitzung, am Abend des ersten Konferenztages, war voller Klagen. Die *Consultants* wurden von den Mitgliedern als fragil erlebt. Die Gruppe war besorgt wegen der Abwesenheit des *Staff*-Mitglieds, das die Konferenz vor Konferenzbeginn verlassen hatte. Fragen kamen auf: »Kann man einem trauernden Staff gegenüber aggressiv sein? Kann man die Wahrheit sagen?«

In der dritten Sitzung empfand ich eine depressive, lähmende Stimmung in der Gruppe; nichts bewegte sich. Nur ab und an versuchten zwei Gruppenmitglieder miteinander in Kontakt zu treten, doch die Bemühung wurde bald aufgegeben. Warum war es so schwierig, miteinander in Kontakt zu kommen? Ein Mitglied sprach von ihrer Mutter, die »immer nur gute Nachrichten gewünscht« hatte, weil sie etwas anderes nicht ertragen konnte.

In der vierten Sitzung hatten schließlich die oben erwähnten A und B eine kurze und gewaltsame Kontroverse, die sofort abbrach und einer lähmenden Stille Raum gab. Ein Versuch meinerseits, die Dynamik anzusprechen, die soeben ins Offene getreten war, wurde von einem Schrei von B beantwortet: »Stop it!« Sie brach in Tränen aus und zog sich für geraume Weile weinend zurück. Die anderen schienen ihr Weinen nicht zu bemerken. Ich verstand ihre ›Vertrauens-Erklärung‹ aus der ersten Sitzung nun ebenso wie den aggressiven Ausbruch als eine Abwehr gegen den Schmerz, nicht die Beziehung mit mir aus der vergangenen Konferenz wieder aufnehmen und im Hier und Jetzt der aktuellen Konferenz fortsetzen zu können. Ich konnte die Möglichkeit nicht ausschließen, dass insbesondere der Verlust einer möglichen Verbindung zu einem deutschen Konferenz-Mitglied, einem Mitglied, wie sie selber es war, als äußerst schmerzliche Erfahrung von erneuter Trennung und Differenz aufgrund unserer verschiedenen Rollen empfunden wurde: als ob wir jetzt wieder vor der so unüberbrückbaren wie unerträglichen Trennung zwischen Deutschen und Juden stünden. Doch ich deutete das in dieser Sitzung noch nicht.

Die folgende und die letzte Sitzung schienen unter dem Schatten zu stehen, dass es daran ging, sich voneinander zu verabschieden. Ein Mitglied sprach von ihrer Mutter, die bei Geburt der Teilnehmerin bereits verwitwet gewesen war und das ganze Leben damit verbracht hatte, auf die Rückkehr des toten Vaters zu warten.

Die letzte Sitzung begann mit einer Beschwerde über die gegebenen Deutungen, es sei so, als ob »was immer man sagt, das Falsche ist«. Mir schien die Ängstlichkeit in der Gruppe zu wachsen. C realisierte, dass sie bislang nur auf die anderen reagiert habe, und nun am Ende musste sie feststellen, dass sie sich persönlich gar nicht eingebracht hatte. Es hatte sich zu gefährlich angefühlt, sich den Raum zu nehmen und zu sprechen. Zu dieser letzten Sitzung war sie mit einem Top mit Trägern bekleidet erschienen, während sie immer wieder versuchte, ihren Oberkörper mit einem Schal zu bedecken, der ihr jedoch immer wieder von den Schultern glitt. Erstmals spürte ich eine Atmosphäre der Verführung in der Gruppe, etwas, was sie sich bislang scheinbar verboten hatte.

Ich deutete die Gefahr, die die Gruppe scheinbar empfand, wenn sie den Wunsch, der *Consultant* nahe zu kommen, realisierte, da nun dieser Wunsch bedeuten würde, einer Deutschen nahe zu sein, und die Gruppe fürchtete, von mir, der deutschen *Consultant* zu so gefährlichen Wünschen verführt zu werden. Auf diese Deutung folgte ein sehr lebendiger Austausch unter den Mitgliedern. Fast am Ende dieser letzten Sitzung angekommen, sprach A, die die erste Sitzung mit der Mitteilung ihres »Problems mit der deutschen *Consultant«* eröffnet hatte, auf sehr bewegte und bewegende Weise von ihrem toten Halbbruder, den sie nie kennengelernt hatte. Die Zusammenarbeit in der Gruppe machte es ihr möglich, fortzufahren und schließlich ihren Schmerz in der Gruppe mitzuteilen. Sie berichtete nun, dass der Bruder lange vor ihrer Geburt als Angehöriger ihres im Holocaust untergegangenen Familienteils in einem deutschen Lager gestorben war.

Beides konnte am Ende spürbar werden, die Befreiung, die es ermöglicht hatte, miteinander in Kontakt zu treten, sich mitzuteilen und zugleich der tiefe Schmerz und die Trauer um den getöteten, unbekannt gebliebenen Bruder. Dazu gehörte auch der Schmerz über die unüberbrückbare Trennung zwischen Deutschen und Juden, deren Trauer in der Gruppe nicht dieselbe sein konnte. Noch einmal wurde das »Empfinden von Einsamkeit« am Ende der Zusammenarbeit in der intimen Beziehung der Gruppenmitglieder zueinander und mit der *Consultant* intensiv erlebbar.

Consultant in einem Arbeitsraum (*Territory*) in der Organisations-Veranstaltung (*Organisational Event*) in zwei OFEK-Konferenzen 2006 und 2007

Verglichen mit dem soeben beschriebenen Prozess geschah etwas vollkommen anderes, wenn die Gruppe mit meiner Anwesenheit auf unerwartete Weise konfrontiert wurde. In den beiden OFEK-Konferenzen in den Jahren 2006 und 2007 hatte ich Gelegenheit, die Reaktionen der Gruppen zu beobachten, wenn sie auf der Suche nach ihrem Arbeitsraum im Rahmen des *Organisational Event* (OE) die Tür öffneten und mich dort vorfanden in dem Raum, den sie im Begriff waren einzunehmen.

Beide Male gehörten der Gruppe, die sich soeben erst gebildet hatte, nahezu ausschließlich israelische Mitglieder an. Daher hatten sie sich scheinbar darüber verständigt, in der Gruppe Hebräisch zu sprechen, was den Konferenzregeln entsprach. Die Regel lautet, dass Englisch die Konferenzsprache ist, es sei denn, die Gruppe besteht ausschließlich aus Mitgliedern, denen eine andere Sprache gemeinsam ist. Die Entdeckung der deutschen *Consultant* bedeutete so eine Enttäuschung der Hoffnung, sich in der Muttersprache verständigen zu können. Doch vor allem vermittelte sich mir der Eindruck von einem Schock, den die Gruppe erlitten hatte, als sie mich in ihrem Territorium entdeckte. Die Gruppe versuchte, mit der Arbeit zu beginnen. Sie behandelte mehrere Fragen: Musste sie wegen der *Consultant* die Sprache wechseln? Wäre es unhöflich, eine Sprache, die ich nicht verstehen würde, zu sprechen? Wäre es besser, eine Sprache, die ich verstehen könnte, zu sprechen, damit ich ihr als *Consultant* nützlich sein könnte? In der Konferenz im Jahr 2006 kam die Frage auf, ob es nicht besser sei, das Sprachenproblem erst einmal draußen zu besprechen. Ich hatte nichts gesagt, doch meine Anwesenheit während dieser Diskussion ließ augenscheinlich ein sehr unangenehmes Gefühl aufkommen. In beiden Konferenzen, 2006 und 2007, schien mir unter der Sprachenfrage eine andere Schicht verborgen: Die Gruppenmitglieder waren mit etwas Unerträglichem, sie zutiefst Verstörendem in Berührung gekommen. Von dieser Verfassung wollten sie so schnell als möglich Abstand gewinnen, indem sie aus dem Raum wieder hinausdrängten. Beide Male blieb ich am Ende der ersten Arbeitseinheit mit der Ungewissheit zurück, ob die Gruppe für eine weitere Sitzung zurückkehren oder ob sie es vorziehen würde, sich einen anderen Raum zu suchen.

Erfahrungen im *Organisational Event* (OE) in der OFEK-Konferenz 2006

Die weitere Entwicklung in der ersten Konferenz in Israel, an der ich beteiligt war, war sehr eindrücklich. In kürzester Zeit schien die Gruppe etwas zu reinszenieren, was mir den Atem nahm. Während dieser ersten Sitzung erlebte ich einen Zustand innerer Verwirrung.

Nachdem die Gruppe sich schnell dafür entschieden hatte, im Raum zu bleiben, entschied sie ebenso schnell, die Konferenzsprache, Englisch, zu nutzen. Meiner Meinung nach hatte sie ihre Flucht nach vorn angetreten, bemüht darum, sich wie eine Arbeitsgruppe zu verhalten. Ich denke im Nachhinein, dass es sich um eine Kompromisslösung gehandelt haben mag: Es war eine Flucht und zugleich begannen die Gruppenmitglieder damit, die anwesende *Consultant* zu nutzen. Letzteres vermochte ich während der Sitzung allerdings nicht zu erkennen. Bald nach der Entscheidung zum Bleiben kam es zu Spekulationen über meinen Namen, was mich dazu veranlasste, mein Deutsch-Sein zu bestätigen. Ich richtete ihre Aufmerksamkeit nicht darauf, dass sie sich mit Fragen beschäftigten, die in der Konferenzbroschüre (durch die Vorstellung der Mitarbeitenden) beantwortet waren. Ich denke, ich war bereits in die Dynamik verwickelt, die ich nun beschreiben werde.

Es bildete sich ein Paar, ein männliches und ein weibliches Mitglied traten auf eine sehr spezifische Weise in Kontakt zueinander: als ob sie zerstreut wären, nicht wirklich aneinander interessiert, als ob sie von etwas ablenken wollten und zugleich gelangweilt waren. Die Frau spielte mit einem Ring, der Mann bewunderte den Ring, es kam zu einem langen Austausch zwischen den beiden, woher der Ring kam, seine Geschichte – alles zog sich unendlich in die Länge. Schließlich erklärte die Frau, es sei ein Ring, der ursprünglich dazu gedacht war, Gift zu transportieren. Indianische Jäger trügen in solchen Ringen das Gift für ihre Pfeilspitzen. Die Szene, die ich in wenigen Worten wiedergegeben habe, hatte in der Art und Weise, wie sie sich ausformte, Gestalt gewann, etwas Quälendes: Die Bewegung vollzog sich nur langsam, zögernd, suchend, verwirrend, dabei sehr unklar. Und doch vermittelte sich der Eindruck von einer großen Zielstrebigkeit und Präzision, wie in einem Film, in dem eine dramatische Szene in Zeitlupe gezeigt wird. Jede Intervention von anderen Gruppenmitgliedern wurde sofort zum Erliegen gebracht, und das Paar machte weiter. Nach der Erwähnung von »Gift« entstand in der Gruppe eine andere Bewegung weg von dem Thema, aber die Gruppe geriet in eine Verfassung ungeheurer Anspannung. Schließlich gab ein weibliches Gruppenmitglied eine Übertragungsdeutung, bezogen auf die deutsche *Consultant.* Sie teilte mit, sie habe sich immer wieder mit der Frage beschäftigt, wie sie in der Nazizeit reagiert hätte: So viele hatten sich vergiftet, um der Verfolgung zu entgehen. Es gab eine kurze aufgeregte Bewegung in der Gruppe, mittlerweile war das Ende dieser ersten Sitzung fast erreicht. Die Frau, der der Ring gehörte, nutzte diesen Moment, ihn mir zu geben. Mir war klar, dass es nicht in Frage kam, ihn anzunehmen – es war auch deutlich, dass die Besitzerin ihren Ring behalten wollte. Die Geste dieses »Geschenks« *(gift)* war eine Symbolhandlung. Doch ich hatte meine Fähigkeit zu denken verloren. Ich verstand dieses Geschenk = Gift wie in einer konkretistischen Gleichsetzung und reagierte innerlich darauf wie auf eine Einladung an mich zum Suizid. Die Situation ließ sich angesichts des Endes der Sitzung nicht mehr weiter klären.

Die Zeit war abgelaufen. Ich fühlte mich erst einmal entlastet, so dass ich mich, nachdem ich die Gruppe im Raum zurückgelassen hatte, mit meiner inneren Verfassung auseinandersetzen konnte.

In der Pause traf ich einen meiner Kollegen, einen Palästinenser, der am selben Tag einen äußerst aggressiven Angriff seitens der Gruppe, deren *Consultant* er war, erlebt hatte. Seine Gruppe hatte ausschließlich aus israelischen Mitgliedern bestanden, die die Benutzung der Konferenzsprache verweigert und ihn gezwungen hatten, mit ihnen Hebräisch zu sprechen. Ich dachte über die Verschiedenheit unserer Erfahrungen nach. Meine Vermutung ist, dass die Aggression gegenüber der deutschen Anderen von anderer Qualität ist als von der gegen den Palästinensischen Kollegen gerichteten. Der israelisch-palästinensische Konflikt als fortlaufender Konflikt scheint bei allen Asymmetrien näher am Krieg zu sein, die Aggression zeigt andere Elemente, wie sie im Krieg an der Tagesordnung sind, wie Unterdrückung, Herrschaft, Erniedrigung, etwas Mörderisches.

Die Qualität der von mir erfahrenen Aggressivität war anderer Art. Der deutsche Wille, das Jüdische Volk auszulöschen, individuell und kollektiv, bezogen auf Jüdische Einrichtungen und Gemeinden, und der unglaubliche Versuch, Verfolgung und Vernichtung zum Ende zu führen, so dass oft der einzige »Ausweg« in der suizidalen Handlung bestand, um nicht ermordet zu werden. Dies schien einen andersartigen Hintergrund für eine andersgeartete Aggression zu bieten, weniger mörderisch als vernichtend, suizidal.

Erfahrungen aus dem *Organisational Event* (OE) in der OFEK-Konferenz 2007

Die Gruppe, die in der Konferenz im darauffolgenden Jahr ihren Arbeitsraum, in dem ich eine beratende Aufgabe zugewiesen bekommen hatte, aufsuchte, bestand aus neun Mitgliedern: Davon gehörten sieben der Sub-Konferenz A und zwei der Sub-Konferenz B an (d. h. sie hatten schon an einer oder mehreren GR-Konferenzen teilgenommen). Es waren drei israelische Männer und sechs Frauen, darunter fünf Israelis und eine Italienerin. Alle waren mir unbekannt. Die Israelis hatten die Italienerin unter ihnen scheinbar auf dem Weg zum Arbeitsraum nicht bemerkt. Ich hörte sie Hebräisch sprechen, als sie den Raum betraten. Der Führer in der Gruppe C hatte zwar die Gruppe mit seinem Vorschlag zusammengebracht, war dann jedoch nicht mehr in der Lage, sein Anliegen in der Gruppe durchzusetzen. Seine führende Position wurde nicht anerkannt. Es gab verschiedene Vorschläge, der Gruppe einen Namen zu geben, ohne dass sich die Gruppe auf einen Vorschlag einigen konnte. Unter den Vorschlägen war: *»the surfers«* und *»dead end«* (»Sackgasse«) – dieser letzte war der Vorschlag von C. Er wurde zurückgewiesen.

Bald beschäftigte sich die Gruppe mit der Einstellung der Klimaanlage: Sie wurde angestellt, obwohl einige Mitglieder ihre Sorge vor Unterkühlung zum Ausdruck gebracht hatten – darunter auch C. Tatsächlich befand sich die Gruppe bald in einer Art Sackgasse, *dead end,* es bewegte sich nichts weiter, kein Gegenstand konnte aufgegriffen werden. Neben der versteckten Rivalität um die Führung der Gruppe schien sich ein ängstliches Spannungsniveau aufzubauen. Ich entschied mich zu einer Deutung des Gefühls der Unsicherheit in der Gruppe, ob die Mitglieder an einem sicheren Ort seien, wo es möglich wäre, miteinander zu kommunizieren, während der potentielle Feind, verkörpert in der Figur der deutschen *Consultant,* zuhörte. Daraufhin, am Ende der ersten Sitzung, erinnerte die italienische Teilnehmerin die anderen daran, dass sie ihnen auf dem Weg zum Gruppenraum gesagt hatte, sie werde an der Gruppe nicht teilnehmen können, wenn die anderen Hebräisch sprechen würden. Keiner hatte diese Bemerkung beachtet, sie war trotzdem mitgegangen.

Die zweite Sitzung begann damit, dass mehrere Mitglieder fehlten und später kamen. C kam pünktlich, sorgte für die Gruppe, indem er die Klimaanlage anmachte, die am Vortag gegen seinen Wunsch angestellt worden war, und erklärte den bereits anwesenden Gruppenmitgliedern, dass er die Gruppe verlassen werde, weil ihn jemand aus der anderen Gruppe, die nebenan arbeitete, angesprochen und eingeladen hatte, dort mitzumachen. Er sagte, er gäbe seinen »Ausweis« (*»Identity Card«)* nicht zurück, womit gemeint sei, er verzichte nicht auf seine »Zugehörigkeit«, sein »Rückkehr-Recht« (*»Right of Return«).* Diese Äußerungen erfolgten in gewisser Eile, die Gruppenmitglieder wussten kaum, wie ihnen geschah, und fort war er.

Nachdem die anderen Gruppenmitglieder eingetroffen waren, übernahm ein Mitglied die Aufgabe, die anderen über die Entscheidung von C, zu einer anderen Gruppe zu wechseln, zu informieren. Es entstand eine Spannung, die dramatisch anwuchs und über alle weiteren Sitzungen des *OE* fortwirkte. Die Gruppe oszillierte zwischen einer gleichgültigen Haltung und Gefühlen, die diese Oberfläche mehr und mehr durchbrachen, vor allem Wut und Enttäuschung. Schon bald verglich ein männliches Gruppenmitglied die Situation mit einer »Ehe, die man ja auch nicht einfach so gleich verlassen könne«. Das Verhalten von C wurde als Verrat verstanden. Ich fühlte mich sowohl an die biblische Tradition erinnert, der zufolge der Prophet Hosea die Verbindung zwischen Israel und Gott wie in einem (Ehe-)Bund gefasst hat (Hos 2,16–24), als auch an eine dramatische Szene in einer renommierten jüdischen Bildungs- und Forschungseinrichtung in Jerusalem, religiös orthodox, politisch jedoch liberal, wo der hoch betagte Vater eines Kollegen, ein beeindruckender in der Tradition überaus bewanderter Herr, Überlebender des Holocaust, es in einer Diskussion herausgeschrien hatte, dass die Verbindung zum Land einer Liebesbeziehung gleiche, die nicht verraten werden dürfte. Dem Kollegen war dieser Ausbruch des Vaters spürbar peinlich gewesen, doch mich hatte beeindruckt, wie die Gruppe den alten Herrn und seinen Schmerz zu *containen* wusste, wiewohl die Position von den Anwesenden in keiner Weise mehr geteilt werden konnte. Die Gruppe, mit der ich nun in der Konferenz zu tun hatte, verlangte in der Folge von jedem Mitglied ein »Versprechen zu bleiben« und die Gruppe auch künftig nicht zu verlassen. Ein israelisches Mitglied zögerte, und die italienische Teilnehmerin verweigerte das Versprechen. Das Zögern der israelischen Teilnehmerin wurde von einem Gruppenmitglied nicht akzeptiert; ihr wurde gesagt, dass es nicht mehr möglich sei, »sich auf sie zu verlassen«.

Die weitere Entwicklung war von einer fortschreitenden Abschließung der Gruppe charakterisiert, beispielsweise wurde es niemandem mehr erlaubt, den Raum zu verlassen, um mit den anderen Gruppen in Kontakt zu treten. Eben darin, mit anderen Gruppen im System Kontakt aufzunehmen, bestand jedoch die *Primary Task,* die Hauptaufgabe, während des *Organisational Event.*

Im Nachhinein nahm ich an, dass ich möglicherweise ein Element zur Erklärung der Intensität der Wut gegenüber dem die Gruppe verlassenden Mitglied C nicht verstanden und folglich auch nicht angesprochen hatte: C hatte wohl etwas in die Tat umgesetzt, was jedes Gruppenmitglied hätte tun wollen: Sie bekämpften ihn, um sich des geteilten dringenden Bedürfnisses, den Raum mit der deutschen *Consultant* umgehend zu verlassen, nicht bewusst zu werden.

Nach einer Weile setzte sich ein anderes israelisches Mitglied der Gruppe mit seinen starken Gefühlen von Verlassenheit und Schuld auseinander. Die Gruppe nahm jetzt die eigene von Hass und Ablehnung bestimmte Haltung gegenüber C und seinen früheren Vorschlägen (der von ihm vorgeschlagene Name der Gruppe; Klimaanlage) wahr. Ein Mitglied überlegte jetzt, C aufzusuchen und sich für die Zurückweisung zu entschuldigen. Die Gruppe fragte sich, was wäre, wenn er zurückkäme. Würden sie ihn willkommen heißen und als Mitglied in der Gruppe wiederaufnehmen? Hatte er, als er ging, die Seiten gewechselt, sich dem Feind angeschlossen? Langsam geriet Bewegung in das Gruppenleben, und einige Mitglieder konnten den Raum verlassen, um andere Gruppen in der Rolle von Beobachtern[9] aufzusuchen.

9 In dieser Phase, während des OE, wo es darum geht, mit anderen Gruppen in der Konferenz in Kontakt zu treten, gibt es verschiedene Wege, das zu tun. Einzelne Gruppenmitglieder werden in unterschiedlicher Weise von ihrer Gruppe autorisiert: *Observer* werden ausgesandt, eine andere Gruppe aufzusuchen und zu beobachten.

Die vierte und letzte Sitzung begann mit einer eigenartigen Paralyse. Solange drei Mitglieder fehlten und erst verspätet eintrafen, erschien der Rest der Gruppe unfähig zu arbeiten. Schließlich sprach eines der von Anfang an anwesenden Mitglieder von seiner Fantasie auf dem Weg zum Arbeitsraum: Er hatte gefürchtet, dass er mit der *Consultant* allein sein würde, sollte er der einzige sein, der pünktlich käme.

Erst nach Ankunft der fehlenden Mitglieder wurden zwei Träume berichtet. Im ersten Traum ging es darum: »Wie findet man Eltern für ein Kind?« Der Traum hatte einen Bezug zum Beruf der Träumerin. Sie arbeitete in einer Institution, in der sie die Aufgabe übernommen hatte, einen jungen Mann zu seiner ersten Begegnung mit seinem Vater zu begleiten, welcher die Familie noch während der Schwangerschaft seiner Mutter verlassen hatte.

Im zweiten Traum saß die Träumerin mit einer Freundin in einem Auto. Sie beobachteten durch das Fenster erst zwei Freunde, dann ihren Ehemann mit einer anderen Frau. Danach verlor sie alles, ihre Schuhe, das Auto, alles.

Nach diesen beiden Traumerzählungen kehrte C zurück zur Gruppe. Schnell wurde deutlich, dass ihm die Rückkehr erlaubt wurde. Doch die Atmosphäre blieb angespannt und feindselig, bis die Gruppe C anhören und ihm sagen konnte, welche Auswirkungen sein Weggehen auf die Gruppe gehabt hatte: Das Erleben seines Weggehens als Ehebruch, als Untreue (der erste Traum?), als ein alles zerstörender Verrat (der zweite Traum?), der eine etwaige Rückkehr auszuschließen schien. Die Fragen bewegten sich zugleich im Rahmen der uralten biblischen und rabbinischen Tradition – Unter welchen Umständen ist es erlaubt, das Land zu verlassen, bspw. in einer Hungersnot? – wie im aktuellen politischen Kontext: Was bedeutet es, wenn Israelis das Land verlassen, wenn sie im Ausland, in der Diaspora leben? Und die Frage nach dem Rückkehr-Recht, welches Rückkehr-Recht für wen? Wer war das unerwünschte Kind auf der Suche nach seinen Eltern? – die deutsche *Consultant* in der Gruppe von Israelis? – die Israelis/Juden in der Welt? – die Palästinen-

Delegates sind beauftragt, Botschaften an eine oder mehrere andere Gruppen zu übermitteln. Schließlich gibt es *Plenipotentiaries,* Generalbevollmächtigte, die zur eigenständigen Führung von Verhandlungen im Namen der Gruppe berechtigt sind. Das Aussenden von Beobachtern stellt die geringste Hürde dar, es erfordert wenig Vertrauen der Gruppenmitglieder in den Beobachter, der die Gruppe verlässt.

ser? – C erfuhr, welche Verlassenheitsgefühle, welche Wut und welche Trauer sein Weggehen ausgelöst hatte. Er war erschüttert, hatte er doch nichts davon erwartet.

Die Sitzung endete damit, dass C seine Geschichte erzählte. Erst kurz vor der Konferenz, zwei Wochen zuvor, war er erstmals in Deutschland gewesen – in Berlin (dem Herkunftsort der *Consultant).* Er hatte dort seinen Geburtstag gefeiert. Vorher hatte er eine Reise nach Deutschland für ganz unmöglich gehalten, doch dieser Aufenthalt hatte seine Sicht auf Deutschland »vollkommen« verändert. Er berichtete enthusiastisch von seinen Eindrücken in Berlin und fasste zusammen: Seither könne er sich so etwas wie eine »Versöhnung« mit Deutschen vorstellen.

Ich vermute, dass es auch um die Sehnsucht nach Versöhnung ging, womit C sich im Auftrag der Gruppe befasst hatte. Er war es gewesen, der die Gruppe zu dem Territorium mit der deutschen *Consultant* geführt hatte, mit den Ambivalenzen, Widersprüchlichkeiten, vor allem jenen unerträglichen Elementen, die im Kontakt mit der deutschen *Consultant* unvermeidlich aufbrechen mussten und die in der bewussten enthusiastischen Bestätigung abgespalten worden waren. Doch in den *enactments* fand der zerreißende Schmerz vielfältigen Ausdruck, bevor es möglich war, Worte dafür zu finden.

Die Gruppe hatte sich mit einem Zustand schrecklichen Verlassen-Seins, mit Ablehnung und Zurückweisung in Form von Untreue und Verrat, Gefühlen äußerster Ungewissheit und Unsicherheit, mit der Angst vor dem Ausgeschlossen-Werden und vor moralischer Vernichtung konfrontiert. Dabei hatte sie die Erfahrung von einem Sich-Verschließen in einer Art Gefängnis der Bewegungslosigkeit gemacht und schließlich Elemente erkundet, die notwendig waren, um eine Rückkehr zur Gruppe nach dem Bruch aufgrund von Verlassenhaben und Verlassen-worden-Sein zu ermöglichen. In den Bewegungen ging es um die Rücknahme von Projektionen, die Aneignung von Gefühlen von Ablehnung und Hass, für welche die Gruppe Verantwortung übernahm, von Schuldgefühlen und der Trauer, die durch diesen Prozess ermöglicht wurden.

Auf merkwürdige Weise war dieses Material überdeterminiert. Es ließ sich im Übertragungs- und Gegenübertragungsgeschehen als eine Dynamik zwischen Israelis und Deutschen nach der Katastrophe der Schoah verstehen. Es öffnete zugleich Perspektiven auf die aktuelle israelische Situation damals wie auch auf die kollektive Tiefenstruktur in Bezug auf Fragen der Zugehörigkeit,

Weggehen und Zurückkehren. Für mich war es eine Erfahrung, die mich in ihrer Intensität immer wieder überraschte und mit den ganz unerwarteten Wendungen ergriff.

Resümee

Mit meinem Text möchte ich die Differenz in den Reaktionen auf mich als die deutsche *Consultant* aufzeigen, die mir in dieser Rolle als einer spezifischen Anderen, und als deutscher Anderen in einer internationalen Konferenz in Israel in Abhängigkeit von verschiedenen Settings entgegengebracht wurden.

Die unerwartete Begegnung mit dem Anderen, die auf dem Boden dessen stattfindet, was als ›eigenes Territorium‹ funktionieren soll, die ›zufällig‹ und auf eigentümliche Weise zustande kommt: gewissermaßen in eigener Regie, in eigener Verantwortung, und doch auf gänzlich unvorhersehbare Weise und nicht von einem Management geplant, sie konnte nur auf traumatische Art, wie ein Einbruch, erlebt werden.

Meiner Meinung nach kann das Konzept des Anderen, wie es der französische Philosoph Emmanuel Lévinas in seinen Schriften entwickelt hat, helfen, diese Erfahrung zu fassen. Er hat immer wieder von der Begegnung mit dem Anderen gesprochen, den man nicht auf sich zukommen sieht, mit dem man kein gemeinsames Vaterland, keine gemeinsame Geschichte oder Muttersprache teilt, mit dem man kein »Wir« formt – wo der andere der absolut Fremde bleibt, und der eben aufgrund dieser Andersheit die Macht hat, in eine Beziehung zu verwickeln, die einem keine Wahl lässt, der Verantwortung für diesen fremden Anderen zu entkommen. In seinem philosophischen Hauptwerk: *Jenseits des Seins oder anders als Sein geschieht* (1974; Dt. 1992), gewidmet »Dem Gedenken der nächsten Angehörigen unter den sechs Millionen der von den Nationalsozialisten Ermordeten, neben den Millionen und Abermillionen von Menschen aller Konfessionen und Nationen, Opfer desselben Hasses auf den anderen Menschen, desselben Antisemitismus« (worauf in Hebräischer Sprache die Namen der nächsten Angehörigen folgen) hat dieser Philosoph, der sich wie kaum ein anderer damit befasst hat, über die Beziehung vom Einen zum Anderen nach der Erfahrung von Verfolgung und versuchter Auslöschung Jüdischen Lebens in Europa und weltweit nachzudenken, vom »Pneuma der Psyche« geschrieben. Er beschreibt eine Beseelung des Subjekts durch eine Alteration, zu der es in der Situation einer »Ausgesetztheit den Anderen gegenüber«, im »traumatischen Einfluß des Anderen auf den Selben« komme (Lévinas 1992, 310).

Lévinas hat diese Aussagen aufgrund der Erfahrung von Verfolgung doch gleichwohl im Blick auf zwischenmenschliche Verhältnisse getroffen. Mir scheint, es könnten bei dem von mir hier zur Diskussion gestellten Material verschiedene Schichten unterschieden werden: Das Material spricht von dem konkreten Geschehen, gebunden an die Begegnungen der Konferenzteilnehmenden in Israel mit mir als ›der deutschen *Consultant*‹ im Rahmen und in der Zusammenarbeit in der Konferenz. Mir scheint, es spricht darüber hinaus von dem traumatischen Gehalt jeder Begegnung zwischen Israelis und Deutschen und ferner wohl von jeder zwischenmenschlichen Begegnung in dem Lévinas'schen Sinn, demzufolge die Begegnung mit dem Anderen in eine unabweisbare Verantwortungsbeziehung führt. Möglicherweise ließe sich derart die Unabweisbarkeit der Übertragungs- und Gegenübertragungsbeziehungen noch einmal anders fassen, auf die sich einzulassen, Psychoanalytiker zunehmend lernen, wobei es sich gewiss um ein Lernen besonderer Art handelt, ein Lernen dessen, was sich einem ›Lernprozeß‹ nach klassischem Verständnis entzieht, insofern es nicht um das Erlernen einer Technik geht – ein Lernen jenseits des Erlernbaren, Beherrschbaren, weil nicht Vorhersehbaren, eines, das eben die Bewegungen des Unbewußten zwischen dem Einen und dem Anderen nicht hindert, sondern ermöglichen will, um aus den nicht vorwegzunehmenden Erfahrungen zu lernen.[10]

10 Ich möchte mich bei allen bedanken, die es mir ermöglicht haben, Teil eines derartigen Lernprozesses zu werden, die mich auf ganz unterschiedliche Weise darauf vorbereitet und zur Mitarbeit in *Group Relations*-Konferenzen eingeladen haben, bei Kollegen und Konferenz-Mitgliedern, die mit mir einen schwierigen und oft äußerst schmerzlichen Lernprozess unternommen haben. Stellvertretend kann ich hier nur einige nennen: Hermann Beland, Mira Erlich-Ginor, H. Shmuel Erlich, Anton Obholzer, Mannie Sher, David Armstrong, Olya Khaleelee, Yossi Triest, Avi Nutkevitch und Eliat Aram. Den Freund und Kollegen Ross Lazar (1945–2017) möchte ich hiermit ehren und seiner gedenken.

Literatur

Beland, H. (2008a): Erfahrungen auf einer Leicesterkonferenz in Israel (OFEK, Sichron Jakov 1992). In: Ders.: *Die Angst vor Denken und Tun. Psychoanalytische Aufsätze zu Theorie, Klinik und Gesellschaft.* Gießen: Psychosozial-Verlag, 377–382.

Beland, H. (2008b): Kollektivsymptome unter verändernden Erfahrungen. Bericht von den fünf »Nazareth-Konferenzen«. 1994–2004 über »The Past in the Present« (Nazareth 1994) – »Shaping the Future by Confronting the Past« (Zypern 2004). In: Ders.: *Die Angst vor Denken und Tun. Psychoanalytische Aufsätze zu Theorie, Klinik und Gesellschaft.* Gießen: Psychosozial-Verlag, 383–403.

Bion, W.R. (1961 [1952]): Group Dynamics. In: Ders.: *Experiences in Groups and Other Papers.* London/New York: Routledge, 141–191. Dt. ([3]2001 [1971]): Gruppendynamik. In: *Erfahrungen in Gruppen und andere Schriften.* Aus dem Englischen übersetzt von H.O. Rieble. Mit einem Vorwort von H. Beland. Stuttgart: Klett-Cotta, 102–142.

Bion, W.R. (1963) *Elements of Psycho-Analysis.* Dt. (1992): Elemente der Psychoanalyse, übers. und eingel. von E. Krejci. Frankfurt am Main: Suhrkamp.

Brunner, L.D./Davids, M.F./von Tippelskirch-Eissing, D.C. (2012): Germans, Jews, Israelis, Palestinians, and others today: thoughts on the »Nazareth« conferences. In: *Group Relations Conferences: Tradition, Creativity, and Succession in the Global Group Relations Network.* Vol. III. Hg. von E. Aram/R. Baxter/A. Nutkevitch. London: Karnac, 55–74.

Erlich, H.S./Erlich-Ginor, M./Beland, H. (2009): *Gestillt mit Tränen – Vergiftet mit Milch. Die Nazareth-Gruppenkonferenzen. Deutsche und Israelis – Die Vergangenheit ist gegenwärtig.* Mit einem Vorwort von Erzbischof Desmond M. Tutu. Gießen: Psychosozial-Verlag.

Erlich, H.S. (2013): Contributions from Open Systems, Group Relations and Systems Psychodynamics. In: Ders.: *The Couch in the Marketplace. Psychoanalysis and Social Reality.* London: Karnac, 9–16.

Erlich, H.S. (2017) Migration und Heimkehr. In: *Psychoanalyse in Selbstdarstellungen.* Hg. von L.M. Hermanns. Frankfurt am Main: Brandes & Apsel, 61–104.

Erlich-Ginor, M. (2017): Psychoanalytic Group Work with Transgeerational Residues of Historic Traumatization: The Case of the German-Israeli Conferences. In: *Not Knowing Knowing Not Knowing. Festschrift Celebrating the Life and Work of S. Erlich.* Hg. von M. Erlich-Ginor. Astoria, NY: International Psychoanalytic Books (IPBooks), 281–295.

Lawrence, W.G./Bain, A./Gould, L. (1996): The fifth basic assumption. In: *Free Associations.* Vol. 6, Part 1 (No. 37), 28–55.

Lévinas, E. (1974): *Autrement qu'être, ou au-delà de l'essence.* La Haye: Nijhoff. Dt. (1992): *Jenseits des Seins oder anders als Sein geschieht.* Aus dem Französischen übersetzt von T. Wiemer. Freiburg/München: Karl Alber.
Turquet, P.M. (1974): Leadership – the Individual and the Group. In: *Analysis of Groups.* Hg. von Gibbard, G.S. et al. San Francisco: Jossey-Bass, 349–371.

Dr. phil., Dipl.-Psych. Dorothee C. von Tippelskirch-Eissing, Stuttgarter Platz 20, 10627 Berlin, dorothee.v.tippelskirch@dpv-mail.de

Zur Bedeutung der Balintgruppen

*Jonathan Sklar**

> Landschaften können täuschen. Zuweilen erscheint eine Landschaft weniger als Rahmen für das Leben ihrer Einwohner, sondern vielmehr als ein Vorhang, hinter dem ihre Kämpfe, Leistungen und Unglücke sich ereignen. Für diejenigen, die sich bei den Einwohnern hinter dem Vorhang aufhalten, sind Orientierungspunkte weniger etwas Geographisches als etwas Biographisches und Persönliches.
>
> (Berger 1967, 19)

Zusammenfassung

In ihrem Buch The Doctor, his Patient and the Illness (1957) beschreiben Michael und Enid Balint die Arbeitsgruppen für Allgemeinärzte an der Tavistock Clinic. Im Zentrum dieser Arbeit stehen die Probleme, die Ärzte mit ihren Patienten haben – es geht also um die Gegenübertragung der Ärzte. Durch freie

* Dr. Jonathan Sklar (MBBS FRCPsych) ist Lehranalytiker und Mitglied der British Psychoanalytic Society (Independent group). Er war über viele Jahre als Psychotherapeut konsiliarisch sowie in leitender Position in den Addenbrookes und Fulbourn Kliniken in Cambridge tätig. Heute arbeitet er als Psychoanalytiker in freier Praxis in London. Jonathan Sklar unterrichtet und supervidiert am Institut für Psychoanalyse (London), regelmäßig arbeitet er dort zum Thema »Ferenczi und die aktuelle Psychoanalyse«. Außerdem unterrichtet er in Chicago und in Cape Town. Seit 30 Jahren hat er Erfahrungen mit dem supervidierenden Aufbau und der Begleitung von Balintgruppen, die er mit Klinikpersonal, Lehrern sowie niedergelassenen Psychiatern durchführt.

Assoziation wird die Gruppe in die Lage versetzt, über das Unbewusste des Arztes, der einen Fall präsentiert, in seinem Verhältnis zur Wirkung eines Patienten mehr zu wissen als der Arzt selbst. Das befreit den Arzt von dem Gefühl klinischen Unvermögens und führt zu neuen Formen kreativen Umgangs mit Patienten, die sonst verstockt und kaum behandelbar erscheinen. Balintgruppen unterscheiden sich in ihrer Methodik grundlegend von Supervisionen, in deren Zentrum die Aufgabe steht, den Patienten zu verstehen. Die Methodik der beiden Balints verschmilzt das Psychische mit dem Somatischen. Dadurch bietet sich die Möglichkeit, die Wirkung der frühen Umgebung eines Patienten auf seinen Charakter zu ermitteln sowie auf die körperlichen und seelischen Formen, in denen diese dem Arzt dargestellt werden.

Summary

Balint Groups: A History

In The Doctor, his Patient and the Illness *(1957) Michael and Enid Balint describe discussion groups for General Practitioners at the Tavistock. Their work always focusses on the problem between doctor and patient – this is the countertransference of the doctor. The group enables, through its ›free associations‹, knowing more of the presenting doctor's unconscious state of mind in relation to the impact of the patient. This brings relief from the doctor's sense of clinical impossibility and leads to new forms of clinical creativity with ›stuck‹ patients. This methodology is profoundly different from supervision of case material where the centre of work is understanding the patient. The Balint methodology melts the psychic with the somatic, with the potential to understand the impact of the patient's early environment on his or her character as well as the physical and mental forms of presentation to their doctor.*

Einleitung

Balintgruppen stellen einen Weg dar, unser Verständnis unbewusster mentaler Zustände in den Bereich der üblichen medizinischen Praxis auszuweiten. In einem radikalen Destillat seiner psychoanalytischen Erfahrungen schuf Balint ein Verfahren zur Untersuchung der Regression von Ärzten unter der Einwirkung ihrer Patienten. Die Anwendung der Theorie der Grundstörung (Balint, M. 1968) auf konflikthafte Entwicklungen in der Kommunikation sowie auf die unbewussten Affekte zwischen Ärzten und ihren Patienten erlaubt es, in Balintgruppen – genau wie im analytischen Setting – die unbewusste Dynamik der Interaktion von Arzt und Patient herauszuarbeiten. Fast fünfzig Jahre nach Michaels Tod gibt es überall auf der Welt Balintgruppen, die sich dieser Methode verpflichtet fühlen. Sie werden verwendet, um die Fertigkeiten auch anderer Berufsgruppen weiterzuentwickeln, so die von Psychiatern, Krankenschwestern, Geistlichen, Beschäftigungstherapeuten und Lehrern.

Die ersten Diskussionsgruppen für Allgemeinärzte fanden an der *Tavistock Clinic* statt, wo Balint als beratender Psychotherapeut arbeitete. Das Ziel dieser Seminare bestand zunächst darin herauszufinden, wie die medizinische Praxis im Allgemeinen vor sich ging, welche Fehlentwicklungen es in ihr gab und wie die Psychoanalyse mit ihrer besonderen Sicht der zwischenmenschlichen Beziehungen und der Arbeit am Unbewussten von Nutzen sein konnte. Die Ursprünge dieser Entwicklung lagen bereits in den Dreißiger Jahren, als Balint mit einigen Allgemeinärzten die psychotherapeutische Praxis zu erforschen suchte. Er schrieb:

> Ich begann das Seminar mit einer Reihe von Vorlesungen, die, wie mir heute klar ist, recht nutzlos sind. […] Doch die politische Lage verschlimmerte sich. Auf Anordnung der Polizei mussten wir jedes unserer Treffen vorab melden. Das führte dazu, dass ein Polizist in Zivil jede unserer Versammlungen besuchte. Er notierte sich genau, was wir sagten. Das amüsante Ergebnis war, dass der Polizist am Ende die Gruppe nutze, um über sich oder seine Familie Auskunft zu erhalten. (M. Balint, zitiert in Stewart 1996, 2)

Im Wesentlichen ist das Format, das Michael und Enid Balint vor etwa sechzig Jahren für ihre Gruppen entwickelten, bis heute unverändert. Balint beschrieb es in seinem einflussreichsten Buch *The Doctor, his Patient and the Illness* (1957). Acht bis zwölf Allgemeinmediziner mit einem oder zwei meist psychoanalytischen Leitern treffen sich einmal pro Woche zwei Stunden lang über mindestens zwei Jahre hinweg. Der Gruppenleiter interviewt vorab die potentiellen Teilnehmer. Balint bevorzugte hier ein halb strukturiertes Verfahren. Der Arzt oder die Ärztin sollte, vielleicht zum ersten Mal im Leben, Auskunft darüber geben, warum er oder sie diesen Beruf gewählt und sich auf dieses oder jenes Gebiet spezialisiert hatte. In dem Erstinterview wurden die Interessenten aufgefordert zu erklären, welche klinische Arbeit sie gern verrichteten und welche nicht, welche Patienten sie gern behandelten und welche nicht. Im Verlauf dieses Gesprächs wurde unausweichlich klar, dass die besonderen Vorlieben der einzelnen in der klinischen Praxis mit ihrem Charakter und ihrer persönlichen Lebensgeschichte zusammenhingen. Diese Form des Denkens im *Mutual Selection Interview* führte bereits versuchsweise ein in die Arbeitsweise der Balintgruppe. Balint drückte mit diesem Konzept seine Idee aus, jeder solle den anderen interviewen und beide sollten entscheiden, ob sie eine gemeinsame Arbeit akzeptierten oder ablehnten. Das sollte zur Abflachung der üblichen Hierarchie führen. Von Beginn an wurde auf Wechselseitigkeit Wert gelegt, da jeder Teilnehmer über besondere Kenntnisse verfügte. Das schuf eine vollkommen andere Atmosphäre der Lehre und bedeutete eine Abkehr von der üblichen medizinischen Pädagogik, die bis dahin unweigerlich die Form einer Lehrer-Schüler-Beziehung voraussetzte.

Die Gruppen boten keine persönliche Therapie an, aber es herrschte die Erwartung, dass sich durch den Besuch einer Balintgruppe über eine gewisse Zeit eine größere Selbstbewusstwerdung entwickeln würde. Festzuhalten ist, dass die Diskussionen ganz entschieden auf die Beziehung von Arzt und Patient fokussiert waren und vor allem auf deren Implikationen für die Ärzte in ihren Schwierigkeiten, die klinische Begegnung zu verstehen. Marie Campkin beschreibt:

> Unwohlsein oder Stress der Ärtze werden nicht ignoriert, sondern durchgearbeitet und zwar unter Berücksichtigung der Bedürfnisse und Probleme der Patienten, nicht ihrer behandelnden Ärzte. (Campkin 1986, 100)

Die Standardregeln für kleine Arbeitsgruppen konzentrierten sich auf: Vertraulichkeit, Offenheit, die Wahrung eigener Rechte sowie den Respekt vor anderen Gruppenmitgliedern. Das Lernen in Balintgruppen sollte sich radikal von dem in klinischen Supervisionsgruppen unterscheiden, das in der Weitergabe von Wissen durch den Lehrer an den Arzt bestünde im Unterschied zur Entwicklung wechselseitigen Verständnisses füreinander. In einer Balintgruppe hat kein Einzelner privilegierten Zugang zu bestimmten Ideen. Auch wenn ein Psychoanalytiker besondere Kenntnisse auf den Gebieten der zwischenmenschlichen Beziehungen und des Unbewussten besitzt, verfügen die Allgemeinärzte über ihr jeweils eigenes Gebiet psychosomatischer Erkenntnisse und Erfahrungen.

Jede Sitzung lässt Raum für eine oder zwei klinische Falldarstellungen sowie für eine Nachverfolgung früherer Fälle. Die Falldarstellung eines der Ärzte kann sich etwa auf dessen Sorge um einen Patienten konzentrieren, auf seine Unfähigkeit, eine klinische Interaktion zu verstehen, oder auf das Gefühl, in einer Sackgasse zu stecken. Dann wird die Diskussion für die Gruppe freigegeben. »Tatsachenfeststellungen« müssen dabei zwar getroffen werden, doch als relevant gelten nur die Beobachtungen, die mit der Arzt-Patient-Beziehung zusammenhängen. Die Gruppenmitglieder werden zu freien Assoziationen über das klinische Material ermutigt. Das bedeutet, dass sich nicht nur relevante Gedanken und Gefühle Gehör verschaffen können, sondern auch scheinbar irrelevante. Das klinische Interesse gilt in der Balintgruppe der Gegenübertragung des Arztes im Hinblick auf seinen Patienten. Daher stammt Balints Idee, Ärzte bedürften einer grundlegenden (wenn auch begrenzten) Änderung der Vorgänge in ihrem Unbewussten, um zu erhöhten Fertigkeiten in den klinischen Beziehungen zu ihren Patienten zu gelangen. In der Praxis ist dies oft schwer zu erreichen, denn die Gruppe neigt unausweichlich zu einer bequemeren Position. Sie schwankt zwischen dem Wunsch, der Gruppenleiter solle eine Theorie präsentieren, bzw. dem Versuch, dem jeweiligen Arzt eine persönliche Therapie im Kontext der Gruppe zukommen zu lassen. Beide Positionen sind eine Art Gruppenwiderstand gegen das entscheidende Problem der Arzt-Patient-Beziehung. Oft lässt sich nur schwer feststellen, wann es dazu kommt, oder wie groß die psychische Gefahr ist, vom jeweiligen Patienten weg in den Gruppenprozess hineinzugeraten. In solchen Momenten besteht die Versuchung, dem Gruppendruck nachzugeben, was immer auf Kosten der Aufmerksamkeit auf die Arzt-Patient-Beziehung geschieht. Manchmal scheint es sogar, als sei diese Beziehung zusammen mit den zugehörigen Fantasien das Letzte, was erörtert werden sollte. Das ist besonders dann wichtig, wenn eine Atmosphäre entsteht, sich einen Ruck geben zu sollen, etwas oder *mehr zu tun* als das Material gedanklich zu durchdringen und zu erfühlen. In solchen Momenten ist die Stärke des Verlangens, sich von dem Zentrum des freien Assoziierens zu entfernen, ein Maß der psychischen Gefahr, die von dem Patienten ausgeht und die dann mehr oder weniger unbewusst auf den den Fall präsentierenden Arzt und dann in den Gruppenprozess projiziert wird.

Unumstößlich gilt, dass die Kenntnis des Patienten und seiner klinischen Beziehung bei dem ihn präsentierenden Arzt und nicht in dessen schriftlichen Notizen liegt. Den Ärzten wird folglich angeraten, frei vorzutragen, da sie entdecken sollen, was sie in Wahrheit von der Interaktion mit ihrem Patienten während dessen Präsentation im Gedächtnis haben. Bei der Schilderung eines Falles kommen einem unweigerlich weitere Assoziationen zu dem einschlägigen Material in den Sinn. Von Interesse sind wie in der Psychoanalyse auch vage erinnerte Assoziationen. Die Gruppe toleriert das Fehlen einer kohärenten Geschichte, und jeder Wirrwarr wird beachtet. Die Grundannahme hierfür ist, dass menschliche Wesen – Ärzte wie Patienten – unbewusst bestimmte Gedanken und Ideen abwehren und dass Auslassungen und Verfälschungen zu einem tieferen Verständnis führen können. Ahnungen, Fantasien und ohne Scheu zum Ausdruck gebrachte Gefühle können bei der Gruppe das psychodynamische Gespür für das klinische Material entwickeln.

Die Beobachtung von wie immer kleinen Änderungen in der Arzt-Patient-Beziehung und insbesondere in den Gefühlen eines Arztes für seine Patienten stand im Zentrum der Arbeit von Balint. 1961 veröffentlichte er gemeinsam mit seiner Frau das Buch *Psychotherapeutic Techniques in Medicine.* Er vertrat die These, was ein Patient über seine Erkrankung denke, sei weniger wichtig als was er zum gegenwärtigen Zeitpunkt im Behandlungszimmer des Arztes empfinde. Um einen Patienten zu verstehen, muss ein Arzt auf das hören, was er nicht versteht, und sich in dem zweiphasigen Prozess identifizieren können. Der Arzt müsse sich zuerst mit dem Patienten identifizieren, sich dann aus dieser Identifizierung zurückziehen und dann erneut zu einem objektiven professionellen Beobachter werden. Diese zweiphasige Konfrontation mit der klinischen Atmosphäre trägt beträchtlich zur Orientierung des Arztes selbst dann bei, wenn das psychische Terrain komplex ist oder wenn eine Orientierung unmöglich scheint.

Sechs Minuten für einen Patienten

1966 traf sich eine Gruppe von zehn Ärzten und den Balints am *University Hospital College (UCH)* in London. Sie arbeitete für fünf Jahre zusammen und fand ihr Ende mit dem Tod von Balint 1970. Das aus der gemeinsamen Arbeit entstandene Buch *Six Minutes for the Patient* (Balint, E./Solomon 1973) beschrieb die Idee von langen Interviews mit Patienten, die dem Ziel dienen sollten, deren Leiden besser zu verstehen. Der Wunsch, Patienten während längerer Sitzungen zu sehen, nahm wohl Bezug auf die größere Zeitspanne von fünfzig Minuten bei psychoanalytischen Sitzungen. Und er entsprach zugleich dem Bedürfnis, über mehr klinische Zeit zu verfügen, um die Psychologie und die Geschichte eines Patienten zu erforschen.

Die Technik, die aus der Arbeit dieser Gruppe am *UCH* hervorging, wurde als *the flash* bezeichnet. Gemeint war damit ein unmittelbares gegenseitiges Verständnis zwischen Arzt und Patient, das vom Arzt dem Patienten mitgeteilt wurde. Es ging dabei nicht um ein Verständnis der Vergangenheit des Patienten, die dem Arzt ja bekannt war, sondern um etwas in dessen gegenwärtigem Leben, das sich in der Beziehung zum Arzt für kurze Zeit widerspiegelte. Dies erwies sich als äußerst interessant, obwohl es ohne Zweifel etwas von allmächtiger Magie hatte. Problematisch war, dass das lange psychodynamische Interview ein Fremdkörper in der alltäglichen Routine des Arztes war, auch wenn manche der Teilnehmer Analytiker oder Psychotherapeuten werden wollten. (Von Balint stammt die witzige Bemerkung, selbst wenn es gut sei, dass ein nach seiner Methode ausgebildeter Arzt an einer psychoanalytischen Ausbildung Interesse habe, stelle dies doch einen Talentverlust für die Allgemeinmedizin dar.)

Mit der Zeit zeigte sich, dass es vor allem auf die Veränderungen der Einstellungen des Arztes zum Patienten und umgekehrt des Patienten zum Arzt ankam. Wenn der Arzt bei einer Konsultation Verständnis für seinen Patienten hatte, dann änderte sich das nächste Zusammentreffen. Er erwies sich dann als aufnahmefähiger, vielleicht kenntnisreicher, bewusster und dem Patienten gegenüber weniger negativistisch, wütend, konfus oder feindselig eingestellt. Auch ohne dass etwas gesagt wurde, konnte sich eine neue Atmosphäre (ein Zustand von Arglosigkeit) entwickeln, die der Patient unbewusst zu akzeptieren vermochte. Möglich wurde damit eine neue Ausrichtung der Arzt-Patient-Beziehung, die sich für beide als kreativer erwies. Der Patient konnte erleben, dass der Arzt sich über ihn freute. Denn der griff nun nicht mehr nach seinem Rezeptblock, sobald der Patient eintrat, um ihr Zusammentreffen möglichst rasch zu beenden. Trotz der Belastung, unter der er litt, fühlte der Patient sich willkommen.

Dieser Vorgang ist von der Entwicklung einer klinischen Beziehung über die Zeit hinweg abhängig. Er umfasst mehr als nur den Umgang mit einem besonderen medizinischen Problem, denn er bietet dem Arzt eine wichtige Rolle bei der Wahrnehmung der unbewussten Erwartungen eines Patienten, die sich auf dessen persönliche Lebensgeschichte gründet. Er gestattet dem Patienten eine kreativere und letztlich auch realistischere Objektbeziehung zur Welt. Das Auffinden eines verständnisvollen Objekts kann die Wiederentdeckung eines guten Objekts nahelegen, das *verloren* gegangen war. Aber es kann zugleich zum ersten Mal im Leben des Patienten die Entwicklung einer guten Objektbeziehung implizieren (des Arztes in seiner Rolle als Primärgestalt). Damit meine ich die unerwartete Entdeckung eines an einem frühen Trauma leidenden Patienten, dass da jemand ist, der sich um ihn sorgt, und dass er nicht allein in der Welt ist.

Das ist besonders relevant, wenn das Bedürfnis des Patienten nach Zurschaustellung von Symptomen eine psychosomatische Chiffre für die Mitteilung ist, dass auf einer psychischen Tiefenebene *etwas nicht stimmt.* Der zuhörende, verständnisvolle Arzt in der Rolle eines neuen, rezeptiven Objekts tritt dem Patienten in neuem Licht gegenüber. Zu Anfang dieses Neubeginns ist es besonders wichtig, sich klarzumachen, dass es nicht nottut, den Patienten durch die Mitteilung zu beunruhigen, dass er vielleicht zum allerersten Mal existentiell auf die Welt hoffen darf. Stattdessen sollen sich Arzt und Patient gestatten, frei und in Ruhe ihrem nächsten Treffen entgegenzusehen. In verzweifelten Fällen kann diese klinische Entwicklung als außerordentliche Entdeckung erscheinen. Der zuvor unmöglich erscheinende Patient, der seine problematische Kindheit in seinem Charakter und seinen Symptomen unbewusst darstellte, kann jetzt ruhig und wohlwollend wahrgenommen werden. Das ist nicht dasselbe wie eine Analyse, aber es kann einen Lichtstrahl bereitstellen, der es der klinischen Dyade gestattet, fürsorglich miteinander umzugehen. Es ist wie ein Anfang, den der Patient aufnimmt und den er unbewußt zu nutzen vermag oder nicht. Dieser Prozess ermöglicht es, dass der Arzt für den Patienten ein stabiles Objekt wird, das sich immer wieder auffinden lässt. Die besondere Verlässlichkeit des einzelnen Arztes spielt die entscheidende Rolle dafür, dass dem Patienten nun fortdauernd klar wird, es wert zu sein, dass sich jemand um ihn kümmert. Das aber setzt eine beträchtliche Änderung im Charakter des Arztes voraus.

Die Gegenübertragung

Ich möchte nun im Einzelnen erörtern, was in einer Balintgruppe vor sich geht. Es lassen sich dabei drei Ebenen der Gegenübertragung unterscheiden:

Die Beziehung zwischen Arzt und Patient

Die Beziehung zwischen Arzt und Gruppenleiter

Die Beziehung zwischen Arzt und Gruppenmitgliedern

Der Gruppenleiter fungiert unbewusst als Über-Ich; er repräsentiert die Standards und das Wissen, das im Idealfall erzielt werden soll. Wenn ein Arzt einen Patienten interviewt, hat er häufig den Gruppenleiter im Sinn. Zuweilen wird ein klinisches Interview dann so geführt, dass es beweisen soll, dass der Gruppenleiter nicht recht hat, dass er wunderbar ist oder dass der Arzt seine Lektion gelernt hat. Ähnliche Einstellungen können sich in der Gruppe durchsetzen, aber auf solches Material sollte nur sparsam eingegangen werden, auch wenn es häufig vorhanden ist. Wird es überbetont, entwickelt sich die Arbeit zur Gruppentherapie.

Es mag hilfreich sein, sich die Ärzte in der Balintgruppe als rivalisierende Geschwister zu denken, bei denen sich die von Freud beschriebene Dynamik der Urhorde widerspiegelt (Freud 1913). Zuweilen kann sich die Gruppe rasch vom psychodynamischen Zentrum des klinischen Bildes fortbewegen, um unbewusst ihren Leiter zu neutralisieren. Dessen Aufgabe ist es, die Gruppe zu befreien, und wenn die Gruppenmitglieder bei ihren Erwägungen ins Stocken geraten, konstruktive und unaggressive Kritik vorzubringen. Innerhalb der Gruppe ist heftige Aggression nur destruktiver Hass und ist mithin nutzlos. Umgekehrt ist das Gegenteil, eine Idealisierung mit Zuckerguss, die alles ganz wunderbar findet, ebenso nutzlos. Emotionale Ausgeglichenheit kann schwer erreichbar sein, braucht Zeit, sich zu entwickeln und stellt sich wohl nur in recht kleinen Schritten ein. Doch es muss an ihr festgehalten werden. Kommt es zu Verzögerungen, zu langem Schweigen oder handelt die Gruppe einfach zu nett, kann ihr Leiter die Atmosphäre thematisieren und auf einen verborgenden Aspekt des klinischen Problems hinweisen. Aufgabe des Leiters ist es darüber hinaus, zu verhindern, dass ein Mitglied wiederholt unter Ausschluss anderer befragt wird. Wer einen Patienten präsentiert, wird oft so mit Fragen bombardiert, als wüsste er *alle* Antworten. Die Arzt-Patient-Dyade ins Zentrum zu stellen, ist medizinisch ungewöhnlich innovativ und ähnelt eher den Verfahren der Psychoanalyse. Es ist eine Arbeitsweise, die Widerstände mit sich bringt, mit denen man sich konfrontieren muss und die es zu verstehen gilt. Gruppen können gelegentlich hyperkritisch, verbindlich, indifferent, gelangweilt oder unkooperativ wirken. All das sind Widerstände gegen ein tieferes Verständnis des klinischen Materials. Derlei Dynamik erfordert eine sorgsame und minimale Intervention des Gruppenleiters. Er muss der klinischen Präsentation ebenso zuhören wie den Assoziationen, die von den Gruppenmitgliedern kommen. Seine Funktion eines *Holding* macht keine Intervention nötig, solange die Gruppe nicht eine wesentliche Richtung ignoriert. Es ist entscheidend, dass der Leiter die Nachklänge des Unbewussten im Verlauf der Arbeit hört und die Widerstände in der Gruppe spürt. Zugleich muss er ein deutendes Urteil finden, das einen vertieften Fortschritt der Arbeit erlaubt.

Der Gruppenleiter gewinnt zweifellos dadurch, dass er seinerseits Balintgruppen besucht hat. Ohne diese Erfahrung müsste er regelmäßig an einem *Balint Leaders Workshop* teilnehmen, um die neue Methode zu erlernen. Neben einem Arbeitsverständnis von Einzel- und Gruppendynamik ist ein solcher *Workshop* sehr hilfreich. Geeignet sind für Leitungspositionen Psychoanalytiker und ausgebildete psychoanalytische Psychotherapeuten sowie talentierte Allgemeinärzte, die Erfahrung mit einer Balintgruppe haben. Wenn jemand *nicht* in einer Balintgruppe gelernt hat, kann man sich kaum vorstellen, wie er eine leiten soll. In solchen Fällen fasst jemand gewöhnlich seine Rolle falsch auf als die des Leiters einer normalen Gruppentherapie.

Die Psychosomatik und die frühe Kindheit

Psychosomatische Erwägungen sind ein sehr interessantes Untersuchungsgebiet in Balintgruppen; denn die von einem Patienten geschilderte Krankheit kann auf eine Lücke verweisen zwischen Körper und Geist, in der ein verlorener Affekt steckt. Bei psychosomatischen Präsentationen hat das Körper-Ich oft die psychische Last von Dingen übernommen, die der Patient nicht wahrhaben, besprechen oder bedenken will. Patienten, denen das besonders intensiv widerfährt, übertragen Affekte unbewusst auf den Körper und in eine körperliche Erkrankung. Da die Einstellung von Patienten zu ihrer Krankheit gewöhnlich von den Ärzten als irrelevant angesehen wird, wird meist nur ihr Körper untersucht. Oft können jedoch verlorene Affekte in die Übertragung auf den Arzt verschoben sein. In einer klinischen Präsentation wird die Fähigkeit eines Arztes, diesen Affekt zu bemerken, übergangen, und man konzentriert sich auf die körperlichen Gebrechen und die Medikation. Man wird sich nicht bewusst, dass etwas fehlt und dass Affekte auf den Arzt projiziert wurden. Dieser kann oft die verlorenen Affekte des Patienten bemerken, wenn er seinen eigenen Gefühlzustand in einer klinischen Konfrontation wahrnimmt. Diese analytische Methode kann die Welt eines unglücklichen und verängstigten Kindes aufdecken, die in einem erwachsenen Patienten als Krankheit steckt, die aber oft auf den Ehegatten, ein Kind oder den Arzt projiziert sein kann. Patienten, die sich auf eine klinische Konfrontation einlassen, verärgern häufig den Arzt, wenn der das Gefühl gewinnt, nur als Vehikel benutzt zu werden, um bestimmte Arzneien oder Empfehlungsschreiben für Regierungsstellen zu erhalten. Stößt man auf solche Emotionen, so zeigt sich, wie der Arzt benutzt wird. An den Erwartungen des Patienten wird klar, dass ein psychisches Problem schon seit dessen Frühgeschichte besteht. Es geht, mit anderen Worten, um ein Stück seiner Lebensgeschichte oder um einen Affekt, der, wenn er zur Sprache kommt, sowohl dem Arzt wie dem Patienten offensichtlich wird und der eine klinische Behandlung erleichtert.

Balint betrachtete diese Art der Arbeit als Forschung. Denn die Fähigkeit, eine Hypothese zu entwickeln und beim nächsten Termin zu überprüfen, ist für die Entwicklung der Denkfähigkeit des Arztes von Bedeutung. Bei der Prüfung von Hypothesen geht es auch darum, was sich aus ihnen für das Familienleben des Patienten ergibt. Das kann sich länger hinziehen, da der Patient vielleicht zu einem neuen Termin erst nach einiger Zeit erscheint. Die Arbeit geht häufig nach den Vorgaben des Patienten vonstatten. Obwohl das dem analytischen Modell ähnelt (dass es unklug ist, eine Deutung zu geben, solange der Patient sie nicht anzunehmen in der Lage ist), wird der Besuch von mehreren Sitzungen pro Woche nicht verlangt. Der Hausarzt hat gewöhnlich, anders als ein Analytiker, insofern mehr emotionalen Zugang zu seinen Patienten, als er sie in ihrer Umwelt, ja in Küche und Schlafzimmer kennenlernt. Die Wohnverhältnisse eines Menschen erweisen sich für seinen klinischen Background als recht aufschlussreich.

Veränderungen von Ärzten durch Balintgruppen lassen sich an ihren Äußerungen über ihre Arbeit sowie an der Art beobachten, in der sie sich auf andere Gruppenteilnehmer beziehen. Die Methode von Balint verschmilzt psychische und somatische Momente. Sie kann die Wirkung der frühen Umwelt von Patienten auf ihren Charakter sowie auf ihre körperlichen und seelischen Erkrankungen nachweisen. Wenn ein Arzt einen Patienten seinen ganzen Lebenszyklus hindurch versorgt, also vom Säuglingsalter über die Kindheit bis ins Erwachsenenalter, gewinnt er ein vertieftes psychosoziales Verständnis von ihm im Kontext seiner Familie. Dieses Verständnis kann die klinische Arbeit ändern, aber es setzt voraus, dass es zu einer langfristigen dyadischen Verbindung zwischen Arzt und Patient kommt.

Ärzte und Psychoanalytiker: Übertragung und Gegenübertragung

Das Modell der Balintgruppe beruht auf einer wechselseitigen Beziehung zwischen den Angehörigen der teilnehmenden Berufsgruppen. Ärzte und Psychoanalytiker lernen vom klinischen Material der Präsentationen durch ihre Assoziationen und Interaktionen auf eine Art und Weise, die an die analytische Dyade erinnert. Ein Analytiker in der Balintgruppe muss nicht unbedingt eine medizinische Ausbildung haben.[1] Ein Analytiker vermittelt vielmehr einer Balintgruppe seine besondere Form des Hörens auf das klinische Material und seine Erfahrung mit dem, was jeweils diskutiert wird. Das ist notwendig verschieden von der zunächst seitens der teilnehmenden Mediziner eingenommenen Position. Die stellen anfangs eine Erkrankung induktiv vor mit einer Differentialdiagnose und einem Behandlungsplan, wie man es ihnen beigebracht hat. Der Fall wird von ihnen als klinisches Problem geschildert, bei dem etwas schiefgegangen ist. Das zumindest ist das Gefühl des vorstellenden Arztes. Vielleicht hat der Patient den Rat des Arztes ignoriert, oder dieser Rat hat sich

1 Für ihre Arbeit mit Medizinern wurde Enid Balint die Ehrenmitgliedschaft im *Royal College of General Practitioners* verliehen.

als nicht hilfreich erwiesen. Der Arzt kann sich in seiner privaten Überzeugung bestärkt sehen, dass der Patient irgendwie unmöglich ist. Sich auf Probleme des *Herzens* einzulassen, die in Emotionen übersetzt werden, ist der Beginn eines neuen Ansatzes im medizinischen Verstehen, ja in der medizinischen Ethik. Der Arzt muss sich darüber klarwerden, dass der Charakter und das Unbewusste seines Patienten ein besonderes Problem seiner selbst als Arzt sind. Sich dessen klar zu werden, dass das Problem auf den privaten Gefühlen und Fantasien des Arztes beruht, ist der Königsweg zu einem besseren klinischen Verständnis. Und das kann sich auf seinen eigenen Charakter auswirken, wie sein Patient häufig unbewusst spürt. Wenn ein Arzt die emotionalen Momente mit seinen Patienten anerkennen und sich auf sie einlassen kann, wird sein Gegenübertragungsmaterial zu einem Teil seiner Psyche, das zu einem besseren klinischen Verständnis der emotionalen Schwierigkeiten seines Patienten führen kann.

Im Idealfall wird dem Arzt klar, dass es keine klinische Medizin gibt, die nicht verstrickt ist in die individuellen Besonderheiten und Eigenheiten der jeweils praktizierenden Ärzte, in jene Vorlieben und Abneigungen, Vorurteile und Hassobjekte, die gewöhnlich unterhalb der Berichte über einzelne Sprechstunden liegen und verdrängt werden von professionellem Auftreten. Doch sie werden nur beinahe verdrängt, da der Arzt meist flüchtige Gedanken hat wie etwa: »Diese Patientin ist immer wieder interessant. Ich freue mich darauf, sie wiederzusehen.« oder: »Der da beunruhigt mich jedes Mal.« Solche Psychologie, vor allem soweit sie das Selbst betrifft, wird unweigerlich nicht im Medizinstudium unterrichtet. Sie erscheint auch kaum als nützlicher Teil eines klinischen Bildes. Sie ist etwas anderes als die Lehre von der Pulsabnahme oder des Lesens von Röntgenbildern oder Elektrokardiogrammen. Sie erscheint als obszön, sexualisiert, irrelevant und nicht wert, als Teil der *richtigen* Medizin betrachtet zu werden. Das führt zurück zur Psychoanalyse, die heute klinisch als ähnlich irrelevant für die Medizin betrachtet wird.

Der Charakter gilt normalerweise nicht als Teil des medizinischen Bildes eines Menschen, und das mag so sein und bleiben, bis der Arzt auf ein Problem oder eine Schwierigkeit beim Verständnis einer Sprechstunde stößt. Meist spricht man dann von einem Zusammenstoß zweier Persönlichkeiten. Die Interaktion zwischen den an einer klinischen Begegnung beteiligten Charakteren erfordert jedoch ein vertieftes Verständnis. Und das steht einem nicht zur Verfügung nach den Strapazen einer medizinischen Ausbildung oder gar nach einer weitergehenden Spezialisierung. Allein die Psychoanalyse kann ein solches Verständnis vermitteln. Die in einer klinischen Begegnung auftauchenden Charaktere repräsentieren andere, die jeder der an einer Begegnung Teilnehmenden unbewusst wahrnimmt. Offenkundig können Ärzte sich hierbei leicht in der Rolle eines Vaters wahrnehmen – entweder eines neuen abgeklärten, der als hilfreich erscheinen mag, oder vielleicht als Wiederverkörperung des ursprünglichen Vaters, der als schwierig, gar nicht hilfreich oder gar als gefährlich wahrgenommen wird. Ähnliche Sphären des Imaginären gibt es im Hinblick auf das Mutterobjekt oder die Beziehungen zu den Geschwistern. Diese Charaktere stehen sowohl Patienten wie Ärzten zur Verfügung und können von ihnen bewohnt oder inszeniert werden. Dieselbe Dynamik ist denkbar auch in Bezug auf die Sexualität solcher Repräsentanten. Das ist von besonderem Interesse, da die klinische Begegnung häufig die Präsentation eines Körperteils betrifft und vom Arzt den Umgang mit einem körperlichen Aspekt des Patienten ebenso verlangt wie ein psychologisches Verständnis des jeweiligen Körperteils, der dem Arzt dargeboten wird. Nützlich ist ein Bewusstsein dessen während einer Konsultation, weil damit etwas von primitiven und frühen Beziehungen im Setting in Erscheinung treten kann. Das Kind im Erwachsenen taucht auf und scheint der Arbeit des Arztes im Wege zu sein oder (interessanter noch) es liefert Anhaltspunkte für die frühe Entwicklung der unbewussten Beziehungen des Patienten. Zuweilen kann diese Frühgeschichte großen Einfluss auf das haben, was der Patient in der Präsentation aufweist, sowie auf die Art von Symptomen, die er am Körper trägt.

Unterschiedliche Patienten sehen uns jeweils ganz verschieden. Wir werden also auf so vielerlei Arten wahrgenommen, wie wir Patienten haben. Ärzte können sich manchmal dessen bewusst sein, doch dieses Bewusstsein wird getrübt durch die übermäßige Beachtung des Körperteils, das ihnen präsentiert wird. Es gibt nicht so etwas wie einen von der Psyche getrennten Körper. Doch leider betrachten viele medizinische Spezialisten ihre Patienten nur unter den Gesichtspunkten einer isolierten Pathologie. Dadurch bleibt die Realität einer Person als ganzer unbemerkt.

Ein hochrangiger arabischer Würdenträger saß zur Routineuntersuchung auf seinem Thron in einer großen Londoner Hotelsuite. Er war umgeben von medizinischen Spezialisten aus der Harley Street. Ein Kardiologe, ein Urologe und ein Lungenfacharzt kümmerten sich um ihn. Aber sie sahen sich außerstande, seine intensiven einseitigen Kopfschmerzen zu behandeln. Keiner der ausgezeichneten Spezialisten besaß die nötigen Kenntnisse, seine Ohren zu untersuchen. Außer vielleicht der ebenfalls anwesende, weniger ausgezeichnete Allgemeinmediziner. Obwohl er das Gefühl hatte, dass dies über seine Kräfte ging angesichts des ganzen Raums voll älterer, aber ratloser Koryphäen, sollte er den arabischen Fürsten untersuchen. Als er den Ohrenspiegel an dessen Ohr legte, trat ihm ein überachtsamer Leibwächter entgegen, der fürchtete, sein Schützling werde erstochen. Doch der Arzt setzte seine Untersuchung fort und entfernte eine große Kugel aus Wachs aus dem Ohr des Fürsten. Der Fürst spürte, wie sein Ohr sich platzend öffnete. Seine Schmerzen verschwanden augenblicklich, und er konnte wieder hören. Diese Geschichte ist ein Beleg für die Beschränktheit der spezialisierten Medizin sowie für die Ängstlichkeit eines Arztes angesichts eines hochgestellten Patienten und älterer Kollegen.

Ein Analytiker mag von dem einen Patienten als kalt und rigide wahrgenommen werden und von einem anderen als wärmer. In die Art, wie ein Analytiker wahrgenommen wird, gehen zudem Fragmente der Erwartungen an die Eltern und des Begehrens nach ihnen ein. Ganz ähnlich ändert sich unser Alter in den Fantasien unserer Patienten. Dies gilt auch für die allgemeinärztliche Praxis. Die Wahrnehmung eines Patienten durch den Analytiker beruht auf der Kenntnis der klinischen Daten seit dessen Kindesalter sowie der Familienkonstellation. Es kommt an auf den Umgang mit Erfahrungen von frühem Verlust und Krankheit in der Kindheit, mit Gefühlen des Geliebt- und Verlassenwerdens, von Hass und Missbrauch in der Familie. Wichtig ist zudem, ob diese Ereignisse und Gefühle im Zusammenleben mit einem Elternpaar oder mit einem alleinerziehenden Elternteil auftraten. Dies alles bleibt eingezeichnet in eine Persönlichkeit sowie in deren Erwartungen an eine imaginierte Zukunft. Die unbewusst wahrgenommene Frühzeit des Lebens erscheint in den Vorstellungen vom Charakter des Analytikers oder des Allgemeinarzts. Es gibt eine unbewusste Fähigkeit des Arztes, tiefreichende Rollen im Unbewussten zu spielen. Und das kann oft die eines Heilers sein, der eine Besserung herbeiführt. Doch auch negative Aspekte aus dem Seelenleben eines Patienten können die klinische Arbeit überlagern oder sie untergraben. Es handelt sich dabei um vergangene, sowohl reale wie imaginierte Erfahrungen, die auf die Zukunft projiziert werden. Und so kann beispielsweise die sonst unerklärliche Wut auf den Arzt eine aus der Vergangenheit herrührende Verletzung darstellen, die die aktuelle Interaktion unangenehm überdeckt. Der Analytiker weiß sehr wohl, dass der Analysand nicht sie beide erlebt, sondern die aus einer Regression in die Kindheit stammende unbewusste Projektion auf die Eltern. Der Arzt muss feststellen, ob sie beide tatsächlich falsch gehandelt haben oder ob sie nur das Gefühl haben, dass dem so gewesen sei. In dem Fall spielt der Arzt eine Rolle in der Geschichte des Patienten.

Wenn ein Arzt sein psychosomatisches Material aufgrund dessen sammelt, was in der Beziehung zu seinem Patienten erkennbar wird, ist er in einer stärkeren klinischen Position. Denn er kann die körperliche Erkrankung des Patienten im Zusammenhang mit dessen emotionaler Umweltbeziehung beurteilen. Einige der Projektionen auf den Arzt sind dann eher zu verstehen, ohne dass nur auf sie reagiert wird. Wichtig ist dabei, dass zweideutig bleibt, wer hier versteht. Das Verständnis des Arztes von seinem Patienten führt möglicherweise zu einer Reifung und einer emotionalen oder gar körperlichen Besserung. Zumindest trägt es dazu bei, die Atmosphäre für die weitere klinische Arbeit zu verbessern. Doch es mag gegenwärtig auch hinreichend, wenn das Erkannte nur im Innern des Arztes verbleibt. Mit der Zeit kann er einen angemesseneren emotionalen Kontakt zu seinem Patienten entwickeln. Im Modell der Psychoanalyse entspricht diese innere Bewusstheit der Wahl des richtigen Zeitpunkts einer Deutung. Denn dass der Arzt etwas vielleicht Bedeutsames wahrgenommen hat, das einer Mitteilung wert wäre, heißt ja noch nicht, dass der Moment gekommen ist, es kundzutun, damit der Patient es schlucken und verdauen kann. Sowohl der Analytiker wie der Arzt müssen unter Umständen auf die Gelegenheit warten, es zur Sprache zu bringen. Die langsame Entfaltung des klinischen Wissens über den Patienten, die oft den Kontext der Familie einbezieht, ist normal. Der Patient kommt weiter zu den Sprechzeiten, aus welchem Grund auch immer, und der Arzt entwickelt über Jahre hinweg eine komplexe Kenntnis von ihm und seiner Familie. Früher kannte ein Arzt eine Familie drei Generationen hindurch. Er war in die Familienangelegenheiten eingeweiht als ein *outside insider,* ein Spezialist mit einer klinischen Familienkenntnis. Dieses gute Modell eines Hausarztes wird leider hinweggefegt durch die Erfordernisse unseres Finanzsystems. Denn das schreibt vor, dass jeder Arzt möglichst rasch viele Patienten behandeln soll. Nicht vorgesehen ist dagegen, dass ein Hausarzt sich regelmäßig wenigen Patienten widmet, die er schon lange kennt. Die den Zusammenhang der Generationen zerreißende Medizin führt zu fabrikmäßigen und mechanistischen Behandlungen, die nur einen isolierten Zeitausschnitt als medizinisches Ereignis in den Blick nehmen, das dem Arzt letztlich fremd bleibt.

Freud beschrieb den Analytiker als Spiegel und empfahl: »Der Arzt soll undurchsichtig für den Analysierten sein und wie eine Spiegelplatte nichts anderes zeigen, als was ihm gezeigt wird« (Freud 1912e, 384). Befolgt der Analytiker diese Empfehlung jedoch allzu rigide, wiederholt er unter Umständen Traumen des Patienten, die ihn zur Analyse geführt haben. Eine freundlichere oder verständnisvollere, also von der üblichen Distanziertheit abweichende Haltung des Analytikers führe bei manchen Patienten dazu, dass deren gesunde Anteile sich als befriedigt erwiesen, dass aber ihre kranken Anteile als entfremdet, unbeachtet und hilflos erschienen. Daher versetze die Distanziertheit den Analytiker in die Lage, einfach als Beziehungsgrundlage präsent zu sein, wie dies Michael Balint beschrieben hat (Balint 1959, 95).

Bei schwerer erkrankten Patienten kann es sich als klinisch wirksamer erweisen, eine Beziehungsgrundlage herzustellen, da der Analytiker dann nicht als besonderer Charakter bzw. als Set von Affekten wahrgenommen oder in der Übertragung besetzt wird, die der Patient auch weiterhin nur schwer verstehen und mit denen er nicht gut umgehen kann. Die Worte des Analytikers werden zuweilen als Übergriffe oder Entstellungen aufgefasst und häufig als Zeichen von Feindseligkeit oder Verführung. Dennoch können solche Gefühle eines scheinbaren Antagonismus des Analytikers auf einen Abgrund des Schmerzes und einer tiefreichenden Verletzung des Patienten in dessen Geheimgeschichte hindeuten. Derlei muss erinnert und reflektiert werden. Es gilt, die verstärkt emotionalen Berichte strukturell zu begreifen, zu denen es in der analytischen Begegnung kommt. (Dabei sollten Deutungen vermieden werden, die nur als fortgesetzte Angriffe auf den Patienten aufgefasst oder von ihm nicht verstanden werden.) Während es sich bei dieser Art des Verstehens um einen Idealzustand handelt, kommt es bei der Arbeit mit regredierten Patienten häufig vor, dass der Analytiker in ein furchtbares schwarzes Loch fällt, weil nur auf diesem Weg jenes Schrecken erregende Gebiet zu entdecken ist, das unter dem Oberflächenmaterial einer guten Arbeitsbeziehung liegt. Zuweilen kann ein regredierter Patient dem Analytiker nur so seine Realität mitteilen. Darüber hinaus bedeutet dies oft, dass ein Patient während seiner Kindheit in ein tiefes emotionales Loch gefallen ist. Der Analytiker wiederholt dann ein früheres, in diesem Moment erneut auftretendes reales oder imaginäres Ereignis. Die Gründe, warum es auftritt, sind oft vielfältig. Es kann ein Hinweis darauf sein, dass nur dieses Verhalten dem Patienten über lange Zeit die eingeschränkte Möglichkeit zu emotionaler Kommunikation bot.

Wenn dies die Schwierigkeiten einer Begegnung in der Analyse beschreibt, wie kann es dann relevant sein für eine allgemeinärztliche Praxis? Die Antwort auf diese Frage lautet: Kranke Patienten betrachten ihren Arzt oft als einen Elternteil aus ihrer Kindheit. Dies kann zu einem emotionalen Ausbruch führen, der aus Sicht des Arztes von nirgendwoher zu kommen scheint. Aus dem Patienten, der wegen Problemen mit einem Körperteil in die Praxis kam, brechen plötzlich Emotionen hervor, die den Arzt herausfordern. Der Zusammenhang zwischen beiden besteht darin, dass der Arzt in Bezug auf den Körper des Patienten eine privilegierte und intime Position einnimmt, die nur der der Eltern und der Geliebten gleichkommt. In vielerlei Hinsicht ist der Arzt privilegierter als ein Analytiker, da er Zugang zur Wohnung und sogar zum Schlafzimmer des Patienten und zu dessen Körperteilen besitzt. Die Erwartung ist normal, dass man sich »in die Hände eines Arztes begibt«. Diese Buchstäblichkeit verweist auf das uralte Verlangen, gehalten zu werden wie das Baby von den Händen seiner »hinreichend guten« Mutter. Daher liegt das Potential einer emotionalen Repräsentation in den machtvollen Beziehungen der Übertragung und ihrer Wirkung auf Geist und Körper. Die privilegierte Position des Arztes in Bezug auf den Körper findet ihre Entsprechung in der Position des Analytikers in Bezug auf das bewusste und unbewusste Seelenleben des Patienten. Der Arzt, der sich plötzlich einem emotionalen Ausbruch konfrontiert sieht, der weit entfernt scheint von dem anfänglichen medizinischen Problem, muss sich wohl damit trösten, dass dieser Ausbruch mit ihm persönlich wahrscheinlich sehr wenig zu tun hat und dass er offenbar eine besondere Rolle für den Patienten spielt.

Das erste im folgenden aufgeführte Fallbeispiel beschreibt die Wirkung einer Erkrankung auf eine Allgemeinärztin. Diese Wirkung hing mit einem Fragment aus ihrer eigenen Vergangenheit zusammen, das im klinischen Material erneut auftauchte. Wir sahen, wie in der Balint-Gruppe die Assoziationen zu unverarbeiteten Gedanken die Ärztin zu der Idee führten, ihren Eltern helfen zu können. In der Folge begann sie, sich von ihrer eigenen privaten Geschichte zu befreien.

Klinische Fallbeispiele aus Balint-Gruppen mit Allgemeinmedizinern

> Bei dieser Arbeit wird den Ärzten eine besondere Tätigkeit offenbar, eine gewisse psychische Lebendigkeit, kein passives Hinnehmen, genaue Beobachtungen, keine Instruktionen.
>
> (E. Balint 1987, 102)

Die Wirkung des Sterbens

Dr. B präsentierte klinisches Material über eine Familiensituation, die sie äußerst beunruhigend fand. Sie glaubte, ihre eigenen Gefühl seien ihr bei der klinischen Arbeit in die Quere gekommen. Darum wollte sie diesen Fall vorstellen. Ein älterer Herr, der über viele Jahre ihr Patient gewesen war, hatte die Diagnose eines Gehirntumors bekommen und war nun dabei zu sterben. Trotz der Verschlimmerung seiner Krankheit war der Patient geistig wach und wurde zuhause gepflegt. Die Ärztin ging Woche für Woche zu ihm und bemerkte, dass der früher überschwänglich wirkende Mann, der sich wie sie für Sport interessierte, sein Gesicht zur Wand drehte und sterben wollte. Die Ehefrau des Patienten schien sich eher darum zu sorgen, dass das Schlafzimmer ihres Mannes ins Wohnzimmer zu ebener Erde verlegt werden musste, und hatte schon angeordnet, dass dort die Teppiche gesäubert wurden. Als die Ärztin kam, wurde sie in Kenntnis gesetzt, dass die Teppiche noch feucht seien und sie ihre Schuhe auszuziehen hatte, weil an ihnen unter Umständen die Hinterlassenschaften von Hunden klebten. Die Ärztin war überrascht von diesem Empfang, aber tat wie ihr geheißen.

Sie hatte den Eindruck, dass die distanzierte Atmosphäre im Haus des Patienten auf dessen eher kaltherzige Ehefrau zurückzuführen war. Diese behauptete, dass ihr Mann nicht mehr sprechen konnte. Das stimmte nicht, denn die Ärztin hatte noch vor kurzem recht weitreichende Diskussionen mit ihm geführt. Dr. B hatte den Eindruck, dass die Ehefrau den Tod ihres Mannes wünschte, da seine Krankheit mit ihrem zwanghaften Bedürfnis nach Ordnung und Sauberkeit im Haus nicht vereinbar war. Es schien, als wollte sie, dass sowohl ihr Mann wie die Ärztin verschwänden, weil beide ein großes Durcheinander in dem sonst ordentlichen Haushalt verursachten. Dr. B wurde sehr wütend auf die Frau, besonders als sie erfuhr, dass sie ihren Mann außerhalb des Hauses, in dem er so lange gelebt hatte, in Pflege geben wollte. Sie hielt der Familie zwar zugute, dass sie das moralische Recht besaß, mit dem Tod umzugehen, wie sie konnte. Aber es machte sie traurig, dass der freundliche Alte, den sie als Patienten kannte, am Ende seines Lebens achtlos behandelt wurde. Dr. B sagte, der Mann habe zeitlebens dafür gesorgt, dass genug Geld in der Familie war, und dass er es nicht verdiene, derart verächtlich behandelt zu werden.

Die Ärztin hielt die Balint-Gruppe für einen sicheren Ort, um ihre Wut auszudrücken. Ihr Patient war zur Diagnose in ein Privatkrankenhaus gebracht worden, doch nach fünf Wochen weigerte sich die Krankenversicherung, weiter zu zahlen, da die Diagnose abgeschlossen war. Allenfalls für die Unterbringung auf einer Notfallstation würde sie aufkommen. Die Ärztin hatte sich in ihren Fantasien vorgestellt, die Ehefrau zu bestrafen, indem sie nun wieder eine Pflege in der Wohnung verordnete. In der Diskussion mit den übrigen Gruppenmitgliedern erfuhr sie, dass sie dazu moralisch nicht berechtigt war. Ihre ärztlichen Kollegen waren der Ansicht, dass eine häusliche Pflege klinisch nicht unbedingt die beste Lösung war. In der Tat hielten sie es für möglich, dass das wirkliche Problem des drohenden Ablebens des Patienten auf diese Weise aus dem Blick geriet. Dr. B akzeptierte das. Ihr wurde klar, dass es bei dem Problem der Pflege auch um ihren Schmerz über den Verlust eines Patienten ging, den sie bewunderte und über lange Zeit gern behandelt hatte. Es war sehr schmerzhaft für die Ärztin, dies mit dem Patienten zu besprechen, obwohl sie über die Jahre mit vielen ihrer Patienten übers Sterben gesprochen hatte. Sie hatte sogar dann darüber geredet, wenn andere Kollegen in der Gruppe erklärten, wie schwer ihnen dies fiel.

Zwei Wochen später berichtete die Ärztin vom weiteren Verlauf der Geschichte. Der Patient war inzwischen in einem Hospiz untergebracht. Der Patient wandte als Folge dieser Veränderung sein Gesicht nicht mehr der Wand zu und schien innerlich lebendiger geworden zu sein. Es war unklar, ob das Hospiz den Patienten noch länger würde behalten können, da sein Tod nicht mehr unmittelbar bevorstand. Aber es war ebenso klar, dass die Ehefrau, die nun wieder mit ihrem Mann redete, nicht wollte, dass er nach Hause zurückkehrte. Überraschenderweise brachte die Ärztin nun ihre Wut auf die Frau mit noch größerem Nachdruck hervor. Die Gruppe konnte Dr. Bs Gefühle nicht verstehen, denn die klinische Lage besserte sich, der Patient war in guten Händen und das Personal des Hospiz bereitete ihn auf den Tod vor.

Plötzlich erzählte Dr. B der Gruppe, dass sie jetzt wusste, warum sie diesen Fall so schwierig fand. Die Gruppe sah sich inmitten einer persönlichen Geschichte der Ärztin. Und das ist ein sehr problematischer Zeitpunkt in Balintgruppen, da der Fokus der Gruppe sonst immer auf der Beziehung von Arzt und Patient liegt. Dr. B erinnerte sich, dass vor mehreren Jahren eine gute Freundin gestorben war. Der Ehemann ihrer Freundin war ähnlich besessen auf Sauberkeit bedacht wie die Frau ihres Patienten. Auch er verabscheute die durch das Sterben seiner Frau entstehende Unordnung. Er ignorierte sie und brachte sie so weit, dass sie schließlich selbst ihren Tod wünschte. Obwohl sie nicht ihre Hausärztin war, hatte Dr. B den Ehemann zur Rede gestellt, weil sie sah, dass sich der Gesundheitszustand ihrer Freundin verschlimmerte. Dr. B schlug vor, sie solle in einem Hospiz statt Zuhause gepflegt werden. Seither war die Beziehung zu dem Ehemann äußerst angespannt, und Dr. B war unnachsichtig wegen der Distanziertheit, die er gegenüber seiner Frau in den letzten Wochen ihres Lebens an den Tag gelegt hatte.

Das aktuelle klinische Bild und ihre Identifizierung mit der Jahre zurückliegenden Erfahrung waren für die Ärztin schmerzhaft. Ihre Gefühle für die Frau des Patienten wurden eindeutig überlagert von ihrer Feindschaft gegenüber dem Mann ihrer toten Freundin. Ein Aspekt des Privatlebens der Ärztin war durch den jetzigen Fall wieder aufgerollt worden. Solange er in ihr verborgen geblieben war, hatte er sie nicht an ihrer sorgfältigen und projektionsfreien klinischen Arbeit gehindert. Im Kontext einer Gruppe von Kollegen, die als Container diente, fühlte sie sich sicher, einen Aspekt ihres Privatlebens offenzulegen. Sie empfand dies zunächst als demütigend, da sie offenbar nicht zwischen ihrer privaten Vergangenheit und der klinischen Gegenwart hatte trennen können. Der Bericht ihrer Vorgeschichte befreite Dr. B jedoch davon, ihre eigene Vergangenheit auf ihren Patienten zu projizieren. Sie konnte nun deutlicher die Unterschiede und Ähnlichkeiten zwischen ihrem Fall und dem

Auslöser ihrer privaten Wut erkennen und mit der aktuellen klinischen Lage freier umgehen, ohne persönlich allzu involviert zu sein.[2]

Sucht bei älteren Menschen

Dr. C stellte den Fall einer »süßen« Siebzigjährigen vor, die von Dihydrocodein abhängig war, einem halbsynthetischen Abkömmling des Opium-Alkaloids Morphin, das als Schmerzmittel verwendet wird. Es war unklar, wann ihre Sucht begonnen hatte, doch sie hatte sich in den letzten achtzehn Monaten verschlimmert. Es handelte sich um eine zarte Frau, die übertrieben mager war. Zudem klagte sie über einen schrecklichen Schmerz in der Hüfte, weigerte sich jedoch, ins Krankenhaus zu gehen. Schließlich überredete sie die Ärztin, die ihren Fall vorstellte, und die Frau wurde ins Krankenhaus eingewiesen. Dort fand man nur eine geringe Osteopathie in einer ihrer Hüften. Die Schmerzen, über die sie klagte, waren jedoch sehr viel stärker, als ihr sonstiger Gesundheitszustand zu erklären vermochte.

Es stellte sich bald heraus, dass das Verhältnis der Patientin zu ihrer Ärztin auch von Suchtverhalten geprägt war. Sie verlor angeblich Rezepte, kam zur Bestellung neuer Rezepte Tage, bevor die alten aufgebraucht waren und erzählte der Ärztin, sie würde eine Cousine in einer entfernt liegenden Stadt besuchen und brauche daher einen Zusatzvorrat von Medikamenten für zwei

2 Wenn ich darüber nachdenke, warum ich gerade diesen Fall ausgewählt habe, wird mir klar, wie notwendig es ist, ein kindliches Verhältnis zu einer verstorbenen Elternfigur aufzugeben, um im Leben voller Verständnis weiterzumachen. Vor allem der zweite hier geschilderte Fall zeigt, wie man mit dem Tod einer älteren Person aus der nahen Verwandtschaft fertig werden kann. Diese Überlegung lässt mich an die Beziehung der englischen Balint-Gesellschaft zu Michael und Enid Balint denken, ihren wunderbaren und verehrungswürdigen Eltern. (Michael starb 1970 und Enid 1996.) Die Balints haben für die Allgemeinmedizin in England und anderswo Unermessliches geleistet. Ich habe jedoch keinerlei Zweifel, dass für beide die Vorstellung unerlässlich wäre, dass sich die Balint-Gesellschaft im Wissen und in den Kenntnissen der heutigen Generation über ihre eigene Arbeit hinaus weiterentwickeln sollte, statt aufgrund einer unbetrauerten Vergangenheit im Zustand bewusstloser Wiederholung zu verharren. Dies erinnert an die Notwendigkeit, voraus zu blicken auf die nächste Generation im Grenzgebiet zwischen Allgemeinmedizin und Psychoanalyse.

Wochen. Dr. C stellte an ihrem Computer fest, dass die Frau mehr als dreitausend Tabletten im vergangenen Jahr erhalten hatte, und das bereitete ihr schreckliche Probleme. Von der Tochter der Patientin erfuhr die Ärztin, dass ihre Mutter gar keine Cousine hatte, die sie besuchte.

Dr. C nahm nun der Gruppe gegenüber eine Verteidigungshaltung ein und behauptete, sie habe sich der Patientin gegenüber richtig verhalten, denn diese sei ja schon älter. Die übrigen Gruppenmitglieder waren entschieden dagegen. Sie meinten, die Patientin habe noch weitere fünfzehn bis zwanzig Jahre zu leben. Außerdem überlegten sie, wie die Patientin leben könnte, wenn sie kein Suchtproblem hätte. Ihr momentaner Zustand beeinflusse ihre Ehe, die Beziehung zu ihrer Tochter und sogar zu ihren Enkelkindern. Schließlich konnte die Ärztin zugeben, dass sie auf die Patientin sehr wütend sei, weil sie sie getäuscht hatte. Deshalb war sie so wenig bereit, sie tatsächlich mit ihrer Sucht zu konfrontieren. Ihr war klar, dass es zu einer Auseinandersetzung kommen würde, wenn sie die Dosis des Schmerzmittels um nur eine Tablette pro Woche reduzieren würde. Sie fragte sich, ob die Patientin weiterhin in die Praxis kommen würde, wenn die Ärztin sie auf ihre Sucht ansprach. Sie würde dann vielleicht zu »gebrechlich« sein, um sich auf den Weg zu machen. Süchtige setzen Himmel und Hölle in Bewegung, um zu kriegen, was sie wollen. Zu diesem Zeitpunkt machte die Ärztin einen recht deprimierten Eindruck.

Ein Kollege hatte die Idee, dass die Ärztin vielleicht unter der Sucht der Patientin eine Depression spürte und sich zu deren Container machte. Diese Idee half der Ärztin, sich klinisch wieder zu orientieren. Dr. C konnte sich nun vorstellen, die Medikation langsam zu reduzieren. Sie unterrichtete davon sowohl den Ehemann wie die Tochter und ihre Mitarbeiter in der Praxis. Sie suchte die Patientin jetzt auch besser kennenzulernen, um die emotionale Bedeutung der Schmerzen der Patientin zu entdecken. Abgesehen von dem geschilderten Fall war Dr. C kein depressiver Charakter. Sie war ein Musterbeispiel dafür, dass ein Patient im Innern eines Arztes seine unbewusste Existenz hinterlassen kann, indem er Aspekte seines eigenen Lebens in den anderen projiziert. Interessanterweise war der Gruppe unabhängig von der Drogenproblematik nicht viel von der Lebensgeschichte der Patientin berichtet worden. Die Patientin hatte es im Großen und Ganzen vermieden, über sich selbst zu sprechen. Die sonst kompetente Ärztin machte das ausweichende Verhalten mit und war in Bezug auf die Patientin nicht neugierig. Und dies trotz der

Tatsache, dass sie in der Gruppe über die Jahre hin gelernt hatte, wie wichtig die Familiengeschichten der Patienten und die Berichte über ihre Kindheit sind. Das gab dem Gedanken zusätzliches Gewicht, dass sie unbewusst als Container für Aspekte des Seelenlebens ihrer Patientin fungierte.

Dies mag auch ein Hinweis sein auf die Beziehungen der Patientin zu ihrer Mutter im Säuglingsalter. Vermutlich rührte das intensive Verlangen nach Tabletten zur Beschwichtigung einer Sucht aus einem Zustand der Leere in der frühen Kindheit der Patientin her. Als Baby wurden der Patientin offenbar andere Dinge gegeben als das, was sie nötig gehabt hätte, nämlich Nahrung, Zärtlichkeit, Wärme und wirkliche Grenzen. Dr. C hatte die Patientin zunächst als »süß« beschrieben. Vielleicht waren ihr in der Kindheit mehr Süßigkeiten verabreicht worden als gesunde Nahrungsmittel. Wenn dem so war, könnte diese Hypothese den Ursprung der späteren Sucht nahelegen. Es könnte zugleich erklären, dass eine gute Ärztin unbewusst ihre Behandlung einer Patientin verkannte und sich auf die Inszenierung eines von ihr nicht bemerkten Schmerzes einließ und ihr die falsche Medizin gab. Als sie die Projektionen auf sich als Ärztin bemerkte, konnte sich emotionales Engagement zugunsten der Patientin entwickeln. Die Balint-Gruppe machte der Ärztin nicht einfach klar, wie sie mit der Patientin umzugehen hatte. Vielmehr wurde ihr ein Gefühl der Erleichterung darüber verschafft, dass ihr die unbewusste Last einer Identifizierung mit den negativen Aspekten einer Person genommen worden war.

Ein weiteres Beispiel für Sucht und Bedürftigkeit

Der nächste Patienten fiel Dr. D ein, als sie der vorangegangenen Falldarstellung zuhörte. Sie berichtete von einer Frau, die im Alter zwischen zwanzig und dreißig Jahren einen schweren Zusammenbruch erlitten hatte und daraufhin zwei Jahre in der geschlossenen Psychiatrie verbringen und sich einer mehrere Wochen dauernden Schlaftherapie unterziehen musste. Seither waren ihr offenbar alle Arten von Psychopharmaka verordnet worden, und sie war mit den Jahren nach all diesen Medikamenten süchtig geworden. Dr. D bemühte sich intensiv, der Patientin aus ihrer Medikamentensucht herauszuhelfen. Sie leistete hervorragende Arbeit. Es gelang ihr, die Medikation auf eine Tablette pro Abend zum Einschlafen herabzusetzen sowie die Dosis eines Antidepressivums zu reduzieren. Die Patientin hatte neben ihrer offenkundigen Sucht Stimmungsschwankungen zwischen Manie und Depression. Ihre Manie war nicht sonderlich extrem; sie konnte weiterhin als Lyrikerin und Malerin produktiv sein. In den depressiven Perioden allerdings suchte sie die Ärztin auf.

Nach Meinung von Dr. D war ihre Patientin noch sehr kindlich. Dr. D hatte das Bedürfnis, sie zu bemuttern. Als sie später die Lebensgeschichte der Patientin berichtete, fiel ihr ein, dass die Mutter sie lange als Kind behandelt hatte und nicht wahrhaben wollte, dass sie erwachsen wurde. Dies schien auch die Übertragungsbeziehung der Ärztin zu ihr zu sein. Ein Gruppenmitglied fragte, warum die Patientin überhaupt Medikamente brauchte, wenn sie stabil war. Ich sagte, dass eine weitere Gabe von Medikamenten die Wirkung haben könnte, die Patientin als Kind an ihre mütterliche Ärztin zu binden. Zudem deutete die Sucht wahrscheinlich wie im vorangegangen Fall auf eine frühe Mangelerfahrung hin. Unter der Sucht könnte eine manische Depression liegen, die sich, wenn sie psychisch gebunden oder zur Ruhe gebracht wird, in einen Zwang verändert – etwa in das repetitive Verlangen nach Drogen. Wenn dies der pathologische Kernkomplex war, musste er unbedingt im klinischen Gespräch behandelt werden.

Die beiden zuletzt zitierten Fallbeispiele waren auf interessante Weise miteinander verschmolzen, wobei das letztere offenbar die Richtung aufwies, in die sich das erstere entwickeln könnte. Denn in dem Maße, in dem die Tablettensucht vermindert wurde, wurde eine besondere Abhängigkeitsbeziehung von der Ärztin deutlich. Wie Balint in seinem Buch *The Doctor, his Patient and the Illness* bemerkenswerterweise feststellte, *ist* der Arzt die Medizin. Das Verlangen nach Tabletten verwandelt sich in das Verlangen nach dem Arzt. Wie dieses Verlangen sich manifestiert, kann dann in dem Versuch des Arztes deutlich werden, die imaginativen Fähigkeiten des Patienten zu entwickeln. Er muss dazu nicht viel Zeit mit dem Patienten verbringen, wenn der Patient und seine Familie schon viele Jahre von ihm behandelt wurden.

Das Treffen der Gruppe endete mit dem Verlangen, die weitere Entwicklung dieser beiden Suchterkrankungen auf den verschiedenen Stufen der Behandlung zu verfolgen. Auch die beiden Ärztinnen waren nun neugierig geworden. Die Gruppe war jetzt der Ansicht, dass eine entsprechende Behandlung sehr wohl in die allgemeinmedizinische Praxis gehörte. Würde man Patienten dieser Art zu Suchtspezialisten schickten, hätten diese keine ausreichenden Kenntnisse über das Leben der Patienten. Ein allgemeinmedizinischer Hausarzt dagegen, der über die Projektionssysteme hinauszudenken vermochte, besaß diese Kenntnisse.

Ein Notfall

Dr. E stellte einen Fall vor, bei dem nach seiner Meinung eine Doppelbuchung in seiner Praxis stattgefunden hatte. Eigentlich musste Dr. E im Krankenhaus eine Vorlesung halten und plante, sich im Laufe des Nachmittags einige Zeit frei zu nehmen, um schwimmen zu gehen. Doch er bemerkte, dass seine Helferin einen Termin mit einem Patienten vereinbart hatte. Er rief im Krankenhaus an, um dort mitzuteilen, dass er sich verspäten würde. Das war ungewöhnlich und fiel ihm schwer, da er normalerweise seine Termine genau einhielt. Er hoffte, der zusätzliche Patient würde nicht allzu viel Zeit beanspruchen, doch zu seinem Überdruss musste er dann eine Notfallversorgung vornehmen bei jemandem, der nicht einmal sein Patient war.

Eine Frau erschien mit ihrem zweiundzwanzigjährigen Neffen, der aus dem Norden des Landes stammte. Der junge Mann machte sofort klar, dass er drogenabhängig war. Er war aus der geschlossenen Abteilung eines psychiatrischen Krankenhaus entwichen, in das er eingewiesen worden war. Sofort verlangte er, Valium und andere Drogen verschrieben zu bekommen. Innerhalb von Minuten war der Allgemeinmediziner wütend darüber, diese Arbeit machen zu müssen. Er fragte sich: »Warum ist dieser Kerl den ganzen Weg aus dem Norden angereist, um meine Zeit zu verschwenden?« Einen Moment überlegte er, ob er dem Mann nicht einige Tabletten geben und ihn dann wegschicken sollte, um schwimmen gehen zu können. Da sagte der Patient: »Ich habe Schmerzen in den Knien, Herr Doktor.« Daraufhin überlegte der Arzt und bat ihn, draußen zu warten, während er das Krankenhaus in Schottland anrufen wollte. Der Patient sagte: »Aber Sie gucken sich meine Knie ja gar nicht an, Herr Doktor!« Der Arzt fragte: »Was glauben Sie, worum es geht?« Der Patient erwiderte: »Ja, die Knie schmerzen, seit ich gekreuzigt wurde!« Als er das hörte, wurde dem Arzt klar, dass der Patient akut psychotisch war. Der Patient glaubte, der Sohn Gottes zu sein. Der Arzt rief in Schottland an und erfuhr, dass der Patient heroinabhängig war und dass man bei ihm zudem Schizophrenie diagnostiziert hatte. Er war in die geschlossene Abteilung eingewiesen worden, da er in der Vergangenheit gewalttätig geworden war. Im Krankenhaus war man erleichtert, dass sich der Patient wieder eingefunden hatte. Man schlug vor, der Arzt solle den Patienten für vierundzwanzig Stunden in der örtlichen Psychiatrie unterbringen, bevor man ihn würde holen kommen. Der Arzt berichtete das dem Patienten, der froh war, dass sich jetzt jemand um ihn kümmerte.

Interessant war, dass sich der Arzt trotz der gewalttätigen Vorgeschichte des Patienten nicht ängstigte, sondern im Gegenteil in den ersten drei Minuten der Konsultation durch und durch wütend war. Ihm wurde dabei klar, dass er nicht mehr schwimmen gehen, aber den Patienten nicht dafür verantwortlich machen konnte. Andernfalls wären dem Patienten wohl die Sicherungen durchgebrannt. Stattdessen begann er sich für den Fall zu interessieren, denn einen Patienten, der sich für Jesus hielt, hatte er nicht alle Tage. Ihm kam sogar der Gedanke, seinen Kollegen in der Region mitzuteilen, dass er sich für die Behandlung psychotischer Drogensüchtiger interessiere!

Der Arzt stellte der Gruppe diesen Fall vor aufgrund der Überlegung, dass die Wahrnehmung eines klinischen Bildes von der psychischen Verfassung des Arztes abhängt. Wenn der Arzt psychisch keinen Freiraum besitzt, weil er während des Gesprächs mit einem Patienten bereits mit etwas anderem beschäftigt ist, kann es nicht überraschen, dass seine Zuwendung oberflächlich bleibt. Dann wird eine Diagnose gestellt, die, statt auf die Tiefe des klinischen Bildes einzugehen, zu den aktuellen Problemen des Arztes passt. Vielen mag das als ausreichend erscheinen. Interessant ist jedoch, dass, wenn sich der Arzt auf seinen eigenen affektiven Zustand einlässt – vielleicht Ambivalenz oder im vorliegenden Fall der Wut – sich das außerordentliche Ergebnis einer Öffnung und guten Behandlung des klinischen Bildes (im vorliegenden Fall ohne Gewalt) einstellt. Das Beispiel zeigt, wie ein Arzt einem Patienten helfen kann, indem er seinen eigenen psychischen Zustand während der Konsultation intensiv überprüft. Er kann dann seine Wut überwinden und zu einer Position der Fürsorge für den Patienten gelangen, die dieser unbewusst verspürt haben wird.

Vor einigen Jahren hatte der jetzt zweiundvierzig Jahre alte Mr. R einen kleinen zerebrovaskulären Unfall mit der Folge, dass er einen Arm nicht mehr gebrauchen kann. Unabhängig davon, so sagte er seinem Arzt, fühlte er sich »bärenstark«. Er war funktional nicht gestört und sah sich in der Lage zu arbeiten. Vor kurzem hatte er sein Haus außen gestrichen. Doch er hatte eine schwere Kardiomyopathie und konnte sich nur durch Medikamente am Leben erhalten. Für eine Herztransplantation hatte man ihn wegen seiner früheren Erkrankung nicht akzeptiert. Dr. F sagte, ihr sei nicht klar, warum dieser Patient ihr eingefallen sei. Sie hatte den Eindruck, mit Mr. R und seiner Frau gute Arbeit geleistet zu haben, obwohl sich beide mit der ernsthaften Möglichkeit seines frühen Todes ungern konfrontierten.

In ihrer Tätigkeit hatte sie sich mit allen medizinischen Problemen dieses Falls beschäftigt. Doch plötzlich entdeckte sie, dass das Paar einen neuen jüngeren Partner in ihrer eigenen Praxis konsultierte. Dr. F erklärte der Balint-Gruppe, es sei in ihrer Gemeinschaftspraxis üblich, die Patienten zu dem sie ursprünglich behandelnden Arzt zurückzuschicken, wenn sie innerhalb der Praxis den Arzt wechselten. Im vorliegenden Fall war dies nicht geschehen, wohl weil der Kollege neu war. Dann entdeckte Dr. F zu ihrer Überraschung, dass die Ehefrau des Patienten aus dringendem Grund bei ihr auf der Warteliste stand. Die Frau kam allein und sagte, sie wolle sterben, weil sie nicht in der Lage sei, für ihren Mann zu sorgen. Als ein fünfzigjähriger Freund kürzlich starb, hatte sie Qualen ausgestanden bei der schrecklichen selbstgestellten Frage, warum nicht stattdessen ihr Mann gestorben sei. In der Gruppe wurde daraufhin das Problem diskutiert, ob die Frau nicht unbewusst ihren Mann zu einem anderen Arzt geschickt hatte, um selbst bei dem zunächst konsultierten Arzt zu bleiben und mit ihm ihren Todeswunsch zu besprechen – was sich unter Umständen als hilfreich erwiesen hätte. Ich vertrat eine andere Auffassung. Mich wunderte der mangelnde Kontakt zwischen dem Arzt und dem neuen Partner. Aber die Gruppe überging das. Später verwies ich darauf, dass die mangelnde Kommunikation zwischen den Eheleuten, die weder miteinander schliefen, noch miteinander kuschelten oder sich unterhielten, jetzt offensichtlich wurde durch den Umstand, dass sie zwei Ärzte aufsuchten.

An diesem Punkt erfuhr die Gruppe, dass ein dritter Arzt aus der Praxis in einer gesonderten Sprechstunde konsultiert worden war. Das wiederholte offenbar die Inszenierung einer Familie, die ihre Probleme nur voneinander getrennt besprechen konnte. Ich überlegte, ob die Schwierigkeit hier nicht darin zu suchen war, dass ein unbewusst mit seinem Tod konfrontierter Patient sich an einen jüngeren Kollegen wandte, weil er die ältere Ärztin, Dr. F, die in ihren Sechzigern war, in seinen Fantasien für verletzlicher hielt. Dr. F hatte ja auch nicht bemerkt, dass Mrs. R sich um ihren eigenen Tod sorgte. Doch nun erinnerte sie sich daran, dass Mrs. R vor dem ersten Anfall ihres Mannes an Brustkrebs gelitten hatte. Die Distanz zwischen den Eheleuten könnte aus dieser Krankheit hervorgegangen sein, über die sie sich nie ausgesprochen hatten. Die Ärztin stellte fest, wie schwer es sei, sich um Patienten zu kümmern, die schwerkrank oder gar todkrank, aber jünger als man selbst sind. Darüber hinaus war Dr. F jetzt ein anderer Fall in den Sinn gekommen. Es ging da um einen Mann mit einem verletzten Arm. Ich hatte den Eindruck, dass dies mit der Tatsache zusammenhing, dass ich zu jener Zeit einen Arm in einer Schlinge trug, weil ich an der Schulter verletzt war. Hier lag also deutlich eine Übertragung auf mich vor. Zu jener Zeit war ich Anfang vierzig, doch vielleicht nahm die Gruppe mich unbewusst wegen meines Knochenbruchs als moribund wahr. Unbewusste Angst hatten wir alle. Arzt zu sein verschafft eine magische Abwehr der Angst vor Krankheit und Tod, weil Ärzte ihre Patienten vor beidem schützen.

Nach dieser Fallpräsentation fand Dr. F den Mut, mit ihren Patienten deren schwere Erkrankungen sowie die dadurch ausgelösten Gedanken an den Tod und das Leben danach zu erörtern. Nach diesem Fall wurde klar, dass Ärzte ihre Patienten bei einer schweren Erkrankung auf die Fähigkeit überprüfen müssen, den Verlust körperlicher Funktionen oder gar den herannahenden Tod zu betrauern. Medizin »von der Wiege bis zum Grabe« zu praktizieren, bedeutet, Patienten zu helfen, ihr Lebensende zu ertragen.

Ärzte können verhältnismäßig leicht den Tod auf andere projizieren. Doch zuweilen kehrt sich das um, und der Gedanke an den Tod belastet einen Arzt unbewusst, weil er sich mit seiner eigenen Mortalität konfrontiert sieht. Der Arzt, der nun augenblicklich weiß, dass dies ein bedeutender Teil seines eigenen Lebens ist, ist weniger verletzlich als seine Patienten, die vielleicht den Gedanken an ihren Tod nicht ertragen können. Ihre Zurückweisung des Todes kann sich auf den Arzt auswirken, wenn dessen Kenntnisse und vorgeschlagenen Therapien vom Patienten abgelehnt werden. Für Dr. F war es im vorliegenden Fall entscheidend, sich nicht von ihren Patienten zurückgewiesen zu fühlen, sondern zu sehen, dass Mr. und Mrs. R sich nicht klarmachen konnten, dass sie einander nicht verlieren wollten. Diese Erkenntnis führte zu der tieferen Einsicht, dass der ursprüngliche Patient, Mr. R, mit einem frühen Objektverlust aus seiner Kindheit hatte fertig werden müssen. Analytiker wissen, dass das Gestilltwerden die erste Verlusterfahrung nach sich zieht ganz gleich, ob nun das Baby die Brust abzulehnen begann oder ob die Mutter sie ihm plötzlich entzogen hat. Dieser frühe Verlust wird dann zum Muster für den Umgang mit zukünftigen Verlusten. Dasselbe gilt für den Umgang eines Kindes mit traumatisierenden Ereignissen wie dem frühen Tod eines Elternteils oder eines Geschwisters. Auch wenn solche Probleme ins Arbeitsgebiet der Psychoanalyse fallen, können Ärzte sie in einer Balint-Gruppe emotional erfassen. Sie tragen dazu bei, ihre medizinischen Fähigkeiten und die Wirkung solcher Erfahrungen auf ihren eigenen Charakter weiter zu entwickeln.

Obdachlose und Streuner

Nur zögernd präsentierte Dr. G den Fall einer jungen Frau, die ihre Praxis vor etwa achtzehn Monaten verlassen hatte. Da sie wusste, dass es sich um eine sehr schwierige Patientin handelte, hatte sie geglaubt, sie werde vielleicht wiederkommen. Als ungewolltes Kind war sie in einem Heim untergebracht worden. Sie hatte dann einen Jungen aus eben diesem Heim geheiratet. Dr. G beschrieb die beiden als ein Paar »Obdachloser und Streuner«. Ihre Patientin beschrieb sie als mager und unerfreulich. Sie hatte zwei kleine Kinder und einen schwachen Diabetes. Doch sie weigerte sich, Medikamente einzunehmen, was auch immer die Ärztin versuchte – sie mochte freundlich sein oder entschieden, sie mochte auf die Gefahr solcher Sorglosigkeit hinweisen. Es fruchtete nichts. Die Ärztin hatte zudem einen anormalen Ausfluss bei ihr festgestellt, der zur Untersuchung einen weiteren Krankenhausaufenthalt erforderlich machte. Doch die Patientin war nicht aufzufinden – sie war einfach verschwunden. Die Ärztin war wegen der möglichen Folgen des Ausflusses nicht nur für die Patientin, sondern auch für ihre Kinder sehr besorgt. Die Ärztin berichtete der Gruppe, dass nichts, was sie mit dieser Patientin versucht habe, geholfen habe. Die Patientin blieb verschwunden, und ihr Mann hatte Probleme mit der Polizei. Dr. G dachte, dies hätte vielleicht damit zu tun, dass die Ehe zerbrochen sei. Doch in einem Brief, den die junge Frau an die Praxis sandte, bat sie erneut um eine Konsultation. Die Gruppe fragte sich, ob die Patientin Dr. G oder eine andere Ärztin aus der Praxis zu konsultieren wünschte. Ohne Zögern glaubte Dr. G, sie wolle wieder mit ihr reden. In der Gruppe war man skeptisch und hielt es für besser, mit der Patientin zunächst ein Gespräch zu führen, um festzustellen, ob sie sich jetzt an die medizinischen Vorgaben zu halten bereit sei. Doch Dr. G hatte sich bei dem Durchsprechen des Falls wieder für die Patientin erwärmen können. Ihr wurde klar, dass sie sie trotz ihrer anfänglichen Antipathie und des schwierigen Charakters mochte. Sie bemerkte überrascht, dass sie sich auf ihr Kommen freute.

Diese Geschichte erschien wie die eines Paars elternloser Kinder im Wald. Die Ärztin glich in der Wahrnehmnung der Patientin einer bösen Hexe. Die Patientin hielt die Medikamente für Gift und wollte nichts von ihnen wissen. Wenn sie jetzt die Ärztin erneut aufsuchte, vermittelte ihr dies eine Erfahrung, die sie vielleicht nie zuvor im Leben gemacht hatte. Sie kehrte heim und fand einen Elternteil vor, der nicht verschwunden, sondern noch präsent war. Das wurde als Entwicklungsmöglichkeit aufgefasst, solange die Ärztin es zuließ und wegen des plötzlichen Weggangs der Patientin nicht voreingenommen war. Die negative Fantasie der Ärztin hatte ihre Meinung zuvor beeinflusst. Doch schließlich war Dr. G froh darüber, dass sie ihre Behandlung unter neuen Voraussetzungen wiederaufnehmen konnte. Denn dass sie noch zur Verfügung stand für eine Patientin, die ohne die Erwartung aufgewachsen war, dass irgendjemand für sie da war, war aus Sicht der Patientin etwas ganz Neues. Aus langer Erfahrung hegte sie die unbewusste Erwartung, dass sie und ihr »geschwisterlicher« Ehemann allein bleiben würden. Doch immerhin hoffte sie noch, dass ihr Objekt bei ihrer Rückkehr präsent sein würde. Ihr psychisches System verlangte nach Überprüfung, und die Ärztin musste ihr den plötzlichen Weggang glücklicherweise nicht heimzahlen. Damit konnte das Objekt überleben und von der heimkehrenden Patientin erneut angetroffen werden.

Die Angst eines Arztes vor Homosexualität

Ein Arzt stellte in der Balint-Gruppe einen kürzlich behandelten Fall vor, der ihn perplex gemacht hatte. Er traf unmittelbar vor einem Hausbesuch den

Priester der Gemeinde, der auch sein Patient war. Sie unterhielten sich kurz, und der Priester erzählte enthusiastisch, er werde zu einer Ferienreise ins Ausland aufbrechen. Doch er werde zuvor wegen einer Grippeschutzimpfung in der Praxis vorbeischauen. Da der Arzt den Impfstoff bei sich hatte, schlug Dr. J vor, ihn binnen Kurzem aufzusuchen. Das Angebot wurde erfreut angenommen. Eine Viertelstunde später ging der Arzt zum Haus des Priesters und sah zu seiner Überraschung, dass die Haustür offenstand. Er rief nach seinem Patienten und war nicht wenig überrascht, als der ihm antwortete, er solle hochkommen, er erwarte ihn im Schlafzimmer. Der Arzt war leicht verwirrt, denn er hatte damit gerechnet, den Priester im Wohnzimmer anzutreffen und ihm eine Injektion in den Oberarm zu geben. Seine Unsicherheit wuchs, als er die Treppe hinaufging. Auch die Schlafzimmertür stand offen, und er konnte die rosafarbene Tapete sehen. Beim Betreten des Zimmers stellte er fest, dass der Patient splitternackt mit dem Gesicht nach unten auf seinem rosa Bettzeug lag. Er sagte: »Herr Doktor, geben Sie mir die Spritze in den Hintern.« Dr. J war das extrem peinlich, und er sagte, die Injektion sei für den Oberarm gedacht. Er gab sie ihm dort und floh aus dem Haus. Als er wieder in der Praxis war, hielt seine noch unverarbeitete Verwirrung an. Er war ganz unsicher, was passiert war. Aber ihm war klar, dass die Begegnung ihn verstört hatte.

Die Ärzte in der Gruppe waren amüsiert. Und Dr. J wurde dadurch noch stärker verwirrt. Den anderen war klar, dass der Priester für den Arzt eine Verführung inszeniert hatte, dass er homosexuell war und geplant hatte, die »ärztliche« Behandlung in der klammen Intimität seines rosa Schlafzimmers stattfinden zu lassen – nackt, seinen Hintern darbietend und die Vorstellung einer Injektion ausnutzend. All das schien den Ärzten in der Gruppe sofort deutlich zu sein. Dr. J war darüber perplex und zugleich ebenso verärgert wie verstört. Denn tatsächlich lag die klinische Schwierigkeit weniger im Verhalten des Patienten als in der Reaktion des Arztes. Es war, als fühle er sich durch den Gedanken erniedrigt, selbst homosexuell zu sein, und dies sei allen außer ihm selbst klar. Ich beschwichtigte ihn mit der Bemerkung, man könne die Geschichte doch auch als homosexuellen Angriff auf einen Arzt aus blauem Himmel verstehen. Dann aber wurde er sehr wütend. Denn er sah sein Angebot, dem Priester das Warten in der Praxis zu ersparen, mit Unverständnis und Verachtung beantwortet. Er erwog, dem Priester den Zugang zur Praxis zu untersagen, da er ihn nie wiedersehen wollte. Aber allmählich erkannte er, dass

Vergeltung ein unverständiger Gegenangriff wäre. Die Gruppe entschied, es sei in Zukunft angemessen, alle Konsultationen mit diesem Patienten im Rahmen der Praxis stattfinden zu lassen. Denn häufig erfordert die ärztliche Behandlung klare Grenzen. Im vorliegenden Fall wäre der Patient eher in der Arztpraxis in der Lage, seine sexuelle Erregung zu beherrschen, als in seinem rosafarbenen Schlafzimmer.

Dieses Beispiel veranschaulicht das Problem mit dem Charakter eines Arztes in einem besonderen Augenblick. Dr. J war die Homosexualität seines Patienten nicht bewusst. Auch andere Ärzte mögen keine Kenntnis vom Sexualleben ihrer Patienten besitzen. Aber den Ärzten in der Balint-Gruppe war der Verführungsversuch des Priesters sofort klar – vielleicht weil sie die Geschichte aus der sicheren Distanz von Zuhörern wahrnehmen konnten. Dr. J war das nicht klar. Das mochte an seiner Selbstunsicherheit liegen. Entscheidend war nicht, dass aus dem vorgeblich keuschen Priester ein ganz anderer wurde, sondern dass die psychosexuelle Position des Arztes ihm nicht die Flexibilität gestattete wahrzunehmen, was die anderen Ärzte sofort begriffen. Dr. J verließ die Gruppe mit mehr Verständnis für seinen Patienten, doch auch mit einem Schimmer der Erkenntnis seines privaten Selbst – das ihm implizit enthüllt worden war durch die Erörterung seiner Schwierigkeit, die homosexuelle Inszenierung seines Patienten zu bemerken. Dieser Fall offenbart den unterschiedlichen Gebrauch, den ein Arzt von seinen eigenen Vorurteilen machen kann, sowie die Freiheit, diese Vorurteile zu verstehen, statt sich durch sie bei der klinischen Arbeit beeinträchtigen zu lassen.

Auf einer Ebene des Verstehens zeigte diese Behandlung jedoch einen Priester, der möglicherweise dabei war, seine sexuelle Selbstkontrolle zu verlieren. Die inszenierte Verführung des Arztes konnte dann zu einem späteren Zeitpunkt bearbeitet werden, um herauszufinden, ob dem Patienten bewusst war, dass er in seiner sexuellen Erregung professionelle Grenzen überschritt. In einer Zeit, in der so viele Priester auf diesem Gebiet scheitern, besitzt die hier geschilderte klinische Vignette eine gewisse Schärfe. Denn es geht bei ihr um die Frage, ob der Ausbruch sexueller Begierde zur falschen Zeit und bei der falschen Person in einer späteren Konsultation erörtert werden kann. Der Arzt müsste dann seine Besorgnis über die psychosexuellen Probleme seines Patienten als Priester untersuchen, die durch dessen Inszenierung eines zwanghaften und promiskuösen Verhaltens zutage treten. Dazu bräuchte der Arzt einen gewissen Mut, der sich auf sein eigenes Selbstgefühl und die Kenntnis seiner eigenen Sexualität zu gründen hätte. Der Arzt müsste sich zunächst mit der provozierenden Verführung durch den Patienten identifizieren und dann zu sich selbst zurückkehren, um das Geschehene verarbeiten zu können. Diese psychische Abfolge gleicht der, die ein Psychoanalytiker vorzunehmen hat. Die nächste Konsultation könnte dann ein Ausagieren von Seiten des Priesters in seiner Gemeinde verhindern, die ihm selbst wie anderen schaden würde.

Analytiker machen weder Hausbesuche noch berühren sie ihre Patienten. Zuweilen geben sie ihnen die Hand, und das kann bedeutsame Gefühle in ihnen wachrufen. Denn bei einem Handschlag gibt ein Patient sich dem Analytiker buchstäblich in die Hand. Die privilegierte Position des Arztes beim Hausbesuch, die Atmosphäre, die Farben, Gerüche und Bilder einer Wohnung sinnlich wahrnehmen zu können, verschafft ihm eine tiefe unbewusste Erkenntnis des Anderen. Im vorliegenden Fall brachte der Priester keineswegs die Sorge um sein Sexualleben dem Arzt gegenüber zum Ausdruck, sondern inszenierte sie vor ihm in der Intimsphäre seiner Wohnung. Der Arzt konnte keine Gegeninszenierung vornehmen, der Priester konnte vielmehr seinen Kummer über seine gehemmte Begierde nur in dieser Weise zum Ausdruck bringen. So gesehen könnte die Perplexität von Dr. J so aufgefasst werden, dass der Priester sein Unverständnis der Wirkung seiner Sexualität auf sein übriges Leben auf den Analytiker projiziert. Denn seine Homosexualität ist ein wichtiges Problem in seinem Leben und dieses Problem ist viel komplexer als seine merkwürdige Verführung erkennen lässt. Selbstverständlich hätte Dr. J aus seinem anfänglichen Unverständnis dieses Falls etwas über seine Angst vor seiner eigenen unbewussten Homosexualität lernen können. Ob sie ein Problem darstellte, wäre in einer eigenen Therapie festzustellen.

Es gibt in den Balint-Gruppen großartige Lernmöglichkeiten. Ärzte können lernen, wie Psychoanalytiker denken und über ihre klinische Arbeit sprechen. Wir untersuchen alle verbalen und nicht verbalen Mitteilungen unserer Patienten bis ins kleinste Detail. Wir beachten, was gesagt und was nicht gesagt wird. Psychoanalytiker können von Ärzten lernen, wie sie als Folien verwendet werden, in die Patienten ihre unbewussten Objektbeziehungen eintragen. Sowohl die Wohnungen wie die Körper von Patienten können bei diesen Inszenierungen aktiv werden, und zwar auf eine Weise, die Analytiker wegen der Struktur und Grenzen ihrer Methode eher umweghaft durch Fantasie und freie Assoziation entdecken müssen. Sowohl für Ärzte wie für Analytiker ist das genaue Hinhören auf die komplexen Rhythmen des Psyche-Soma von großer Bedeutung. Ebenso müssen sie auch den kleinsten Details der Beziehung von Therapeut und Patient gleiche und einlässliche Beachtung schenken.[3]

Literatur

Berger, J. (1967): *A Fortunate Man: The Story of a Country Doctor.* London: Allen Lane.

Balint, E./Solomon, J. S. (1973): *Six Minutes for the Patient: Interactions in General Practice Consultations.* London: Tavistock.

Balint, E. (1987): Research, changes and development in Balint Groups. In: *While I'm Here, Doctor: A Study of the Doctor-Patient Relationship.* Ed. by Elder, A./ Samuel, O. London: Tavistock, 95–102.

Balint, M. (1957): *The Doctor, his patient and the Illness.* Now York: International Universities Press.

Balint, M. (1968): *The Basic Fault. Therapeutic Aspects of Regression.* London: Tavistock.

Balint, M./Balint, E. (1961): *Psychotherapeutic Techniques in Medicine.* London: Tavistock.

Campkin, M. (1986): Is there a place for Balint in vocational training? In: *Journal of the Association of Course Organizers* 1, 100–104.

Freud, S. (1912e): Ratschläge für den Arzt bei der psychoanalytischen Behandlung. In: *GW* VIII, 376–387.

Freud, S. (1913): Totem und Tabu. In: *GW* IX, 3–194.

Dr. Jonathan Sklar, Flat 4 33 Priory Terrace, London NW64DG, UK, jonathan.sklar3@gmail.com

Übersetzung aus dem Englischen von Prof. Dr. Klaus Laermann, Duisburgerstr. 7, 10707 Berlin, k-laermann@t-online.de

3 Der vorliegende Text erscheint erstmals in gekürzter Form in deutscher Sprache und wurde ursprünglich veröffentlicht in: Sklar, J. (2017): *Balint Matters. Psychosomatics and the Art of Assessment.* London: Karnac. Reprinted with permission of Karnac.

Feinkörnige Strömungen seelischer Substanzen in der psychoanalytischen Situation? (Teil 2)

Peter Wegner und Claudia Thußbas***

Then a moment passed and all was changed.
Samuel Beckett (*Watt 1953, 83*)

Zusammenfassung

In Teil 1 dieses Forschungsprojekts (Jahrbuch der Psychoanalyse *76, 2018) wurden mit Hilfe von klinischem Material aus der Analyse mit Herrn S sowie der*

* Dr. rer. soc. Dipl.-Psych. Peter Wegner, Psychologischer Psychotherapeut, Psychoanalytiker, Lehranalytiker und Supervisor der deutschen und internationalen Psychoanalytischen Vereinigung (DPV/IPV) sowie Mitglied der psychoanalytischen Arbeitsgemeinschaft Stuttgart/Tübingen. Seit 1995 niedergelassen als Psychoanalytiker in Tübingen. 2000 bis 2006 Leiter des Ausbildungsausschusses in Stuttgart/Tübingen und Mitglied des zentralen Ausbildungsausschusses der DPV. Zahlreiche Veröffentlichungen zur psychoanalytischen Behandlungstechnik (www.drpeterwegner.de). 2001–2005 Mitglied des »Komitees für Veröffentlichungen« (Publication Committee) der IPA, 2006–2008 Vizepräsident und 2008–2012 Präsident der Europäischen Psychoanalytischen Föderation (EPF).

** Dr. phil. Dipl.-Psych. Claudia Thußbas, Psychologische Psychotherapeutin, Psychoanalytikerin, Lehranalytikerin und Supervisorin der deutschen und internationalen Psychoanalytischen Vereinigung (DPV/IPV) sowie Mitglied des Berliner Psychoanalytischen Instituts. Seit 2003 niedergelassen als Psychoanalytikerin in Berlin. Moderatorin der Freien klinischen Gruppen der EPF seit 2008. Superversorin des Studiengangs Organisational Studies der International Psychoanalytic University, Berlin.

vollständigen Darstellung der 103. Sitzung jene mikroprozessualen Beziehungselemente herausgearbeitet, die in einer Serie von Seminaren (2006 bis 2013) nach der Methode Wolfgang Lochs von Joachim F. Danckwardt, Ekkehard Gattig und Peter Wegner generiert werden konnten (vgl. Danckwardt/Schmithüsen/Wegner 2014): »Synchronisierung«, »Selbstwirksamkeit« und »rekombinierende pathologische Selbstorganisation«.

Für den hier vorliegenden Teil 2 wurde dieselbe 103. Sitzung in einem psychoanalytischen Seminar nach Wolfgang Loch Kolleginnen und Kollegen des Karl-Abraham-Institutes der DPV in Berlin vorgestellt und im Sinne der Methode von der Gruppe eingehend diskutiert. Mit Hilfe einer anonymisierten (Teil-)Transkription dieser Seminarsitzung werden Verlauf und Resultate der Diskussion interpretiert und mit den Ergebnissen der Einzelfallstudie aus Teil 1 verglichen.

Aus der Diskussion des »Berliner Seminars« konnte ein neuer »Mikroprozess« der Interaktionen von Patient und Analytiker generiert werden. Dieser Mikroprozess wird in Anlehnung an Jonathan Lear (2002) als »Unterbrechen« (»Break« bzw. »Disruption«) definiert, ausgeführt und theoretisch verortet.

Summary

Fine-grained Mental Substances in the Psychoanalytic Situation? (Part 2)

In Part 1 (Jahrbuch der Psychoanalyse 76, 2018) – using clinical material from Mr S's recent medium-frequency analysis, as well as the complete illustration of the 103rd session – some microprocessual relational elements were excerpted that had been generated in a series of seminars (2006 to 2013) by Joachim F. Danckwardt, Ekkehard Gattig and Peter Wegner: ›synchronisation‹, ›self-efficacy‹ and ›recombining pathological self-organisation‹ (cf. Danckwardt/Schmithüsen/Wegner 2014).

For Part 2 of this paper, the same 103rd session with Mr S was presented in a psychoanalytic seminar to colleagues from the Karl-Abraham-Institute of the German Psychoanalytical Association (DPV) in Berlin and was discussed in detail by the group in terms of the Wolfgang Loch method. Using an anonymised (part-)transcript from this seminar session, the progress and results of the *discussion are interpreted and compared with the results of the individual case study in Part 1.*

It was also possible to generate from the discussion of the ›Berlin seminar‹ a further ›micro-process‹ of the patient–analyst interactions and, with reference to Jonathan Lear (2002), to define this as ›break‹ or ›disruption‹ (›Unterbrechen‹). The paper concludes with a few considerations on treatment technique, and an epilogue that gives some information about the subsequent fate of Mr S, the patient whose case was presented.

1. Auswertung einer Gruppendiskussion

1.1 Einführung

Dass spezifische Gruppenkonstellationen nicht nur als »Manifestationsort pathologischer Beziehungsmuster« (Loch 1969, 146) im Sinne von Diagnostik und Therapie bzw. Super- und Intervisionsarbeit hilfreich sein, sondern auch als Forschungsinstrument zur Beobachtung mikroprozessualer Interaktionen zwischen Analytiker und Patient dienen können, hat nicht nur Wolfgang Loch (1995) nahegelegt. Aber er war einer der Ersten, der diese Möglichkeiten in der Nachfolge von Michael Balint aufgegriffen und untersucht hat.

Wie in Teil 1 dieser Arbeit bereits dargestellt (Wegner 2018), konnten wir in Seminargruppen nach dem Vorbild Wolfgang Lochs eine Reihe von »Mikroprozessen« generieren, die zum Verständnis der jeweiligen Psychodynamik und behandlungstechnischer Fragestellungen beitragen konnten. Diese Mikroprozesse sind: »Synchronisierung«, »Selbstwirksamkeit« und »rekombinierende pathologische Selbstorganisation«.

Am Beispiel der Psychoanalyse von Herrn S und mit Hilfe seiner detailliert dargestellten 103. Sitzung wurden diese Mikroprozesse im Teil 1 dieses Forschungsprojekts demonstriert. Im Besonderen ging es in dieser Behandlung um die Schwierigkeit beim Zuhören nicht abzudriften, richtige Worte für Deutungen zu finden, um Sprachlosigkeit und innere Abwesenheit überwinden zu können. Neben der sich wiederholenden irritierenden Gegenübertragung des Abdriftens während des Sprechens des Patienten, zeigte die Tatsache, dass Herr S jeweils über eine Stunde vor seiner Sitzung vor dem Haus einparkte sowie die »kumulative Anfangsszene« (Wegner 2006, 31–35) eines in meinen

Behandlungsraum schießenden »Schlüsselkindes«, dass eine »Synchronisierung« zwischen dem Patienten und dem Analytiker kaum möglich war. Seine »Selbstwirksamkeit« zwischen den drei Wochenstunden blieb eine Ausnahme. Dass Herr S zu einer wuchernden »rekombinierenden pathologischen Selbstorganisation« neigte, brachte er selbst in der 103. Sitzung insofern auf den Begriff, als er beschrieb, wie er die Zeit zwischen zwei Analysesitzungen totschlug. Dadurch wurde in dieser Stunde etwas besonders deutlich, was mich von Anfang an beschäftigte: Herr S hätte dringend eine höhere Behandlungsfrequenz gebraucht, weil seine ihn überwältigende innere Verfassung ihn zwischen den Sitzungen bzw. während der langen Pausen immer wieder zu sehr speziellen Abwehrformen zwang, die seine erfahrungsverbundene Introspektionsfähigkeit nahezu auslöschte. Zusammenfassend endeten die Überlegungen zum Stand seiner Entwicklung zum Zeitpunkt der 103. Sitzung so:

> In der Tat redet, denkt und nimmt Herr S grobkörnig wahr. Aber sein zusätzlich eingerichtetes Setting zum Schreiben (ein Leben als Schriftsteller als Gegenentwurf für sein ›bisher gescheitertes tatsächliches Leben‹) ist eine permanente Quelle für Weiterentwicklung und ›Selbstwirksamkeit‹. Mich haben seine dazu unternommenen Anstrengungen beeindruckt. Er schreibt wirklich gegen das Tot Sein an, bleibt aber dabei, nur auf einer neuen Ebene, in rasendem Stillstand. In der dualen Situation ist es die zur Verfügung stehende Zeit, die feinkörnige Töne entstehen lässt. Es ist die Zeit, die die Tonlage und die Stimmungen verfeinert, zerlegt und neu kreiert. (Wegner 2018, 190)

Es entstand dann die Idee, die 103. Sitzung in einem Seminar vorzustellen und diskutieren zu lassen, um so erstmalig eine psychoanalytische Einzelfallanalyse mit den Ergebnissen einer Gruppendiskussion zu vergleichen. Ziel der folgenden Arbeit soll sein, die Ergebnisse der klinischen Gruppendiskussion über die 103. Stunde herauszuarbeiten, mit der Einzelfallstudie zu vergleichen und die Ergebnisse in einen theoretischen Rahmen einzubinden.

1.2 Methodisches Vorgehen: Das ›Berliner Seminar‹ zur 103. Sitzung mit Herrn S

Nachdem Teil 1 dieses Projektes fertig geschrieben, aber noch nicht veröffentlicht war, konnten wir die Einladung für ein Sonderseminar in Berlin verschicken.[1] Es war für einen Samstag geplant, musste aber wegen eines Todesfalles kurzfristig auf den folgenden Sonntag verschoben werden.[2] Die gesamte Sitzung wurde aufgenommen und später transkribiert.

Die Diskussionsgruppe setzte sich zusammen aus elf Berliner Kolleginnen und Kollegen und dem vorstellendem Psychoanalytiker. Die Moderation der Sitzung wurde von einer Kollegin übernommen. Eine andere Kollegin fungierte als passive Gruppenbeobachterin, weil sie an der Entwicklung des Projektes beteiligt war, weshalb sie hier auch als Zweitautorin vertreten ist.[3] Beide Kolleginnen arbeiten seit Jahren als Moderatoren der *Free Clinical Groups* auf den Jahrestagungen der EPF und haben nicht zuletzt deshalb entsprechend viel Erfahrung mit der Methode.

Die Vorstellung der 103. Stunde in der Gruppe erfolgte nach der von Wolfgang Loch vorgeschlagenen Methode: Der Analytiker stellt zunächst den Anfang der Stunde bis zur ersten, aber noch nicht vorgetragenen Intervention vor. Dieses Material wird in einer ersten Diskussionsrunde von der Gruppe bearbeitet. Der vorstellende Analytiker beteiligt sich nicht an der Diskussion.

Die erste Diskussionsrunde des Berliner Seminars dauerte eine knappe Stunde. Die zweite Diskussionsrunde, die eine weitere halbe Stunde einnahm, erfolgte erst vor der dritten Intervention in der Stunde. Dieses Vorgehen wurde gewählt, weil meine zweite Intervention eine Wiederholung der ersten darstellte, während die dritte Intervention einen zentralen neuen Zusammenhang aufgriff. Über dieses Vorgehen wurden beide Moderatorinnen vorher informiert.

1 Ich danke den Teilnehmenden des Berliner Seminars ganz herzlich: Christoph Eissing, Anna Gätjen-Rund, Dara du Guerny, Amelie Klambeck, Susanne Kitlischko, Christiane Krellner, Salwa Meier, Tülay Özbek, Simone Ross sowie Claudia Thußbas (Gruppenbeobachtung) und Dorothee von Tippelskirch-Eissing (Moderation).

2 Die notwendige Verschiebung des Seminars wegen eines Todesfalles sei deshalb erwähnt, weil die meisten Teilnehmenden den Verstorbenen persönlich kannten und die Gestimmtheit am Beginn des Seminars durch dieses traurige und bestürzende Ereignis mitgeprägt schien.

3 Die Gruppenbeobachterin hatte auch die Aufgabe, bei der Transkription der Gruppendiskussion fehlerhafte Zuordnungen der Diskussionsbeiträge zu den entsprechenden Personen herauszufinden.

Nach einer Begrüßung sowie einer kurzen Einführung in den Ablauf der Sitzung bzw. der Methode ohne Verweis auf das spezifische Forschungsinteresse begann die Vorstellung der Stunde. Das Seminar dauerte insgesamt drei Stunden. Transkribiert wurden knapp zwei Stunden, bis auf die Begrüßung und Einführung durch die Moderatorinnen [0:00:00–0:06:32] und die allgemeine Abschlussdiskussion nach einer etwa halbstündigen Pause [0:00:00– 0:29:15].

Im folgenden Ergebnisteil wird die Gruppendiskussion zusammengefasst. Für die bessere Nachvollziehbarkeit wird den beiden Gruppendiskussionsrunden das jeweils präsentierte Stundenmaterial vorangestellt. Die zeitliche Dauer der einzelnen Abschnitte ist jeweils hinter den Überschriften notiert.[4]

2. Material und Ergebnisse der Gruppendiskussion

2.1 Beginn der 103. Analysestunde bis zur bevorstehenden ersten Intervention des Analytikers [0:06:33–0:09:23]

[A: Männlicher Patient, um die 50 Jahre. Kaum öffne ich die Tür, verlässt er die intensive Betrachtung eines der Bilder im Flur und saust auf mich zu. Der Mund öffnet sich zu einem Schnapper, die Schlüssel am Band klappern hell. Herr S beginnt schnell zu sprechen, als hielte er einen Vortrag unter Zeitnot. Ich höre ihm vermeintlich zu, bewege mich innerlich aber weg, obwohl ich registriere: Er teilt Wichtiges mit.]

S: Im Anschluss an unsere letzte Sitzung, wo es um meine Schwierigkeit ging, sich für etwas zu entscheiden, habe ich etwas Ungewöhnliches gemacht, was ich schon lange nicht gemacht habe. Als ich wieder zurück war, hatte ich keine Lust zu schreiben. Ich wollte bewusst Zeit totschlagen mit einem Computerspiel. Also … ich habe mich entschieden … das mache ich jetzt bewusst. Ich hab dann ein Spiel rausgeholt. »Civilization«. Ein Uraltklassiker. Meine alte Version lief nicht mehr, und ich musste zuerst eine neue Version downloaden. Dann hab ich ein paar Stunden gespielt … ziemlich lange … bis 4 Uhr

4 Aus Platzgründen kann hier nicht die gesamte Diskussion notiert werden. Interessierte können die vollständige Transkription der Darstellung der 103. Sitzung und der Gruppendiskussion im Internet lesen oder herunterladen auf www.drpe-ter-weg-ner.de und dort unter /Texte/ und dann /›Berliner Seminar‹: Vollständige Transkription der Diskussion zur 103. Sitzung mit Herrn S vom 19.03.2017/.

heute Morgen. Da hab ich dann Schluss gemacht, weil ich dachte, wenn ich weiter mache, wird es nichts mit unserer Sitzung …

Ich muss gestehen, es war als ob ich die ganze Nacht durchgesoffen hätte. Ein Katergefühl, Kopfweh … obwohl ich nichts getrunken habe. Der Punkt ist, ich finde das noch nicht mal schlecht. Wie ein Kind das unbedingt Zigaretten rauchen will … Es war auch eine Art Zeitreise für mich … in die Zeit mit Stephanie. Da habe ich das häufig gemacht … Ich bereue es nicht … ich wollte das Gefühl einfach noch mal erleben. Es ist ja eine reine Zeitverbrennung und es bleibt ja nichts übrig …

[A: *Er führt das in Wiederholungen immer wieder neu aus. Zwischenrein versuche ich etwas zu sagen … ich bemerke, dass ich Gefahr laufe wegzudriften … dann sage ich …]*

2.2 Die erste Diskussionsrunde [0:09:24 – 1:11:40]

Die Diskussion greift initial das Wegdriften, eine Gegenübertragungsmitteilung des Analytikers auf und verbindet sie mit der Anfangsszene.

So lautet der erste Diskussionsbeitrag von T5:

> Also ich bin damit beschäftigt … mit dem Wegdriften… und da komme ich gar nicht von weg … Und das hat Dich ja dazu veranlasst etwas zu sagen … und das führt mich zurück an den Beginn Eurer Begegnung … da war schon einmal sowas … daran kann ich mich aber nicht so genau erinnern … Aber was ich in Erinnerung habe, ist eine Bewegung weg von dem Patienten. … Ich sehe das wie eine Art Spannungsbogen. Das habe ich in Erinnerung aus der nonverbalen Zeit Eurer kurzen Begegnung. Da stand er ja im Flur und hat sich ein Bild angeguckt und dann hast Du die Tür geöffnet … Du hast dann das ja genau beobachtet … da war auch die innere Beobachtung des sich Entfernens … und ich sehe da so einen Bogen … bis zu diesem … ich hatte Angst … hm … was war das? Mich zu verlieren?

T8 ergänzt diese Beobachtung, indem ihr eigenes inneres Wegdriften beschrieben und mit dem inneren Zustand des Patienten in Zusammenhang gebracht wird:

> Also dass ich Mühe hatte … dran zu bleiben … selber so … dem zu folgen. Wie hieß das Spiel nochmal? So! Hab ich vergessen! Ich hatte wirklich große Mühe …

> musste mich konzentrieren … hatte das Gefühl Fokus halten zu müssen und es ist mir nicht ganz gelungen … Also es sind Dinge abhandengekommen. Und … hab dann an den Patienten gedacht … der mit seinem Computerspiel die Zeit verbrennt … und… an sich ja nicht dran bleiben kann. Also er driftet dann von sich weg … im Spiel … im Spielen. Und das scheint ja etwas Zentrales des Patienten zu sein … und es klingt ja auch so an, dass er es mit Süchten zu tun hat … Alkohol … hat er nicht getrunken, hat aber gespielt.

Der Begriff des »Schlüsselkindes« wird in vielen weiteren Kommentaren verwendet und sozusagen wie in einem Feuerwerk der Assoziationen von Kommentar zu Kommentar weitergereicht. Es wird damit eine konfliktreiche Primärobjektbeziehung konstruiert, die auch in der Übertragungs- und Gegenübertragungsbeziehung der Anfangsszene verortet ist (T2) und zwischen den Beteiligten als »Wegdriften« auf der einen Seite sowie »Schnappen und das Objekt »Packen« wollen auf der anderen Seite auf den Begriff gebracht wird (T7).

Weiterhin wird Herr S verstanden als »abhängiges Schlüsselkind« mit »unbefriedigten Bedürfnissen«, die es »als Symbol seiner Selbstständigkeit« äußerlich vor sich her trägt, die es aber noch gar nicht hat (T5).

Die schnelle assoziative Weitergabe des Begriffes vom Schlüsselkind wird mit einem Kommentar von T4 unterbrochen, der inhaltlich das »Stoppen« des Patienten aufgreift. T4 sagt:

> Er [der Pat.] hat da etwas gestoppt, so tauchte es eben auf … Er hat geschafft etwas zu stoppen! Aber die Drohung, sonst hätte ich es nämlich gar nicht geschafft [in die Stunde zu kommen], die steht ja trotzdem im Raum.

Hier wird ein Auf-Distanz-Gehen oder Anhalten der Bezogenheit in der Stunde formuliert, die sich in der Gruppe formal wie ein Bremsen oder Stoppen äußert. Zwar folgen in den Gruppenassoziationen schnell das dazugehörige »schlechte Gewissen« (T9) sowie »Schuld« und »Schuldangst« (T2). Die Gruppendiskussion wird aber zunehmend von Überlegungen zu Affekten unterfüttert: Es geht um »sich rechtfertigen« und »trotziges Beharren« bzw. eine vermutete »aggressive Fantasie«. Dies ist verbunden mit der Frage, ob der Analytiker »da rein gehen« oder »wegdriften« wird (T4). Und T5 stellt die Frage nach dem Widerspruch zwischen dem »intellektuellen Feuerwerk« und dem »basalen Verschwinden« des Vertrauens des Patienten bzw. seiner Überlebensfähigkeit in der Welt. Dann wird ein Element der Anfangsszene, nämlich

»in den Raum schießen«, auch als ambivalenter Ausdruck eines Wunsches nach »Tod schießen« interpretiert (T4). Schließlich wird hervorgehoben, dass es zwischen Patient und Analytiker »keine wirkliche Begegnung« gibt und dass der Patient »keinen Austausch kennt« (T7).

Die Moderatorin fragt dann erstmals nach Deutungsoptionen aus der Gruppe. Die Gruppe entwickelt nun neun explizite und zwei implizite Deutungen, die zwei Schwerpunkte haben. Einerseits beziehen sie sich auf die ängstliche Ambivalenz »Angst um und vor der Stunde« und »Trotz gegen den Analytiker« (T2, T4, T8, T6), also Verlieren und/oder Halten der analytischen Beziehung bzw. »zwei innere Katastrophen im Patienten« (T1, T3) und andererseits münden sie in den Versuch, einen zentralen Affekt (»Traurigkeit«, die »unerträgliche Nacht«, das »Warten müssen vernichten«) zu benennen (M1, T4).

Während der Bemühungen um Deutungen entfernt sich die Diskussion mehr und mehr von objektbezogenen Hypothesen und Annahmen. Die vorhandenen Überlegungen zu den Affekten in der Stunde werden verstärkt durchzogen von sensorisch-körperbezogenen Assoziationen oder Kommentaren, die direkt eine körperliche Befindlichkeit verbalisieren.

Dazu T3:

> Ich hätte die Frage bei dem Patienten ob, wenn man ein Gefühl formuliert, es für den Patienten quasi Unsinn ist … also er es nicht empfindet … oder wenn er es empfindet … es ihm solche Angst macht sozusagen, dass er es nicht… also … verwenden könnte … oder aufnehmen … oder irgendwie mitschwingen oder irgendwie sowas … könnte … Und dass das bei dem körperlichen Empfinden, vielleicht sowas wie frieren …anders sein könnte … er aber das Erlebnis haben könnte, dass er verstanden wurde. Was verhindert werden könnte, darüber, wenn man ein Gefühl formuliert, wo man sogar etwas trifft, aber er es gar nicht schwingen lassen kann, weil … dann in ihn reingeschossen wird … wenn das passiert … Und ich könnte mir vorstellen, dass er sich nicht beschossen fühlt, wenn man ihm Vegetatives sagt … dazu …

Diese und ähnliche Bemerkungen werden von unmittelbaren sensorischen Bemerkungen in der Gruppe begleitet wie dem »Frieren« oder dem »flauen Magen«, die, in der Hoffnung damit den Patienten via Gegenübertragungsgefühl aus der Gruppe zu verstehen von verschiedenen Teilnehmenden (T3, T1, T8, T5) eingebracht werden. In Gegensatz zum »Frieren« wird das »Zeitverbrennen« und die damit verbundene »Hitze« (T4, T5, T9) gesetzt. Die Deutungsversuche scheinen in der Tat überaus konsistent um die Art und Weise des ›auf Distanzgehens‹ zu kreisen bzw. die dafür notwendigen Bedingungen und Ursachen.

Die Diskussion dieses Abschnittes endet mit dem Hinweis der Moderatorin, dass es um die fragile Kontaktfähigkeit von Herrn S bzw. zwischen Herrn S und dem Analytiker gehe und dass es weiterhin »sozusagen keinen Vater« gebe. Man könnte von der Annahme einer katastrophalen Primärobjektbeziehung und einem abwesenden bzw. insuffizienten Dritten sprechen. In einigen Elementen ist die Gruppe voraus, z.B. in der Konstruktion einer somatischen Dimension, die in der Formulierung vom »Frieren« gipfelt und die somatischen Störungsanteile integriert.

Von M2 wird dieser erste Diskussionsabschnitt wie eine Art Wirbelsturm beschrieben, eine schnell anschließende Kreisbewegung von Assoziationen, die abschnittweise in Höchstgeschwindigkeit aufeinander Bezug nehmen, jedoch um eine unausgesprochene Stille zu kreisen scheinen, die manchmal in gegenzyklischen Kommentaren wie dem vom Stoppen, in kurzem Schweigen oder in plötzlich auftretenden Körpersensationen (Frieren) in der Gruppe schemenhaft Gestalt annehmen.

2.3 Die erste Intervention des Analytikers und Stundenverlauf bis zur bevorstehenden dritten Intervention [1:11:41 – 1:21:49]

A: *[Nach der beschriebenen inneren Beschäftigung, sage ich dann:]* »Sie haben sich einfach abgeschaltet«

S: Genau … usw. Ich habe eine Pause gebraucht, von den Stimmen in meinem Kopf … herrscht im Moment ein ziemliches Chaos … viele Erinnerungen kommen hoch … und indem wir das aufarbeiten … kommen viele Gefühle. Wie geht es mit dem Schreiben weiter? Es ist wie im Parlament, alle diskutieren wild durcheinander … und das ist anstrengend. Ich bin jetzt in einer Phase, wo der autokratische Deckel weg ist, die Diktatur, die jahrzehntelang geherrscht hat. Aber es gibt noch kein Procedere wie die neue Freiheit ausschaut … aber das Spielen hat mich entlastet. Lustig ist, dass es gerade dieses Spiel war …

[A: Er erklärt weitläufig die Spielidee und die Aufgaben … Etablierung einer neuen Gesellschaft, beginnend im Mittelalter … bis man mit einer Rakete nach Zenturie fliegen kann.]

S: Im Prinzip simuliert das Spiel, mit einer vorgegebenen Ordnung, mein Leben, indem ich aber jetzt gar keine Ordnung habe … Der Weg durch meine persönliche Geschichte ist ja noch total offen. Ich erinnere mich auch an verschiedenste Beziehungen und Begegnungen und dabei steht alles auf dem Prüfstand … Wie stehe ich zum damaligen Leben und was bedeutet es jetzt für mich? Was bin ich jetzt, wo stehe ich? Ich bin jetzt anders, aber es ist noch nicht ausgeformt … Mein Blick ist ein ganz anderer geworden …

[A: Er erklärt das an einem Beispiel, Besuche mit Stephanie auf Flohmärkten. Später funktionierte es nicht mehr. Das Vertrauen war weg. Und die Wiederholung war nur bizarr. Die Zeit war nicht mehr zurückzudrehen.]

S: Bei mir ist es jetzt so … das alte Leben ist zu Ende, aber das neue ist noch nicht ausgeformt. Ich fühl mich jetzt noch unfertig. Vieles ist im Fluss und Land ist nicht in Sicht. Das Neue funktioniert noch nicht … Früher hab ich das ja so gemacht. Neue Freundin, neuer Ort und neuer Job … ok ich mach weiter wie bisher … alles happy! Aber das hat ja nur scheinbar funktioniert, wie ich erst jetzt bemerke … heimlich ist alles beim Alten geblieben … Die letzten 50 Jahre sind abgeschlossen, aber wo geht es hin? Es gibt eine neue Freiheit … aber … Ich bin jetzt wie Osteuropa nach 1989 …

A: Eine neue Form zu finden für die Freiheit.

S: Genau … darum geht es im Prinzip … eine Form zu finden für die Freiheit … ohne sie erneut einzuschränken … sichern und bewahren …
Eigentlich ist es ja auch eine ganz ungeheuerliche Entwicklung … Wenn ich mit einer Zeitmaschine zu einem Punkt zurückkehren könnte, ich wollte es nicht. Diese Unfreiheit und Beengung möchte ich nie wieder erleben … mein bisheriges Leben möchte ich bestimmt nicht wieder leben … es gab auch Gutes, aber ich würde es nicht als lebenswert bezeichnen …
Vor ein paar Tagen habe ich die Lektüre des gruseligsten Buches was ich je

gelesen habe abgeschlossen. Gar keine Horrorgeschichte, sondern eine Mao Biographie einer chinesischen Autorin.

[A: Er fasst den Inhalt zusammen: Es ist ein einziger Albtraum, die Säuberungen, der Parteiterror usw. Alles in allem hat der »gute Mao« 17 Millionen Menschen auf dem Gewissen ... Eine Gesellschaft, die laufend in extreme Grausamkeiten verfällt. Die Verantwortlichen schauen einfach zu ... ein einziger Horror ... usw.]

S: Das Buch endet nach fast 900 Seiten mit Maos Tod. Auch er endet, körperlich zerfallen. Was für ein Leben war das? Ein Leben, das nur Schmerz in diese Welt gebracht hat? Aber alle sterben zum Schluss. Mutter Theresa, Dr. Mengele oder irgendein Heiliger.
Ich habe keine 17 Millionen auf dem Gewissen, aber ich habe mein Leben auf dem Gewissen. Das ist schlimm genug! Das macht mir sehr zu schaffen. Es gibt auch andere Seiten, aber der größte Teil meines Lebens ist ein bisschen so, wie Maos China, von Zwängen bestimmt, von Ängsten, von Terror ... es war eine verlorene Zeit.
Erst jetzt fühle ich mich frei, jetzt ist der Druck weg ... Davor war es kein gutes Leben ... und ich kann mich an nichts festhalten, ich habe kein Mittel gegen Krebs erfunden oder konnte mich nicht für etwas begeistern ... nö ist nicht! Ich kann nicht stolz sein, ich habe nichts zu hinterlassen ... Um etwas zu schaffen, bräuchte man ja mindestens einen Platz im Leben. Den hatte ich bisher nicht. Ich bin ja nur 50 Jahre durchs Leben gestolpert, von einer blinden Improvisation in die nächste ... usw.

[A: Er kommt zurück auf die vielen Computerspiele, mit denen er endlos Zeit verschwendet hat. Es sei ein »Surrogat« für das wirkliche Leben gewesen.]

S: Ich war ein Niemand ... wie »Schrödingers Katze« ...

[A: Er erklärt mir ausführlich das Gedankenexperiment des Physikers Schrödinger, »Schrödingers Katze«, welches zum Ausdruck bringt, dass man erst,

wenn man »in die verschlossene Kiste schaut, wissen kann, ob die Katze vergast ist oder noch lebt«.][5]

S: Auch an mir konnte man von außen nicht erkennen, ob ich in Wirklichkeit tot oder lebendig war.
Erst langsam entwickelt sich ein Gefühl für mich selber. Ich bilde Grenzen zwischen mir und den anderen. In meiner Kindheit konnte ich das gar nicht. Da waren ja die Eltern mein ganzes Universum, und ich konnte mich nicht getrennt von denen sehen. Aus meiner Kinderperspektive konnte ich nicht sagen, meine Eltern sind krank, das bin nicht ich … Ich habe ja meinen Vater, der tote Vögel kämmt, für völlig normal gehalten … die ganze toxische Atmosphäre war für mich normal … Erst jetzt gelingt es mir langsam, Grenzen zu ziehen … Was hätte ich als Kind tun sollen? Selbst fliehen konnte ich nicht … Ich war in einem Zustand, dass das Leben schlicht unangenehm war … aber auch nicht absolut unerträglich … eine merkwürdige Falle.

2.4 Zweite Diskussionsrunde der Gruppe [1:21:50–1:52:59]

Die zweite Diskussionsrunde beginnt mit einem langen Schweigen, das sich formal wie eine unbewusste Gegenbewegung zum feuerwerksartigen Assoziationsfluss des Patienten im mittleren Teil der Stunde einstellt. Das quälende, pseudokreative Sprechen des Patienten wird in der Gruppe realisiert und untersucht.

T5 meint:

> […] es gibt ja eine Produktivität und eine Produktivität … also eine Produktivität die produziert, produziert, produziert … und produziert … und hm … und eine … sagen wir mal … echte Produktivität … wo was bei rauskommt.

Und T1 ergänzt:

5 »Bei »Schrödingers Katze« handelt es sich um ein Gedankenexperiment der Physik, das 1935 von Erwin Schrödinger vorgeschlagen wurde (WIKIPEDIA, 10.01.2017, 14:00 Uhr). Weitere Hinweise finden sich in Wegner 2018, 186, Fußnote 5.

> Ich hab jetzt beim Zuhören gedacht … für mich wurde noch einmal so deutlich, dass es eben keinen Raum gibt … Ehm … es gibt keinen Raum, in dem man einander begegnen kann … es gibt keinen Raum, in dem man denken kann … fühlen kann … es gibt keinen Raum … zusammen sein ist genauso schlimm wie getrennt sein … Es ist alles irgendwie gleich. Horror, Terror … Ich weiß nicht, ob ich Dich richtig verstanden habe … es ist ein Produzieren im Sinne von nichts zu sagen.

Zugespitzt wird jetzt vermutet, dass es »keinen Raum gibt, in dem man denken und fühlen kann … zusammen sein ist genauso schlimm wie getrennt sein« (T1). Besonders schlimm sei, dass der Patient ein »Zombie« ist, der sich im Prozess zu morden« (T3) und nur »in einer Art destruktiven Narzissmus« befindet, eine »hoch paranoide und schizoide Welt« (T4). Daneben wird eine »hoffnungsvollere« Position formuliert, mit dem Ausgangspunkt »die Freiheit braucht eine neue Form« (T1). Irgendetwas scheint sich zumindest in einem Zwischenstadium zu befinden.

Dazu formuliert T7:

> Mir ging die ganze Zeit ein Zitat von einem italienischen Philosophen durch den Kopf … Antonio Gramsci. Der hat geschrieben: ›Das Alte ist tot und das Neue kann noch nicht geboren werden.‹ Und ich finde, dass ist diese Zustandsbeschreibung gerade und das finde ich eigentlich auch ganz positiv … weil … das ist das … was jetzt da ist.

Vermutungen werden aufgestellt, ob gerade die »narzisstische Abwehr« zusammenbricht (T2) und ob der Patient seine Schuld, alles »kaputt gemacht« zu haben, zulassen kann oder er gerade noch »nicht trauern und anerkennen« (T2) kann. Es folgt die Überlegung: »Schrecken ist die erste Erscheinung des Neuen« oder ist alles »scheißegal … im Universum der Perversion« (T9)? Und dann die Frage: » … ob es auch lebendige Objekte gibt … mit denen man Kontakte knüpfen kann« (T5)?

Es folgt eine kurze Phase, in der die Gruppe erstmals durcheinander spricht, irgendwie unter Druck gerät, aber schließlich das Unaufhaltbare auf den Begriff bringt und damit die spezielle Abwehr herleitet.

T3 sagt schließlich:

Da ist … der Schmerz … dass alles tot … alles nichts mehr wert ist … das ganze Leben …

An diesem Punkt erfasst die Gruppe umfänglich die katastrophale Verfassung des Patienten, die hohe Dramatik seiner unbewussten Konflikte und die Intensität seiner narzisstischen Wut.

Tatsächlich ist ein Zeitdruck entstanden und die Gruppe wirkt jetzt erschöpft und etwas unkonzentriert. Der zeitlich abgesteckte Rahmen der Gruppendiskussion erzeugt ebenfalls Druck. M1 stellt die Frage nach der vermutlichen Dauer und Frequenz der Behandlung. Klar wird formuliert, dass eine Frequenz von fünf Wochenstunden, mindestens aber vier Wochenstunden, notwendig und wünschenswert wären (T5, T4). Schließlich fokussiert ein Beitrag auf eine vermutlich dreistündige Frequenz und eine eher kurze bisherige Dauer (T8), was der Realität sehr nahekommt. Insgesamt hatte die Gruppe keine wirkliche Idee entwickelt, wie jung diese Behandlung im Grunde genommen noch ist. Vermutlich weil der Bericht die intensive Präsenz von Herrn S darstellen konnte, bei gleichzeitig gewaltsamer Bemühung um Distanz. Immerhin vermutete ein Teilnehmer, dass es sich um ein Erstinterview handeln könnte (T5), was als Einfall betrachtet, auf eine besonders negative Sicht auf den bisherigen Verlauf bzw. auf das rohe narzisstische Agieren verweisen würde.

2.5 Die dritte Intervention des Analytikers und Stundenverlauf bis zum Ende der Sitzung [1:53:00–1:59:51]

A: Ich möchte ein Element aufgreifen … Bei Ihrer gestrigen Entscheidung sich abzuschalten und Computer zu spielen, haben Sie etwas Bestimmtes gewählt, nämlich ein unbestimmtes Projekt, ganz alleine auf die Spitze zu treiben … irgendwohin … ganz alleine! Und wenn man die Frage in Erinnerung bringt, wie finden Sie eine Form für die neue Freiheit, könnte man fragen: Wie geht das ganz alleine?

S: Absolut richtig. Ein wichtiger Punkt. Das habe ich jetzt auch bemerkt. Es geht nicht alleine, dafür braucht man die anderen … Genau … alleine geht das nicht. Indem ich dieses Muster auf die Spitze treibe, wiederhole ich ja die alten Muster … es immer wieder ganz alleine zu versuchen … Aber es hat ja nicht funktioniert. Es ist ja so wichtig, es mit anderen zu probieren. Dass ich jetzt bei Ihnen bin, zeigt ja, dass der Gottkomplex »Ich mache alles alleine« nicht funktioniert hat …

A: Ja… aber das ist noch keine Antwort auf die anstrengende Frage, wie geht es zusammen mit anderen?

S: Das weiß ich ja gerade noch nicht. Das ist ja mein Problem. Keine Ahnung. Naja, ich versuche es, z. B. wenn ich einen Text fertig gestellt habe, dann habe ich Probeleser. Denen gebe ich den Text und frage sie, wie sie den finden. Und die melden sich dann auch hoffentlich. Also, ich suche schon den Kontakt nach Außen …

A: Und es kommt etwas zurück von Ihren Probelesern?

S: Teils, teils … Da muss ich mich noch gewöhnen. Teilweise ist die Resonanz ausführlich und gut, aber teilweise melden die sich gar nicht. Und dann denke ich »Verdammt noch mal«. Du musst Dir offensichtlich andere Probeleser suchen … Wenn ich viel Resonanz bekomme, fühle ich mich happy und kann auch Dinge umsetzen. Wenn ich gar nichts höre, ist es wie damals als ich klein war. Aua, ganz allein! Ich kann die Leute ja nicht zwingen … Vielleicht ist aber auch die Geschichte nicht gut genug und die Leute langweilen sich und antworten deshalb nicht …

[A: Dann kommt heraus, dass er im Moment nur zwei Probeleser hat. Eine einzige, ebenfalls schreibende Freundin, hat sich schnell gemeldet. Die andere hat sich nicht gemeldet. Vier weiteren »potentiellen Lesern« hat er noch keinen Text geschickt. Ich bin überrascht, wie ungenau die Worte seine tatsächliche Realität abbilden].

A: Wir müssen uns für heute …

S: Oh … schon wieder rum? Dann bis …

3. ›Unterbrechen‹: Ein Vergleich von Einzeluntersuchung (Teil 1) und Gruppendiskussion im »Berliner Seminar« (Teil 2)

In der psychoanalytischen Einzelfallstudie (Teil 1) fällt auf, wie sehr die mangelnde Synchronisierungsfähigkeit von Patient und Analytiker in den Fokus gerät. Aber auch die »Wucherungen« zwischen den Sitzungen und während einer viertätigen Unterbrechung der Behandlung, verbunden mit der seelisch belastenden Ab- und Anreise ins bzw. vom Ausland. Die Gruppendiskussion hat sich demgegenüber verstärkt auf die spezifische Abwehr des Patienten *innerhalb* der Sitzung eingestellt und versucht, deren Einzelheiten immer besser zu buchstabieren. Dabei wird sowohl die Intensität des Erlebens gesteigert als auch die Dramatik der Übertragungs- und Gegenübertragungsdynamik erfasst und verdeutlicht.

Im Unterschied zur Einzelfallstudie wird nicht die *Abwesenheit* von Synchronisierung und Selbstwirksamkeit betont, sondern die *Anwesenheit* von auf Distanz gehen, Kontaktlosigkeit, toten Objektbeziehungen, mörderischen Impulsen, Pseudokreativität im Assoziationsprozess und von aktiven Formen – gezielt oder ungezielt – *Unterbrechungen von Erfahrungszuständen* herzustellen bzw. rekombinierende pathologische Selbstorganisationen zwischen den Stunden zu realisieren. Damit realisiert die Gruppe etwas, was sich in der Einzeluntersuchung zwar ahnungsweise eingestellt hat, in der Gruppenarbeit aber erst denk- und formulierbar geworden ist: die Idee von einem weiteren Mikroprozess, der notwendig ist, um das Mikrobeziehungsgeflecht bzw. die feinkörnigen Strömungen zwischen Patient und Analytiker ausreichend stimmig abbilden zu können (vgl. Wegner 2018, 176f.). Wir werden diesen Mikroprozess in Anlehnung an Lear (2002) *»Break«* nennen.

In Freuds berühmter Fallgeschichte vom Rattenmann (Freud 1909) kulminieren im Behandlungsprozess die klinisch-theoretischen Vorbedingungen zur Auflösung der »Rattenvorstellung« (Freud 1909, 429) in einem Agieren, welches häufig überlesen wird. Lear (2002) hat diese Momente in einem nicht weniger beeindruckenden *Essay on Phantasy and emotional Structures* genial herausgearbeitet und auf den Titel gebracht: »Jumping from the couch«. Gemeint sind jene Momente, in denen der *Rattenmann* es nicht mehr auf der Couch aushielt, weil ihn die wütenden Angriffe auf seinen Analytiker und dessen Familie selber in eine bedrohlich überflutende innere Situation brachten: »Bei diesen Reden pflegte er vom Diwan aufzustehen und im Zimmer herumzulaufen«. Stand er in solchen Momenten nicht auf, argumentierte Freud (2009, 429) weiter, »benahm er sich wie einer, der sich in verzweifelter Angst vor maßlosen Züchtigungen schützen will«. In diesem szenischen Agieren kulminieren also verdrängte unbewusste Wünsche, zugrundeliegende infantile Konflikte und eine überdauernde Abwehr gegen das »sich selber gewahr werden«. Und Lear arbeitet auf dem Level von Mikroprozessen heraus, dass dieses Moment ein Beispiel ist für eine Mikrobewegung, die etwas unterbricht, im Gegensatz zu solchen Mikrobewegungen, die etwas fortführen und zwar im Sinne des freudschen Lustprinzips. Lear konzeptualisiert mentales Funktionieren bzw. Fantasieren in diesem Sinne über zwei entgegengesetzte Tendenzen, nämlich einerseits über das Lustprinzip, womit auch ein Funktionieren gemeint ist, das dem Realitätsprinzip folgt – »als eine Suche nach Lust durch realitätsangemessene Überlegungen« – ein mentales Funktionieren, das er »Swerve« nennt und andererseits ein mentales Funktionieren, welches generell einen »Primärprozess unterbricht bzw. abbricht«, das er *»Break«* nennt (Lear 2002, 586f.). Im weitesten Sinne handelt es sich um wechselnde Tendenzen, Richtungen oder Ziele zwischen »Lebens- und Todestrieb«.

Mit Hilfe der Gruppenarbeit im ›Berliner Seminar‹ wurde herausgearbeitet, dass in der 103. Stunde inhaltlich, formal und in der Gegenübertragung jeweils seelische Aktivitäten agiert, beobachtet, sowie ahnungsweise gedeutet werden, die nicht als mentales Funktionieren im Sinne von »Swerve« verstanden werden können.[6] Dies wird auch in meiner ersten Deutung in der 103. Sitzung mit Herrn S nahegelegt »Sie haben sich einfach ausgeschaltet«, die ja bereits mit dem Resultat meiner Gegenübertragungsanalyse, nämlich »dass ich drohte weg zu driften« verbunden war. Das heißt, bereits in meiner Gegenübertragung hatte sich eine Art seelischen Funktionierens ausgebildet (unter dem Einfluss der projektiven Identifizierung bzw. in introjektiver Identifizie-

6 Der Begriff »Swerve« ist nicht eindeutig ins Deutsche zu übersetzen. Zur Auswahl stehen Begriffe wie »einen Bogen machen«, »einschwenken«, »geschickt etwas oder jemanden umfahren« usw. Es geht also um eine Bewegung die dynamisch ist und Hindernissen notfalls ausweichen kann. Umgangssprachlich kommen auch in Frage: »eine Kurve kriegen« oder »den Bogen heraus haben«.

rung mit dem Patienten), welche drohte, die Beweglichkeit meines Denkens einzuschränken bzw. gegen Null zu drängen. Erst im Verlaufe der Gruppendiskussion und der darauffolgenden Arbeit daran wurde mir deutlich, dass diese Phänomene fast in jeder Stunde mit Herrn S nach 10 bis 30 Minuten regelmäßig in den Vordergrund traten und als eine Art kumulative Traumatisierung (für den Patienten und seinen Analytiker) Wirksamkeit zeigten. Im Sinne von Lear kann man annehmen, dass Herr S seine dramatische Furcht vor der Wahrnehmung seiner existenziellen Not, seiner seelischen Schmerzen und der damit verbundenen Wut zum Ausdruck brachte, indem er in den Stunden eine Art des Mitteilens einstellte, die vollständig abgelöst von seinem inneren Erleben funktionierte. Er füllte die Stunden, aber nicht mit wirklich relevantem Erleben. Die in diesen Mitteilungen enthaltenen Inhalte, die tatsächlich hätten relevant sein können, verkommen so zu einer pseudo-interpretierbaren Masse, die Denk- und Fühllosigkeit herstellen und eine Synchronisierung zwischen dem Erleben des Patienten und seinem Analytiker torpedieren. Auf diese Weise kumuliert die Art der Assoziationen, ihr Verlauf, das Funktionieren des Fantasierens auf der Couch, die Triebspannung der Rede und die Auswirkung all dieser Faktoren auf den Analytiker zu einem *»Break«* in der Stunde, der schließlich signalisiert, dass die scheinbare Synchronisierung zwischen Patient und Analytiker tatsächlich seelisch weggedriftet ist.

Auch wenn das ›Berliner Seminar‹ einen weiteren – bisher nicht erkannten Mikroprozess – herausarbeiten konnte, bleiben viele Fragen offen. Lear beschäftigt sich z.B. eingehend mit der Frage, wie und ob der »Rattenmann« ursächlich Angst vor seinem Analytiker hatte bzw. ob eine entsprechende Übertragung sich in der Sitzung eingestellt hat. Er kommt schließlich zu der Annahme, dass der *Rattenmann* eigentlich »Angst vor seinem eigenen emotionalem Leben hat« bzw. paradox zugespitzt, dass er »zu ängstlich ist, um seine Angst spüren zu können« und er so viel Angst hat, dass sie nur durch eine »primitive Abwehr« gegen »emotionales Leben« überhaupt reguliert werden kann (Lear 2002, 588). Genau dies würde ich auch für Herrn S annehmen und die Diskussion des ›Berliner Seminars‹ scheint mir das zu bestätigen. Z.B. von Ängsten vor dem realen Vater hat Herr S nie berichtet, vermutlich, weil er sie noch gar nicht selber (wieder-)erleben konnte. Zumindest bis zur 103. Sitzung wäre damit auch ausgesagt, dass vollständig offen ist, ob diese Form von primitiver Abwehr durch ein dreistündiges psychoanalytisches Setting überhaupt behandelbar ist. Es kann auch vermutet werden, dass im Rahmen der begrenzten Fremdfinanzierung (300 Einzelsitzungen) ein nachhaltiges Durcharbeiten der psychodynamischen Konstellationen kaum möglich ist. Verstärkt wird das darin enthaltene Dilemma durch die Tatsache, dass es gleichzeitig keine ernsthafte Behandlungsalternative gibt. Dem Patienten unsere Methode vorzuenthalten, wäre somit gleichbedeutend mit einer unterlassenen Hilfeleistung. Dass länger dauernde hochfrequente Behandlungen andererseits zu guten Erfolgen führen können, ist anderenorts gezeigt worden (vgl. Wegner/Henseler 2013).

4. Versuch einer theoretischen Einordnung von *›Break‹*

Eine grundsätzliche Diskussion zur Existenz und Bedeutung des Todestriebkonzeptes kann hier nicht geleistet werden. In der theoretischen Einordnung von »Break« soll jedoch auf eine weitere bedeutsame Re-Analyse einer herausragenden psychoanalytischen Arbeit verwiesen werden, die sich grundsätzlich mit dem »Gebrauch eines Objektes« befasst hat und den anzunehmenden Quellen zwischenmenschlicher Destruktivität. Dabei wird ebenfalls im Gegensatz zu generellen Annahmen versucht, auf einer Mikroebene stattfindende Prozesse zu beschreiben. Gemeint ist die Arbeit: *Destruction reconceived: On Winnicott's ›The Use of an Object and Relating through Identifications‹*[7] (Winnicott 1969; Ogden 2016).

Ausgangspunkt der Arbeit von Winnicott ist die Mitteilung, dass er über einen langen Erfahrungszeitraum gelernt hat, »auf die natürliche Entwicklung der Übertragung« warten zu können, ohne diesen Prozess durch verfrühte Deutungen zu unterbrechen (Winnicott 1973, 101). Ein technischer Hinweis der für heutige Analytiker wichtiger denn je geworden ist (vgl. Akhtar 2017, 137; Feldmann 2007). Und weiter:

> Wenn […] Deutungen des Analytikers eine Wirkung haben sollen, müssen sie sich auf die Fähigkeit des Patienten beziehen, den Analytiker außerhalb des Bereiches subjektiver Phänomene wahrzunehmen. Hier geht es also um die Fähigkeit des Patienten, vom Analytiker Gebrauch zu machen. (ebd., 102)

7 Über Winnicotts »Objektverwendung und Identifizierung«.

Winnicott möchte jetzt weiter über eine Gruppe von Patienten sprechen, bei denen »der Kern der Störung ein psychotischer ist« (ebd., 102), obwohl die Behandlung sich auf einer psychoneurotischen Ebene abspielt, scheinbar erfolgreich verläuft, aber nicht zu einem guten Ende kommt. Der enthaltene eigentliche Misserfolg kann wertvoll werden, wenn Analysand und Analytiker den Misserfolg als solchen anerkennen, d.h. die Existenz einer bedrohlichen psychotischen Angst erkennen können (die – ließe sich fortsetzen – zu einem kumulativen »Break« geführt hat). Die Untersuchung der dazu notwendigen Bedingungen steht im weiteren Zentrum der Arbeit und auch im Bemühen Ogdens, die komplexen Gedanken Winnicotts schreibend neu zu transformieren. »It is necessary for the reader not only to read the paper, but also to write it«[8] (Ogden 2016, 1243).

Die zentrale Figur, das Objekt zu gebrauchen, wird durch die folgenden berühmten Sätze Winnicotts zusammengefasst. »Das Subjekt sagt gewissermaßen zum Objekt: »Ich habe dich zerstört«, und das Objekt nimmt diese Aussage an. Von nun an sagt das Subjekt: »Hallo, Objekt! Ich habe dich zerstört! Ich liebe dich! Du bist für mich wertvoll, weil du überlebt hast, obwohl ich dich zerstört habe! Obwohl ich dich liebe, zerstöre ich dich in meiner (unbewussten) Fantasie«. Dies ist der eigentlich Anfang der Fantasie im Menschen. Das Subjekt kann jetzt das Objekt, das überlebt hat, verwenden.

Weil das Objekt überlebt, kann das Subjekt ein Leben in der Objektwelt beginnen und dadurch unermesslich viel für sich gewinnen; aber es hat dafür einen Preis zu zahlen, der darin besteht, in Bezug auf Objektbeziehungen der fortwährenden Zerstörung in seiner unbewussten Fantasie nicht ausweichen zu können« (Winnicott 1973, 105). Ogdens Bemühungen gehen dahin, diese Sätze einer detaillierten Re-Analyse zu unterziehen, vor allem in Bezug auf die Frage: »Wie real ist die notwendige Zerstörung des Objektes und wie lässt sich das Überleben des Objektes neu schreiben?« Worauf er vor allem abzielt, ist zu unterstreichen, dass es sich dabei um existenziell notwendige Prozesse handelt, denen die Beteiligten tatsächlich nicht ausweichen können, wenn sie eine tatsächliche Änderung des körperlich-seelischen Lebens anstreben.

8 »Für den Leser ist es wichtig, den Text nicht nur zu lesen, sondern auch neu zu schreiben.« (Übersetzung P.W.)

In Winnicotts Worten:

> Es ist wichtig, dass ›Überleben‹ in diesem Zusammenhang ›sich nicht rächen‹ bedeutet. Wenn sich dieser Prozess in einer Analyse vollzieht, sind es Analytiker, analytische Technik und analytisches Setting, die die Destruktivität des Patienten überleben oder nicht überleben. Die destruktive Aktivität des Patienten stellt also einen Versuch dar, dem Analytiker eine Stellung außerhalb des Bereichs seiner omnipotenten Kontrolle zuzuweisen, d.h. in der äußeren Welt. Ohne die Erfahrung größtmöglicher Destruktivität (am ungeschützten Objekt) wird das Subjekt den Analytiker niemals in die Außenwelt stellen und deshalb in der Analyse niemals mehr als eine Art Selbsterfahrung machen können, da es den Analytiker nur als Projektion eines Teils seiner Selbst verwenden wird. In Begriffen der Oralität gesprochen, kann sich der Patient dann nur an sich selbst nähren und nicht die Brust benutzen, um satt zu werden. (Winnicott 1973, 107)

Ogden unterstreicht dabei Winnicotts Sorge, man könnte seinen Begriff von Destruktivität missverstehen, indem man ihm unterstelle, dass das Kind auf die Realität mit Aggression reagiere. Für Winnicott sei es aber genau umgekehrt: die Destruktivität sei nicht eine Reaktion auf die Realität, sondern sie kreiere die Realität (Ogden 2016, 1254). Sie ermögliche damit die Verwendung des Objektes.

Eine überdauernde Abwehr gegen »sich selber gewahr werden« wird auch durch »die Angst vor dem Zusammenbruch« bzw. *»Fear of Breakdown«* (Winnicott 1991 [1974–1963]) pointiert. Die akute Angst vor dem Zusammenbruch beinhaltet dabei einen Zusammenbruch, der in der frühen Vergangenheit bereits stattgefunden hat, aber nicht erlebt werden konnte, weil die dazu notwendigen Reifungsschritte, »die Ich-Integration« (Winnicott ebd., 1120) noch nicht genügend vorangeschritten war. »Mit anderen Worten, der Patient muss weiter nach diesen Details der Vergangenheit suchen, die er noch nicht erfahren hat. Die Suche nimmt die Form einer Erwartung dieses Details in der Zukunft an« (Winnicott 1991, 1121). Die existenzielle Angst vor dem Zusammenbruch fungiert in der psychoanalytischen Situation als Grundlage für ein ›Break‹, um mit Tod, Leere oder Fallen ins Nichts nicht konfrontiert zu sein, obwohl alle diese Phänomene in der Vergangenheit bereits überlebt wurden. Die Absicherung gegen diese Angst vor dem Zusammenbruch durch und in der Beziehung zum Analytiker als einem ausreichend guten und Ich-Integration ermöglichendem Objekt, braucht ihre Zeit und lässt sich durch keine Technik abkürzen. Deshalb brauchen Patienten wie Herr S genügend Zeit und einen Analytiker, der sich zerstören lassen bzw. lieben lassen kann, ohne sich zu rächen. Die zentrale feinkörnige Strömung in der psychoanalytischen Situation ist dann das ›Unterbrechen‹ bzw. der ›*Break*‹, der die Angst vor dem *»Breakdown«* abwehren hilft. Eine dazugehörige »psychosomatische Verschmelzung« (*»psychosomatic collusion«,* Winnicott 1991, 1119) des Geschehens wird vom ›Berliner Seminar‹ erahnt, obwohl Herr S und sein Analytiker sie noch nicht erleben konnten und spielt erst später als körperlich erlebtes »Frieren« und »ganz am Ende« eine dominante Rolle in der Behandlung.

5. Die psychoanalytische Situation und feinkörnige Strömungen seelischer Substanzen

Die gruppengestützt generierten ›feinkörnigen Strömungen‹ bzw. ›Mikroprozesse‹ zwischen dem psychoanalytischen Paar haben die Beschreibung von vier Prozesselementen in der psychoanalytischen Situation ermöglicht. Zwei der Prozesselemente beziehen sich auf Prozesse *innerhalb* der psychoanalytischen Sitzung (›Synchronisierung‹ und ›*Break*‹) und zwei *zwischen* den Sitzungen, bezogen auf den Übertragungs- bzw. Gegenübertragungsprozess (›Selbstwirksamkeit‹ und ›rekombinierende pathologische Selbstorganisation‹). Diese paarig angelegten Prozesselemente beschreiben jeweils *innen* und *außen,* zwei progressive, Veränderung anstrebende Tendenzen (›Synchronisierung‹ und ›Selbstwirksamkeit‹) und zwei negative bzw. Retention anzeigende, unter der Macht des Wiederholungszwanges stehende Tendenzen. Progression und Retentionen sollen dabei vor allem eine Richtung andeuten und keine Aussagen über den Wert, die Notwendigkeit und die Bedeutung der Prozesselemente treffen. Ein ›*Break*‹ kann sich genauso als lebensrettend wie eine ›Synchronisierung‹ herausstellen. Mit diesen Prozesselementen haben wir vier deskriptive und erfahrbare, nahe am klinischen Material gelegene, seelische Prozesse generiert, die es uns ermöglichen klinisches Material verstehend zu beschreiben und erlebnisnäher zu formulieren (Wegner 2018, 175–177). Ihre Entwicklung wurde durch Wolfgang Lochs spezielle Gruppenmethode ermöglicht, die einen besonderen Zugang zu unbewussten psychoanalytischen Prozessen gefördert hat. In aller Regel ist eine sehr aufwendige detaillierte Arbeit notwendig, um über persönliche Evidenzerlebnisse hinaus die Qualität der Resultate sichtbar zu machen.

Hier möchte ich beispielhaft auf ein einziges Detail hinweisen: Bereits im Erstinterview hatte Herr S formuliert: »Ich befinde mich im freien Fall in einen inneren Abgrund« (Wegner 2018, 179). Er ist damit seinen eigentlichen introspektiven Möglichkeiten weit vorausgeeilt. Danach kam er nur selten für längere Zeit in die Nähe dieser schmerzhaften inneren Verfasstheit. In der ersten Assoziation zu einem frühen Traum sagt er: »Zuhause habe ich mich gefühlt wie ein Astronaut, der auf einem fremden Planeten bei einer fremden Rasse gelandet ist« (Wegner 2018, 183). Mir selber ist eine darin mitenthaltende Bedeutung ganz entgangen, nämlich die unerbittliche Weltraumkälte, der der beteiligte Astronaut (als Ich-Anteil) ausgesetzt ist und die er ohne eine hochtechnische künstliche Schutzkleidung bzw. einen Schutzpanzer nicht überlebt haben würde. Dann taucht im Verlauf der Diskussion im ›Berliner Seminar‹ plötzlich als eine Gegenübertragungsmitteilung, das »Frieren« auf. Schließlich findet sich im unveröffentlichten Roman von Herrn S, der unten nochmals zitiert wird, folgende Zeile: »Die sonnige Kälte bricht in seinen Innenraum, sein innerstes Innere. Er möchte schlafen. Er kann sie riechen, die Kälte«. Er friert! Zum Zeitpunkt der 103. Sitzung war der Roman noch nicht geschrieben, aber die Gruppenteilnehmerin hat in der Sitzung des ›Berliner Seminar‹ nicht nur zu frieren begonnen, sondern sie hat auch noch ihre Introspektionsfähigkeit soweit entwickelt, um ihr Frieren in der Gruppensituation wahrzunehmen und auszusprechen. Und die Gruppe kann diesen vorauseilenden Einfall auch noch aufnehmen und bearbeiten.

Genauso hat die Gruppe die unausgesprochene technische Haltung des Analytikers realisiert, der versucht hat, auf vorschnelle Deutungen zu verzichten und sich vor allem darum bemühte, der unausgesprochenen und nicht spürbaren Angst vorbereitend eine Bühne der Selbsterfahrung zur Verfügung zu stellen, wohl wissend, dass erst dann der seelische Schmerz seine ganze Wirkung erzielen wird. Dieses Geschehen verdeutlicht beispielshaft die Möglichkeiten einer funktionierenden Gruppenarbeit nach der Methode Wolfgang Lochs.

6. Epilog

> In einem Stern auf vier Rädern, auf einem Motorblock sitzend, blickt er rasend starr voraus. Rechts und links fliegen sehnsüchtig Landschaften vorbei, manchmal zu einem Strich kondensiert, manchmal aufgequollen zu einem roten Tropfen. Er sehnt sich nach woanders, obwohl er unterwegs ist. Also fliegt er, obwohl er keine Luft bekommt? Ist er allein? Ist jemand hinter ihm oder ihm voraus? Die sonnige Kälte bricht in seinen Innenraum, sein innerstes Innere. Er möchte schlafen. Er kann sie riechen, die Kälte. Die Zeit wird lang und blendet ihn. Die Angst kriecht über den Hals in seine Ohren. Jetzt sieht er nichts mehr und unter ihm ist dieses Knirschen. Tausende von feinkörnigen Teilchen, die ihn beschleunigen und über das Eis in eine Richtung ziehen, die er nicht mehr wählen kann. Er ist da und fliegt wirklich in die schreckliche Sehnsucht.

Diese Passage stammt aus dem unveröffentlichten Romanentwurf des Schriftstellers S. Auf der Fahrt zur 348. Sitzung ist er in einer Massenkarambolage auf der Autobahn zwischen Amata und mir auf Blitzeis ums Leben gekommen. Plötzlicher Nebel hatte nicht nur ihm für ein kurzes Zeitfenster vollständig die Sicht genommen und die spiegelglatte Fahrbahn machte ein Ausweichen der bereits ineinanderverkeilten Fahrzeuge unmöglich. Er war ganz in die Arbeit an seinem Roman eingetaucht und zufrieden über mehrere veröffentlichte Erzählungen. Es war ihm gelungen, seinem Leben einen Sinn zu geben und seit Monaten fühlte er sich körperlich gesünder und konnte dieses Gefühl genießen. Die hiesige Wohnung hatte er ganz aufgegeben. Zum ersten Mal in seinem Leben hatte er im nahen Ausland »ein neues Leben«, eine Existenzform kreiert, in der er sich »frei« fühlte. Dann *»a moment passed and all was changed«* (Beckett 1953, 83). Kaum zu akzeptieren, dass auch diese Realität unsere Realität ist: *»The Terror of Death«* (Becker 1973, 11 ff.).

Literatur

Akhtar, S. (2017): Chapter Seven. Salman Akhtar (United States). In: *Who's behind the Couch? The Heart and Mind of the Psychoanalyst.* Ed. by R. Winer/K. L. Malavista. London: Karnac Books, 132–159.

Becker, E. (2011 [1973]): *The Denial of Death.* Reprint. London: Souvenir Press.

Beckett, S. (2009 [1953]): *Watt.* New York: Grove Press.

Danckwardt, J.F./Schmithüsen, G./Wegner, P. (2014): *Mikroprozesse psychoanalytischen Arbeitens.* Frankfurt am Main: Brandes & Apsel.

Feldman, M. (2007): Addressing Parts of the Self. In: *Int J Psycho-Anal* 88, 371–386.

Freud, S. (1909): Bemerkung über einen Fall von Zwangsneurose. In: *GW* VII, 379–463.

Lear, J. (2002): Jumping from the Couch. In: *Int J Psycho-Anal* 83, 583–595.

Loch, W. (1969): Balint-Seminare: Instrumente zur Diagnostik und Therapie pathogener zwischenmenschlicher Verhaltensmuster. In: *Jahrb Psychoanal* 6, 141–156.

Loch, W. (1995): *Theorie und Praxis von Balint-Gruppen.* Gesammelte Aufsätze. Tübingen: edition diskord.

Ogden, T.H. (2016): Destruction Reconceived: On Winnicott's ›The Use of an Object and Relating through Identifications‹. In: *Int J Psycho-Anal* 97, 1243–1262.

Wegner, P. (2006): Überwältigt werden als Performance. In: *Jahrb Psychoanal* 53, 29–51.

Wegner, P./Henseler, H. (Hg.) (2013): *Psychoanalysen, die ihre Zeit brauchen.* 4. Auflage als Neuauflage. Frankfurt a.M.: Brandes & Apsel.

Wegner, P. (2018): Feinkörnige Strömungen seelischer Substanzen in der psychoanalytischen Situation? (Teil 1). In: *Jahrb Psychoanal* 76, 165–192.

Winnicott, D.W. (1969): The Use of an Object and Relating through Identifications. In: *Int J Psycho-Anal* 50, 711–716.

Winnicott, D.W. (1971): The Use of an Object and Relating through Identifications. In: *Playing and Reality.* London: Tavistock Publications, 86–94.

Winnicott, D.W. (1973): Objektverwendung und Identifizierung. In: *Vom Spiel zur Kreativität.* Stuttgart: Ernst Klett, 101–110.

Winnicott, D.W. (1991 [1974–1963]: Die Angst vor dem Zusammenbruch. In: *Psyche – Z Psychoanal* 45, 1116–1126.

Dr. rer. soz. Dipl.-Psych. Peter Wegner, Pfalzhaldenweg 16, 72070 Tübingen, wegner@t-online.de, www.drpeterwegner.de

Dr. Phil. Dipl.-Psych. Claudia Thußbas, Schönwalder Str. 30, 13347 Berlin, claudia.thussbas@t-online.de

Frühe Erfahrungen als Einstieg in die psychoanalytische Welt

Beobachterin und Seminargruppe in der analytischen Säuglingsbeobachtung

*Uta Zeitzschel**

Zusammenfassung

Der Beitrag beschreibt eine einjährige analytische Säuglingsbeobachtung und die Arbeit in der begleitenden Seminargruppe. In der analytischen Säuglingsbeobachtung werden die existentielle Angewiesenheit des Babys, seine frühen Ängste und Abwehrformen, der Wechsel von Projektion und Introjektion und die enge Bezogenheit zwischen dem Körper und der sich entwickelnden Psyche unmittelbar erfahrbar. Die vielfältigen, emotional z. T. extrem intensiven Eindrücke während der Beobachtung können in der Seminargruppe contained und weiter verstanden werden. Dabei entsteht in der Gruppe eine Reflexionsebene, deren triangulierende Funktion für die Babybeobachterin insbesondere dann von großer Bedeutung ist, wenn ihr in dem zeitweilig aufgeladenen emotionalen Geschehen die dritte Position verlorengeht.

Die Autorin geht davon aus, dass die Säuglingsbeobachtung durch die Dynamik der frühen ödipalen Situation geprägt ist. Sie stellt dar, weshalb die Er-

* Uta Zeitzschel, Dr. med., Fachärztin für Allgemeinmedizin und für Psychosomatische Medizin und Psychotherapie, Psychoanalytikerin (DPV). Langjährige Arbeit als Ärztin in der Kinderheilkunde und im stationären psychotherapeutischen Setting einer psychiatrisch-psychosomatischen Klinik. Seit 2009 in eigener Praxis niedergelassen. Interessenschwerpunkte: Psychosomatik, Kinder, Jungerwachsene.

Jahrbuch der Psychoanalyse 77, S. 123–145 © 2018 frommann-holzboog

fahrungen in der analytischen Säuglingsbeobachtung ein wertvoller Bestandteil in der Ausbildung zur Erwachsenenanalytikerin sein können.

Summary

Early Experience as an Introduction to the Psychoanalytic World. Observer and Seminar Group in an Infant Observation

The paper describes a one-year analytical infant observation and the work in the accompanying seminar group. The infant observation affords the experience of the existential dependency of the baby, its early anxieties and defences, the alternation of projection and introjection, and the close relationship between the body and the developing psyche. The diverse, emotional and at times extremely intense impressions during the observation can be contained and further understood in the seminar group. Here, a level of reflection is created whose triangulating function is of great importance for the baby observer, especially when the third position is lost in the momentarily charged emotional event.

The author describes that the infant observation is generally characterized by the dynamics of the early oedipal situation, and explains why the experience of infant observation can be a valuable part of general psychoanalytical training.

I. Einführung

Die psychoanalytische Säuglingsbeobachtung wurde von Esther Bick 1948 als Teil der Ausbildung für Kinder- und Jugendlichentherapeuten in der Tavistock-Klinik in London eingeführt (Bick 1964). Seit 1960 ist sie in der britischen analytischen Erwachsenenausbildung zentraler Bestandteil des ersten Ausbildungsjahres. Die Säuglingsbeobachtung wurde in die Ausbildung analytischer Gesellschaften verschiedener Länder übernommen. In Deutschland ist sie ein obligatorischer Bestandteil der analytischen Kinder- und Jugendlichentherapie-Ausbildung und an einigen Instituten zudem ein fakultatives Angebot in der analytischen Erwachsenenausbildung.

Im Vorfeld der Beobachtung werden – z. B. über Geburtsvorbereitungskurse, Frauen- oder Kinderärzte – Paare gesucht, die ein Baby erwarten, sich für die Säuglingsbeobachtung interessieren und psychopathologisch möglichst wenig beeinträchtigt sind. In einem Vorgespräch nimmt die Beobachterin[1] Kontakt zu den Eltern auf, um sie über den Ablauf einer Beobachtung zu informieren und selbst einen Eindruck von den Eltern und ihrer Motivation zu bekommen. Dabei sollte für beide Seiten Raum entstehen, darüber nachzudenken, ob eine Säuglingsbeobachtung vereinbart wird.

Die Beobachtung beginnt, sobald die Eltern nach der Geburt dazu bereit sind. Sie findet üblicherweise einmal pro Woche für eine Stunde in der familiären Umgebung des Babys statt. Anders als in der Ausbildung zur Erwachsenenanalytikerin hat die Beobachterin es mit mindestens zwei Personen, nämlich Mutter und Baby, zu tun, meist auch mit dem Vater und darüber hinaus oft auch mit Geschwistern, Großeltern, Haustieren und Besuchern. Die Beobachterin macht im Anschluss ihres Besuchs Notizen, die die Grundlage für ein Protokoll bilden. Die Seminargruppe wird von einer Supervisorin angeleitet und begleitet die Beobachtung mit einer wöchentlichen Sitzung. Für alle Anwesenden besteht dabei Schweigepflicht. Am Seminarabend liest jeweils eine der drei bis fünf Teilnehmerinnen aus ihren anonymisierten Protokollen vor, die Gruppe tauscht sich über Fragen, Eindrücke sowie Fantasien zur vorgestellten Beobachtungssituation aus, und eine der Teilnehmenden fasst die Gruppendiskussion in einem Kurz-Protokoll zusammen. Meistens umfasst der Beobachtungszeitraum das erste Lebensjahr des Babys.

II. Die analytische Säuglingsbeobachtung und die begleitende Seminargruppe

Ich möchte nun Erfahrungen aus meiner während der psychoanalytischen Ausbildung durchgeführten einjährigen Säuglingsbeobachtung im Zusammenspiel

1 Da es sich bei den Teilnehmenden meist um Frauen handelt, wähle ich die weibliche Form.

mit der begleitenden Seminar-Gruppe beschreiben.[2] Dabei hebe ich Aspekte hervor, die sich für meine spätere psychoanalytische Arbeit mit erwachsenen Analysanden als besonders wertvoll erwiesen haben. Aufgegriffen werden zudem einzelne Beobachtungssequenzen, die auf die Dynamik hinweisen, die die Beobachtungszeit prägte: wechselnde (z.T. fantasierte) Paarbildungen zwischen der Mutter, dem Vater, dem Baby und mir als Beobachterin und wiederkehrende Gefühle von Ausgeschlossensein oder Dazugehören, die ich abschließend mit der inneren Konfliktlage der beginnenden frühen ödipalen Situation in Zusammenhang bringe.

Vorgespräch

Nachdem ich das Konzept der psychoanalytischen Säuglingsbeobachtung in einem Geburtsvorbereitungskurs vorgestellt hatte, teilte mir ein werdender Vater, ich nenne ihn Herrn A., mit, dass er und seine Frau an der Beobachtung ihres Babys interessiert seien.

> Auf dem Weg zu dem vereinbarten Vorgespräch bemerke ich eine Scheu in mir. Würden Herr und Frau A. mich willkommen heißen? An der Tür begrüßt mich der Mitte 30-jährige, etwas verträumt wirkende Herr A. und führt mich in ein von Büchern gesäumtes Wohnzimmer. Hier treffe ich auf die durch ihren großen Schwangerschaftsbauch verlangsamt und massig erscheinende Frau A. Sie ist 30, schlicht gekleidet, und spricht mich schroff, fast abweisend an, so dass in mir Zweifel entstehen, ob sie mit mir und meinem Anliegen einverstanden ist. Zu dritt an einem kleinen Tisch sitzend, bemerke ich, dass ich beschämt bin, als dringe ich in eine intime Situation ein. […] Beide erkundigen sich interessiert nach der Babybeobachtung […] Von Herrn A. erfahre ich, dass er als Journalist arbeitet, […] Frau A. in England aufgewachsen und als Sozialpädagogin in einer Jugendwohnung angestellt ist. […] Ihr Sohn wolle nun endlich heraus. Herr A. malt sich sein intrauterines Erleben aus und ich bemerke, dass ich große Lust bekomme, mit ihm in diese Fan-

2 Die analytische Säuglingsbeobachtung ist Teil der aKJP-Ausbildung des Hamburger Michael-Balint-Instituts, an der auch TeilnehmerInnen anderer Ausbildungsgänge partizipieren können. Die zitierten Beobachtungen entstammen den Protokollen. Die Beschreibung der Seminargruppen fasst Auszüge aus dem Kurz-Protokoll der jeweiligen Gruppendiskussion zusammen und wird durch weitere Überlegungen ergänzt.

> tasiewelt einzutauchen, aber zugleich Sorge habe, Frau A. dadurch auszuschließen. […] Frau A. sagt, sie wolle ihren Sohn sehen und sicher sein können, dass es ihm gut gehe. Am Rande erfahre ich, dass Frau A.s Mutter vor einem Jahr gestorben ist […] Ich erschrecke, als sie erzählt, dass sie vor der jetzigen Schwangerschaft zwei Fehlgeburten hatte. Dadurch seien sie sehr besorgt gewesen. Manchmal habe Frau A. ihren Sohn angestupst, um zu spüren, dass er lebe. Mir vermittelt sich, dass die Schwangerschaft von viel Angst begleitet ist. Ist der Entschluss, mich als Babybeobachterin hinzu zu holen, unbewusst mit Wünschen nach Hilfe und Schutz verbunden?

Entgegen ihrer Ankündigung, sich gleich nach der wenige Tage später erwarteten Geburt zu melden, blieb ich in den folgenden drei Wochen ohne Nachricht und machte mir Sorgen. Auf eine Rückrufbitte hin, sprach ich mit Frau A., die, sehr darum bemüht, nicht zu weinen, sagte, dass alles anders gekommen sei. Ihrem Sohn gehe es aber gut. Ob ich kommen wolle?

In der *Seminargruppe,* in der ich das Protokoll vorlese und von dem Telefonat berichte, tauschen wir vier Beobachterinnen (außer mir Teilnehmerinnen der aKjP-Ausbildung) und die zwei Supervisorinnen uns über unsere Eindrücke und Fantasien aus. Schnell entstehen eine Sorge um Frau A. und Fantasien über mögliche Geburtskomplikationen. Die durch die vorangegangenen Fehlgeburten vermutlich massiven die Schwangerschaft begleitenden Ängste, Frau A.s Schmerz und ihre Verstörung durch den Tod ihrer Mutter nehmen in der Gruppe Raum ein. Meine Vorstellung, das Paar wünsche sich unbewusst durch mich als Beobachterin Hilfe und Schutz, wird von der Gruppe ausgestaltet. Ist Frau A.s schroffe Art im Kontakt mit mir unbewusst ein Versuch, sich vor meiner Nähe und Anteilnahme zu schützen, da diese innerlich andrängende Trauer und regressiv-bedürftige Wünsche anzustoßen drohen?

Eine Supervisorin greift mein Erleben auf, beschämt zu sein, weil ich an einer intimen Situation teilhabe. Die Gruppe denkt darüber nach, dass die Sexualität des Paares durch die Schwangerschaft sehr präsent und die Geburt mit Vorstellungen der vaginalen Öffnung des mütterlichen Körpers verbunden ist. Das Lachen, das sich dabei in der Gruppe einstellt, gibt uns Anlass zu überlegen, ob sich darin eigene Verstörungen in Verbindung mit diesen Themen zeigen – ob eigenes unbewusstes konflikthaftes Erleben im Zusammenhang mit Urszenenfantasien und der ödipalen Situation berührt und abgewehrt wird. Eine Teilnehmerin greift meine Lust auf, mich mit Herrn A. weiter in die fantasierte Welt des Babys hineinzubegeben, zugleich aber besorgt zu sein, Frau A. dadurch auszuschließen. Die Teilnehmerinnen vermuten, Frau A. sei durch Herrn A.s Interesse an mir und der Babybeobachtung eifersüchtig. Herr A. wird von den Seminarteilnehmerinnen erlebt, als sei er ›mit schwanger‹ mit seiner Frau. Ist das Trennende, das Dritte für das Paar generell schwierig?

Beobachtungen aus der Neugeborenenzeit

Bei meiner *1. Säuglingsbeobachtung* trägt

> Frau A. das 2,5 Wochen alte Baby im Tragetuch dicht an ihren Bauch gebunden und läuft ohne Unterlass den kleinen Flur auf und ab. Ihr Mann schildert mir im Wohnzimmer detailliert den schweren Geburtsverlauf, und sie ergänzt von ihren Wanderungen aus dem Flur her eigene Erinnerungen […] Ich bin wie überschwemmt von Eindrücken – grelles Licht, medizinische Geräte, Signaltöne, Infusionen, Bilder von Ärzten, Hebammen, Blut. – Nach Frau A.s vergeblichen Versuchen, ihr Baby spontan zu gebären, sei es zu einer ›Zangengeburt‹ gekommen […] Da die Plazenta sich nicht löste, sei eine Ausschabung gemacht worden […] Mir vermitteln sich die enorme Anstrengung, die durch den zeitweilig als kritisch eingeschätzten Zustand ihres Babys ausgelöste Angst von Herrn und Frau A., Frau A.s Gefühle, bei der ›Zangengeburt‹ wie ausgeliefert gewesen zu sein und ihr Schmerz, sich wegen der Kürettage gleich nach der Geburt von ihrem Baby trennen zu müssen. […] Auch das Stillen sei anfänglich sehr schwierig gewesen […]
>
> Als Frau A. sich […] hinsetzt, gibt das Baby kurze, unzufriedene Laute von sich, stemmt sich gegen ihren Körper und streckt den Kopf nach hinten. […] Herr A. schnuppert an seinem im Tragetuch verborgenen Hinterteil und schlägt vor, es zu wickeln. Gemeinsam holen sie das Baby aus dem Tuch, so dass ich es jetzt erstmals betrachten kann.
>
> Es hat zunächst ein in Falten gezogenes, *vergnattertes* Gesichtchen. Die Augen sind zu einem Spalt zusammengekniffen. Es gibt stoßweise, unzufriedene Laute von sich, wirkt angespannt, hat die Fäustchen geschlossen und rudert mit seinen Ärmchen. Unter seinem Mützchen schimmern braune Haare hervor […] Am Wickeltisch entfernt Herr A. die Windel […] und wäscht dann sanft und aufmerksam den Po und das Genitale seines kleinen Sohns. Der liegt auf dem Rücken, hat die Beinchen angezogen, wird von einer Wärmelampe bestrahlt und wirkt in dieser Situation sehr zufrieden und entspannt. Seine Augen sind nun weit offen und scheinen in der Ferne etwas zu fixieren. Als Frau A. etwas sagt, dreht er sein Gesicht zu ihr und

sieht sie an. Sie nimmt das wahr und spricht ihn sanft an. Erstmals wird, besonders bei Frau A., eine Freude an ihrem Baby spürbar, die mich sehr berührt. [...] Da ›das Baby‹ bislang keinen Namen hat, frage ich danach. [...] Sie hätten sich für den englischen Namen ›Sam‹ entschieden. [...] Ich bemerke, dass ich wie aus der Zeit gefallen bin, meine Beobachtungsstunde schon zehn Minuten überschritten ist und verabschiede mich. Im Treppenhaus bin ich überrascht, dass ich die von außen eindringenden Geräusche deutlicher, lauter wahrnehme als sonst. Auch bemerke ich ein weiches, wattiges Körpergefühl.

Bei meiner *2. Beobachtung* (Sam ist 3,5 Wochen alt) öffnet Frau A. mir die Tür und bringt mich ins Schlafzimmer, wo Sam auf dem Schoß seines Vaters liegt und energisch an dessen kleinem Finger saugt. Frau A. übernimmt Sam, um ihn zu stillen.

Sam liegt auf dem Stillkissen nahe der Brust. Er spürt offenbar, dass er gleich Milch bekommt, gibt aufgeregte, drängende Laute von sich und rudert mit seinen Ärmchen. Frau A. redet beruhigend mit ihm, während sie ihre Bluse aufknöpft: »Ja, gleich geht es los, Sweetheart!« Sie hilft ihm, die Brustwarze in den Mund zu bekommen. Er trinkt, zunächst aufgeregt, eilig – dann zunehmend entspannt und ruhig. Seine Mutter ist ganz auf ihn bezogen, streichelt ihn zwischendurch zart, nimmt seine Fingerchen, die an der Haut ihres Dekolletees zunächst ruhelos auf- und abstreichen, mit ihrem Zeigefinger auf. [...] – Sam nuckelt nun nur noch vereinzelt an der Brust, die Brustwarze gleitet ihm aus dem Mund, aus dem jetzt etwas Milch rinnt. – Er liegt ruhig, ganz entspannt, mit geöffneten Fäustchen und geschlossenen Augen da und wirkt zugleich wie eingesunken in den Körper seiner Mutter. – Ich bin beeindruckt, wie sich die ganze Atmosphäre entspannt. Im Raum hat sich eine große Ruhe ausgebreitet. Die Zeit steht still. Ich bemerke, dass mein Mund sich warm, ganz weich anfühlt, mein Körper schwer ist. Mein Haar empfinde ich als seltsam weich, als ich es zurückstreiche. – Als Sam erwacht, legt ihn Frau A. nun so auf ihre Oberschenkel, dass beide sich ansehen können, spricht mit ihm und macht kleine Grimassen, wobei sie auch seine Mimik nachahmt. Nachdem ich gefragt habe, ob ich hinzukommen kann, stelle ich mich dicht neben Frau A. Als ich ihr eine Antwort gebe, schrickt Sam kaum merklich zusammen und wendet sich mir zu. Mit großen, wachen Augen sieht er mich an. Frau A.s Stimme begleitet seinen Blick. »Das ist Frau Z. Die kommt jetzt einmal die Woche, um Dich zu beobachten. Da staunst du, was?« Sams Gesicht ist nun glatt und entspannt. Auch der Körper liegt ruhig, aber mit einer wachen Spannung da. Während seine Augen mich unbewegt ansehen, sehe ich daran, dass er die Lippen zeitweilig spitzt oder sein Mündchen schief zieht, dass es in ihm arbeitet. Als ich mich langsam wieder entferne, staune ich, dass Sam mir wie festgesaugt mit seinen Blicken folgt.

Auf die *Seminargruppe* wirkt Sam im Tragetuch noch wie ein Teil des mütterlichen Körpers. Mit seinem Erscheinen wird spürbar, wie bezogen er bereits ist auf die Stimme seiner Mutter, den Augenkontakt mit ihr, ihr Gesicht, ihre Brüste und Hände. Auch seine Bezogenheit auf Gesicht und Stimme seines Vaters wird deutlich. Die Teilnehmer sind beeindruckt, wie eingefühlt Frau A. im Kontakt mit Sam ist – wie sie Sams Äußerungen im Sinne einer guten mütterlichen Alpha-Funktion (Bion 1962, 1992) aufnimmt und sie ihm verstehbarer wieder zur Verfügung stellt.

Wir sprechen über die orale Phase, in der Erlebensqualitäten wie ›verschlingen, aussaugen, beißen, rauben‹ vorstellbar sind, Einsaugen und Ausstoßen die Körpervorgänge dominieren, Introjektion und Projektion als früher psychischer Austausch zwischen Mutter und Baby mit den körperlichen Prozessen korrespondieren und psychische Repräsentationen erst im Entstehen begriffen sind. Meine flüchtigen, veränderten Körperwahrnehmungen verstehen wir als Ausdruck meiner Identifizierungen mit Sam.

Meine Wahrnehmungen in der Beobachtungssituation regten in mir eine anhaltende Suche nach Konzepten und Theorien an, die solche frühen Erfahrungen reflektieren. In meinen Identifizierungen mit Sam erlebte ich mich wie einer ›anderen Welt‹ zugehörig, die sich am ehesten mit Bions Begriffen beschreiben ließ. Der Raum schien in schnell wechselnder Dichte angefüllt von verschieden großen, unterschiedlich stark geladenen und beweglichen ß-Elementen, die von Sam mit einer von ihm ungekannten Prä-Konzeption, ohne Wissen um einen Container ausgestoßen wurden und eine breite Variation von Sinneselementen in sich trugen. War Sam aufgewühlt, so erzeugten diese Elemente starke Turbulenzen und ergriffen in meinem Erleben ganz unmittelbar, extrem intensiv und umfassend von mir Besitz. Dann war ich beherrscht von einem kaum differenzierten Affekt- und Empfindungszustand, begleitet von körperlicher Anspannung, Unruhe oder Schmerz. War Sam ruhiger, erlebte ich die Elemente, die von ihm ausgingen dagegen wie einen feinen Nebel, der in mir z. T. nur leicht und flüchtig unterschiedliche Sinne berührte, sich im Körper niederlegte und manchmal mit einem verschobenen Raum- und Zeitgefühl einherging. In mir entstanden dann unverbundene, ungekannte Inseln sensorischer Wahrnehmung wechselnder Qualität. Im Kontrast zu diesen wenig integrierten Zuständen ergab sich in der Still-Situation eine eindrucksvolle Zentrierung seines im Entstehen begriffenen Selbst, die ich als ein umfassendes Erleben eines Da-seins empfand, in dem die Zeit still zu stehen schien.

Mein Erleben der Stillsituation fand ich später bei Nissen (2015, 1262, 1275; 2014, 288) als »Präsenzmoment« wieder, in dem die Prä-Konzeption des Babys und die Prä-Konzeption der Mutter, die mit ihrem entwickelten psychischen Apparat den Ruf ihres Babys hört, auf ihre Realisierung treffen, die Baby-Mutter-Beziehung *da* ist und für das Baby eine Konzeption entsteht – ein »Präsenzmoment«, dem nach Nissen auch in der analytischen Behandlungssituation eine zentral wichtige Bedeutung zukommt und das er mit Bezug auf Gadamer »Zeit ist, daß Sein sich ereignet« (Gadamer, nach Nissen 2014, 282) zudem als das die Zeit konstituierende Ereignis konzeptualisiert.

Bei der *5. Beobachtung* (Sam ist 6,5 Wochen alt) erzählt mir Frau A. u.a. froh, dass Sam sie nun oft anlächele. Später beschließen Sams Eltern, ihn zum Schlafen in seine neue Wiege zu legen, die an Seilen von der Decke hängt.

> Beim Ablegen spannt Sam sich kurz an, entspannt sich aber, als er von Frau A. einen Schnuller in den Mund gesteckt bekommt und daran saugt. Unvermittelt gibt Frau A. der Wiege einen kräftigen Anstoß. Ich erschrecke, bin aufgebracht und bemühe mich, mir das nicht anmerken zu lassen. Wenn Sam an mir vorbeifliegt, kann ich ihn kurz sehen: Seine Augen sind weit geöffnet, er liegt gespannt und regungslos da – nach meinem Eindruck ›erstarrt vor Schreck‹. Minuten später kommt Bewegung in ihn. Er spuckt den Schnuller aus, bewegt seine Lippen, rudert mit den Armen, strampelt mit den Beinen und hat seinen Blick auf ›Lilo‹, seine in der Wiege hängende Stoff-Ente, geheftet. Als Frau A. der Wiege erneut Anschwung gibt und diese daraufhin gegen den Schrank stößt, erschrecken auch beide Eltern. Sam kann ich nicht sehen, weil die jetzt schleudernde Wiege ihn meinen Blicken entzieht. Ich bin wie außer mir, wütend, habe den Impuls, die Wiege anzuhalten und ringe um Fassung. Herr A. bremst die Wiege […] Sam ist unruhig, bewegt seine Arme, gibt vereinzelt unzufriedene Laute von sich, die sich schnell zu einem anhaltenden Schreien steigern. Sein Kopf ist rot, die Augen sind zu Schlitzen zusammengezogen, die Fäustchen geballt. Die ganze, kurz zuvor friedliche Atmosphäre ist nun hoch gespannt. Herr A. nimmt den schreienden Sam aus der Wiege, trägt ihn umher, Herr und Frau A. streiten gereizt, was sie machen sollen […] Meine Beobachtungszeit ist um, ich verabschiede mich, fühle mich unruhig, angespannt, körperlich unwohl und bleibe länger beschäftigt mit der Situation.

Ich erzähle der *Seminargruppe,* dass Frau A., wenn Sam stärker schreit, im Radio ein lautes Rauschen anschaltet, woraufhin er verstummt, die Augen aufreißt und körperlich starr wird. Eine Supervisorin weist darauf hin, dass die Eltern angeborene Ängste (Ängste zu fallen, Ängste vor lauten Geräuschen) nutzen, um Sam ruhig zu stellen. – Wird Sams Schreien von seiner Mutter unbewusst wie ein Angriff erlebt, den sie durch ihre aggressiven Handlungen abzuwehren sucht? Fühlen sich Frau A., auch Herr A., von Haltlosigkeit und Desintegration bedroht, wenn sein oft hilflos-verzweifelt oder wütend klingendes Schreien sich schnell in einen Zustand steigert, in dem er ganz außer sich gerät?

Nach meinem Eindruck erlebte Sam in diesen Situationen Zustände katastrophischer Angst. Meine Gefühle, wie außer mir zu sein, meine eigene heftige Wut, die ich auch als Versuch auffasste, Panikgefühle abzuwehren, und meine körperlichen Zustände von Unruhe, Anspannung, Unwohlsein korrespondierten damit. Im weiteren Nachdenken verstand ich Sams muskuläre Anspannung als eine ›Zweithaut-Bildung‹ (Bick 1968), die seinem Erleben, in Stücke zu zerspringen, entgegenwirken sollte. Seine dann folgende motorische Aktivität war m. E. eine Maßnahme zur Abfuhr unverdauter ß-Elemente und zugleich ein Versuch, über die Körperbewegungen ein zentrierteres und dadurch spürbares Gefühl von (rudimentärem) Selbst wiederzuerlangen. Auch Sams Blick, der sich an die Ente heftete, kann mit Bick als Versuch aufgefasst werden, einem Zustand von Panik, Hilflosigkeit, Auseinanderspringen entgegenzuwirken:

> Im frühkindlichen, unintegrierten Zustand scheint das Bedürfnis nach einem bewahrenden Objekt eine verzweifelte Suche nach einem Objekt – einer Lampe, einer Stimme, einem Geruch oder einem anderen sensuellen Objekt – zu erzeugen, das die Aufmerksamkeit fesseln und dadurch, zumindest augenblicksweise, erfahren werden kann, als hielte es die Teile der Persönlichkeit zusammen. (Bick 1968, 237)

In der Gruppe beschäftigt uns zudem, dass ich in dieser Situation die innere Beobachtungsposition verloren hatte: Identifiziert mit Sams Panik, Hilflosigkeit und dem außer sich sein, war ich emotional intensiv erfasst, nicht mehr in der Lage, auch andere Perspektiven einzunehmen und das, was ich wahrnahm, zu bedenken. Erst durch die gemeinsame Reflexion in der Gruppe konnte ich mich aus der Identifizierung lösen und wieder aus einer dritten Position über das Geschehen nachdenken.

Beobachtungen 3. bis 6. Lebensmonat

Am Beginn meiner *9. Beobachtung* (Sam ist 14,5 Wochen, 3 Monate alt) ist die Familie im Hochsommer vom Einkaufen zurückgekehrt. Sam schwitzt, schreit und strampelt, in meinem Erleben außer sich vor Verzweiflung und Wut und muss eine mir endlos erscheinende Zeit warten, bis seine Mutter kommt, um ihn zu stillen. Ich werde von Unruhe und Anspannung erfasst, die mich während der folgenden Beobachtung untergründig begleiten.

> Nach dem Stillen und Wickeln legt die erschöpft wirkende Frau A. Sam auf dem Sofa ab [...] Sam beginnt mit ganz unterschiedlichen Tönen zu seiner Mutter zu sprechen, als erzähle er eine kleine Geschichte. Er gibt u. a. die mir schon bekannten »Höö-Laute« von sich, kann aber auch »Hos« in verschiedensten Tonlagen und lässt einmal einen kleinen Juchzer hören, der von längerem Strampeln und Fuchteln gefolgt ist [...] Als Sam schließlich mit nach vorne gestreckter Brust, weit geöffneten Augen und wichtiger Miene ein tiefes »Hooa!« hervorbringt, bin ich beeindruckt und fühle mich an einen stolzen Jugendlichen auf seinem Mofa erinnert.

Herr A. arbeitete wieder in Vollzeit. Frau A. wirkte auf mich nun oft unzufrieden, telefonierte manchmal störend laut, hörte laut Radio oder hatte Besucher, die Sam herumtrugen, so dass ich einige Mühe hatte, ihn zu beobachten. Immer wieder gab es Situationen, in denen ich mich plötzlich ausgeschlossen fühlte. Bei der *13. Beobachtung* ist auch Herr A. anwesend und Sam 20 Wochen (4,5 Monate) alt.

> Ich begrüße Sam, der auf seiner Decke liegt und mich anlächelt. Herr A. kommt dazu, spricht ihn an und beugt sich über ihn. Sam freut sich, lächelt seinen Vater breit an, greift mit beiden Händen nach Herrn A.s Nase, dann in seine Haare, strampelt mit den Beinchen und gibt begeistert klingende Laute von sich: »Ööö – Öröö!« Herr A. antwortet: »Örööö, ja, du redest mit mir!« [...] Herr A. beginnt, mir Sams Entwicklungsschritte vorzuführen, zeigt mir zunächst, wie Sam auf dem Bauch liegen kann. Als er ihn in die Bauchlage dreht, wirkt Sam sehr erstaunt darüber, die Welt nun andersherum vorzufinden. Er guckt um sich, stützt sich mit den Ärmchen ab, macht strampelnde Bewegungen mit den Füßen [...] Als er einen vor ihm liegenden Löffel nicht erreicht, beginnt er unvermittelt zu schreien. Frau A. kommt, nimmt Sam abrupt auf und sagt gereizt, er müsse gewindelt werden.

In der *Seminargruppe* fällt auf, dass Sam von seinen Eltern nun häufiger abgelegt wird, sichtbarer und spürbarer ist als eigene kleine Person, mehr Bewegungsspielraum hat, in dem er sich motorisch ausprobiert und über ein neues Repertoire an Tönen und Lauten verfügt, mit denen er sich ausdrücken und Kontakt aufnehmen kann.

Uns beschäftigen Frau A.s Unzufriedenheit, ihr Stören der Beobachtungen, ihr abruptes Eingreifen in der Situation mit Sam, seinem Vater und mir und meine wiederkehrenden Gefühle, plötzlich ausgeschlossen zu sein. Fühlt Frau A. sich von ihrem Mann allein gelassen und ist daher untergründig wütend? Eine Supervisorin überlegt, ob Frau A. enttäuscht und ärgerlich ist, dass ich meine Aufmerksamkeit ganz Sam widme und ihr nicht als unbewusst herbeigewünschtes, versorgendes Objekt zur Verfügung stehe. Unterbricht sie das Zusammensein von ihrem Mann, Sam und mir, weil sie eifersüchtig ist? Fühle ich mich ausgeschlossen, weil ich plötzlich der innigen Beziehung zwischen Sam und einem Elternteil/einem der Besucher gewahr werde?

In der Seminargruppe bildet sich eine Bedeutungsvielfalt ab, die zur Formulierung unterschiedlichster psychodynamischer Hypothesen anregt, von denen sich einige im Verlauf mit mehr Bedeutung füllen, sich durch hinzukommende Aspekte verändern und neue Richtungen aufzeigen, während andere sich als unbrauchbar erweisen, um die Dynamik zu verstehen. In den Teilnehmenden entsteht dadurch ein Gespür für die prozesshafte, nicht linear voranschreitende, sondern vor und zurück, z. T. zirkulär verlaufende, nie zu einem Ende kommende psychoanalytische Arbeit.

Nachdem in der Gruppe zunächst darüber gelacht wird, dass mir zu Sams tiefem »Hooa!« im Dialog mit seiner Mutter ein stolzer Jugendlicher auf seinem Mofa einfiel, werden wir aufmerksam auf das Mofa – in meiner frühen Jugend ein Inbegriff von Mobilität und Unabhängigkeit. Bebilderte diese Fantasie Sams Entwicklungssprung? Oder war dieser Einfall eher als ein Ausdruck meines unbewussten Versuches zu verstehen, ihn zu motorisieren, um mein Erleben seiner Angewiesenheit und Immobilität abzuwehren? In Identifikation mit Sams frühem Erleben zu Beginn der 9. Beobachtung, in dem Zeit und damit ein Ende noch nicht denkbar waren, war mir seine als unendlich empfundene Verzweiflung ja noch unerträglich erschienen.

In der analytischen Babybeobachtung wurde mir so unmittelbar erfahrbar, dass die eigenen Projektionen das, was beobachtet wird, maßgeblich mitgestalten und sich die Projektionen anderer mit eigenen Abwehrbemühungen mischen (Segal 1997). Es wurde spürbar, dass das Erleben der Beobachtungssituation sowohl durch Identifizierungen mit dem Baby und den Eltern als auch durch Aktualisierungen des eigenen frühen emotionalen Erlebens bedingt ist (Maiello 2015).

Beobachtungen 7. bis 10. Lebensmonat

In der *19. Beobachtung* ist Sam 27 Wochen (6 Monate) alt. Herr und Frau A. erzählen mir von ihren Versuchen, ihrem Sohn, der mittags und abends nun auch Breikost isst, nachts von der Brust zu entwöhnen, weil Frau A. kaum noch Schlaf bekommt.

> Sam wolle nachts alle 1–2 Stunden trinken. Frau A. schlafe nun im Gästezimmer und Herr A. versuche, Sam zu beruhigen. [...] Sam rege sich furchtbar auf und schreie manchmal eine ganze Stunde durch. Er sei wütend und gerate ganz außer sich. Wenn sie Sam tagsüber neben ihm liegend stille, greife er, nachdem er eigentlich fertig getrunken habe, nach der Brust und sauge an ihr. Dann wende er sich ab und drehe sich kurz auf seine andere Seite, um sich dann wieder zurückzudrehen, wieder nach der Brust zu greifen und an ihr zu saugen. Das wiederhole er immer wieder. Wenn sich Sam der Brust zuwende und sauge, ergänzt Herr A., erlebe er ihn fast triumphierend, als wolle er deutlich machen: Das hier ist meine Brust!

Zwei Monate später, in der *24. Beobachtung* (Sam ist 36 Wochen, 8 Monate alt) ist Sam erneut mit einer Trennung von seiner Mutter konfrontiert.

> Frau A. übergibt Sam an ihren Mann, woraufhin Sam sofort zu schreien beginnt. Empört und fassungslos blickt er seiner Mutter nach, die jetzt den Raum verlässt. Ich bin selbst irritiert: Geht Frau A. weg? [...] Herr A. kann Sam nach einiger Zeit für einen Ball interessieren. Er hört auf zu weinen und die Abwesenheit seiner Mutter scheint vergessen. Nach wenigen Minuten kommt Frau A. wieder. Wenn Sam weiter schreie, könne Herr A. ja mit ihm rausgehen. [...] Sam beginnt sofort wieder zu weinen, zieht Arme und Beine in die Luft und signalisiert nach meinem Eindruck, dass er hochgenommen werden möchte. Frau A. geht. – Sam schreit auf. Er liegt auf dem Bauch, reckt sein Gesicht nach seiner Mutter, hat seine Augen und seinen Mund weit aufgerissen und weint voller Schmerz. Mir sind bei seinem Aufschrei Tränen in die Augen geschossen, ich habe einen drückenden Schmerz auf der Brust, bin aufgewühlt [...] Frau A., die wieder an der Tür erscheint, [...] wirkt hin und her gerissen: »So kann ich doch nicht gehen!«. Herr A. entgegnet gereizt, es werde nicht besser, wenn sie immer wieder hereinkomme. Sie geht ohne ein weite-

res Wort. Die Tür fällt zu. Sam schreit voller Schmerz. Ich denke daran, die Situation in der Seminargruppe zu besprechen und bemerke, dass in mir dadurch Abstand zu der beobachteten Situation entsteht.

Diesmal teilt sich die Seminargruppe nach meinem Bericht auf und streitet: Während ein Teil der Gruppe mit Sam mitleidet, ergreift der andere Teil für seine Mutter Partei, der Herr A. bei der Trennung nicht ausreichend zur Seite stehe. Wir denken an Frau A.s Verlusterfahrungen – ihre verstorbene Mutter, ihre Fehlgeburten – und an ihre Ängste während der Schwangerschaft. Die Not, in die sie gerät, wenn sie sich von Sam trennen möchte, versucht sie zu lösen, indem sie sich abrupt von ihm losreißt oder aber die Trennung aufgibt. – Erneut fällt uns auf, dass es kaum Übergänge gibt, immer wieder plötzlich, unvermittelt Neues geschieht. Greift dieser Eindruck auch etwas von Sams Erleben auf, der nachts mit der Entwöhnung von der Brust konfrontiert ist? Bisher wird er in den Schlaf gestillt und kennt ein Warten noch kaum. In vorangegangenen Beobachtungssituationen scheint Sam nur mit dem beschäftigt, was in seiner Reich- und Sichtweite liegt. Fällt ein Spielzeug, an dem er gerade noch hingebungsvoll gelutscht hat, unter den Tisch oder nimmt sein Vater ihm die Sonnenbrille weg, die im Spiel gerade noch sein ganzer Schatz gewesen ist, protestiert er kurz, aber es gibt kein Suchen. Kann er das Abwesende noch gar nicht oder doch manchmal schon denken?

Sams Außer-sich-geraten, sein Schmerz, seine Panik und Wut in Zusammenhang mit den Trennungen und der nächtlichen Entwöhnung von der Brust lassen uns an Freuds (1938, 151) Gedanken über »das Haben und das Sein beim Kind« denken, die den Bogen einer enormen Entwicklung aufspannen: »Die Brust ist ein Stück von mir, ich bin die Brust. Später nur: ich habe sie, d.h. ich bin sie nicht …«. In seinem Fort-Da-Spiel mit der Brust gibt Sam seinem Ringen mit der Abwesenheit der Brust Ausdruck: Sie ist weg – nein, doch da und triumphal ein Stück von ihm? Wir nehmen an, dass Sam die Wahrnehmung der Getrenntheit von der Brust omnipotent durch Spaltungen und projektive Mechanismen abzuwehren sucht. Korrespondiert die Polarisierung in der Seminar-Gruppe mit seinen Spaltungen? Wie kann man sich die Entwicklung vorstellen, die es dem Baby schließlich ermöglicht, die Brust als von sich getrennt wahrzunehmen? Bei Klein (1928, 1935, 1946), Bion (1962, 1963, 1965, 1992) und Krejci (1999) fand ich Konzepte, welche die enormen

Integrationsleistungen beschreiben, durch die es dem Baby nach und nach gelingt, erste Gedanken und einen Apparat zum Denken auszubilden, warten zu können, Selbst und Nicht-Selbst zu differenzieren und mit Selbst, Nicht-Selbst und Gedanke zugleich über eine erste triadische Struktur zu verfügen, die einen psychischen Raum eröffnet.

Bei der Suche nach Theorien, die meine Erfahrungen und Beobachtungen zu verstehen halfen, stieß ich später auf Matte Blanco (1988, 44, Bria 2018, 45), der die beiden von Freud genannten Zustände als grundlegende Antinomie der Psyche des Menschen konzipiert. ›Ich bin die Brust‹ beschreibt den »Unteilbarkeits-Modus« des Seins, der im Psychischen mit dem »Heterogenen-Modus«, ›Ich habe sie, d.h. ich bin sie nicht‹, der erst erworben werden muss, bereits einen Anderen voraussetzt und an Denken gebunden ist, unauflösbar koexistiert.

Beobachtungen 11. bis 13. Lebensmonat

In der *31. Beobachtung* (Sam ist 45 Wochen, 10,5 Monate alt) bittet mich Herr A. bei der Begrüßung zu warten; sie wollten noch aufessen.

> Da ich sonst auch beim Essen zusehe, fühle ich mich unerwartet ausquartiert und finde mich in der bereits bekannten Dynamik – Wechsel von Ausgeschlossensein und Dazugehören – wieder. Zugleich bemerke ich, dass sich dieser Ausschluss ruhiger vermittelt und verstehe später, als Frau A. etwas zur Essenssituation sagt, warum ich nicht dazu kommen sollte [...]
>
> Sam hat sich am Tischbein hochgezogen, steht wackelig da und fällt, als er seine Hände benutzt, um eine Verpackung zu untersuchen, nach hinten um. Er beginnt laut zu schreien. Herr A. nimmt ihn auf: »Oh, das tut weh, was?!« Als seine Mutter von ihrem Sessel aus einen beschwichtigenden Laut von sich gibt, dreht Sam sich in ihre Richtung und streckt seine Ärmchen nach ihr aus. Herr A., der in den Beobachtungen zuvor darauf bestand, Sam selbst zu beruhigen, reicht ihn zu Frau A. hinüber. Sam kuschelt sich an die Schulter seiner Mutter, wirkt getröstet und hört schnell auf zu weinen.

In der letzten, der *37. Beobachtung* ist Sam 1 Jahr und 1,5 Wochen alt. Bereits in den vorangegangenen Wochen hatte ich von den Vorbereitungen auf Frau A.s Arbeitsanfang erfahren.

> Sam kommt mit wenigen breitbeinigen, recht sicheren Schritten zu mir gelaufen, hält mir einen kleinen Holzdeckel hin und lässt sich in den Sitz plumpsen. Ich begrüße Sam, setze mich zu ihm auf den Boden, nehme dankend den Deckel, bestaune ihn und biete ihn Sam wieder an. Er nimmt ihn und gibt ihn mir wieder. Das geht einige Male hin und her, wobei Sam seine Übergabe des Deckels nun mit einem energischen »Da!« begleitet und wir beide lachen. Als Sam sich einem Buch zuwendet, ziehe ich mich beobachtend zurück. […] Frau A. setzt sich zu uns und erzählt […] Vier Vormittage habe sie bereits gearbeitet. Es sei gut gegangen mit Sam und seiner Großmutter […] Sam packt den Inhalt seiner Spielzeugkiste aus und hält Frau A. und mir jedes Spielzeug (»Da!«) am weit ausgestreckten Arm entgegen […]
>
> Mir wird angesichts der bevorstehenden Trennung beklommen zumute, so dass ich Zeit brauche, um zum Abschied überzugehen. – Ich sage Sam, dass ich nun ein Jahr lang fast jede Woche da war, um ihm zuzuschauen und darüber nachzudenken, was er erlebt. Ich hätte gesehen, wie er sich verändert und jetzt sei er schon ein ganz schön großer Junge. Heute sei ich das letzte Mal da, das fände ich traurig. Ich würde sicher immer wieder an ihn denken. Heute würden wir uns also Tschüß sagen. Als ich »Tschüß« sage, beginnt Sam zu winken und Frau A. und ich lachen. Ja, wir würden uns verabschieden und Tschüß sagen, bekräftige ich Sams Winken. Mir ist traurig zumute und ich bedanke mich nun bei Frau A., die Tränen in den Augen hat. Sie sagt etwas schroff, für sie sei das auch sehr interessant gewesen, das wisse ich ja, und bedankt sich bei mir. Frau A. und Sam begleiten mich zur Tür. Wir verabschieden uns noch mal, dann bin ich im Treppenhaus. Ich höre Sam weinen, bin selbst tief traurig und zugleich ganz erfüllt von den vielen Erlebnissen mit Sam und seinen Eltern.

In der Seminargruppe beschäftigen uns die Veränderungen in der Familie. Frau A.s Arbeitsaufnahme wirkt gut vorbereitet. Sam lässt sich von seiner Großmutter betreuen. Er hat zu beiden Eltern eine eigene, vertraute Beziehung, die seine Eltern, die im ersten Lebenshalbjahr viel um die Beziehung mit ihm konkurrierten, gegenseitig tolerieren. Die Trennungsproblematik sehen wir darin, dass Sam weiter nicht alleine einschlafen kann, mit seinen Eltern auf einem gemeinsamen Matratzenlager übernachtet und es noch keine Vorstellung davon gibt, ihn abzustillen.

Abschließend sprechen wir über die Beobachtungszeit begleitende Dynamik – wiederkehrende Gefühle von Ausgeschlossensein und Eifersucht unter uns Erwachsenen und plötzlich wechselnde Paarkonstellationen zwischen

Herrn A., Frau A., Sam und mir – die sich gegen Ende des Jahres deutlich abgeschwächt zeigte. Nach meinem Eindruck ringen Herr und Frau A. seit Sams Geburt mit der entstandenen Dreierkonstellation. Gehen ihre Schwierigkeiten, sich nach der Geburt ihres ersten Kindes zu einem ödipalen Paar zusammenzufinden, nur von ihnen aus? Als teilnehmender Beobachterin machen mir die abrupten Wechsel meiner Gefühle zu schaffen, dazuzugehören oder ausgeschlossen zu sein, die auch von anderen analytischen Säuglingsbeobachterlnnen beschrieben werden (Maiello 2015). Sind das individuelle Schwierigkeiten oder solche, die vorrangig der Position der teilnehmenden Beobachterin zuzuschreiben sind, da diese sowohl eine unmittelbare Teilhabe als auch ein Ausgeschlossensein beinhaltet?

Ich kam zu der Hypothese, dass die erlebte Dynamik zwischen allen Beteiligten zudem mit Sams existentiellem Ringen mit der frühen ödipalen Situation in Zusammenhang stand bzw. diese Konfliktlage auch bedingt durch seine Projektionen in uns Erwachsenen aktualisiert war.

III. Erste Anfänge der ›ödipalen Situation‹

Solange das Baby noch kein gutes Objekt internalisiert hat und noch über keine eigene Alpha-Funktion verfügt, ist sein Erleben überwiegend unintegriert. Es ist in existentieller Weise darauf angewiesen, dass seine Mutter seine von ihm ungekannten, mit zeitweilig extrem intensiven Affekten verbundenen Zustände in der Reverie (Bion 1962) wahrnimmt und sie mit Hilfe ihrer Alpha-Funktion transformiert bzw. sie dem Baby durch ihre Antworten, mit denen sie auf seine Wünsche und Bedürfnisse eingeht, verstehbarer macht. Das Baby erlebt sich mit dem mütterlichen Objekt zunächst als eins. Die frühe ödipale Situation setzt nach Britton (1989, 97) ein, »sobald das Kind die Beziehung der Eltern, wie rudimentär oder partiell auch immer, wahrzunehmen beginnt.« In meinem Verständnis nimmt diese Situation bereits ihren Anfang, wenn das Baby der Getrenntheit von der Mutter (zunächst partiell und flüchtig) gewahr wird und in seinem Erleben zugleich das Dritte in der triadischen Struktur aufscheint. Diese auch nur rudimentäre Wahrnehmung setzt ein mütterliches Objekt voraus, das in ausreichend guter Verbindung zu den eigenen inneren Objekten steht, die als dritte Elemente ihren psychischen Raum konstituieren, und das in der Lage ist, dem Baby die Getrenntheit in der Liebe zum Vater (Bion 1962) zuzumuten.

Dann kann der Säugling die inneren Objekte der Mutter als Dritte einer frühen ödipalen Situation erfahren (Rhode 2005), und es entsteht ein Erlebensmodus, der ein ›sowohl als auch‹ ermöglicht – ein Zustand, den ich als beginnende depressive Position verstehe. Erlebt das wenige Wochen/Monate alte Baby jedoch ein andrängendes Bedürfnis, einen Schmerz, eine Versagung, wird es die wahrgenommene Getrenntheit als Angriff erfahren, der es in Spannung, Panik, Wut versetzt und der sofortige Abwehrbewegungen auslöst. Dabei ist das Dritte in dem jetzt paranoid-schizoiden Erleben des Babys projektiv als böse aufgeladen. Wird die Wahrnehmung der Getrenntheit vom Säugling daraufhin mit Hilfe von Spaltung und Projektion abgewehrt, fällt die triadische Figur wieder in sich zusammen. Das zuvor vom Baby als das Dritte Erfahrene wird nun, im paranoid-schizoiden Modus, als anwesendes Böses erlebt und/oder projektiv ausgestoßen. M.E. prägen diese, zwischen einer beginnenden Integration und einer durch Spaltungen erneut einsetzenden Desintegration alternierenden Zustände im Baby die Situation der analytischen Säuglingsbeobachtung und tragen wesentlich dazu bei, dass auch in der Gruppe, die mit dem Baby befasst ist, Zustände von ›sowohl als auch‹ unvermittelt in solche von ›entweder-oder‹ kippen und in den Beteiligten abrupte Wechsel von Gefühlen des Dazugehörigseins und des Ausgeschlossenseins auftreten.[3]

Bis sich die mit der depressiven Position verbundenen Integrationsprozesse ausgebildet haben, sind umfassende Veränderungen der psychischen Organisation nötig, die sich in einem fortwährenden Wechsel von paranoid-schizoider und depressiver Position (Bion 1962; Ogden 1989; Steiner 1992) erst allmählich entwickeln. In der dann möglichen Realisierung der ödipalen Situation »werden die inter-subjektive Beziehung (mit dem begehrten Primärobjekt) und die Subjekt-Objekt-Beziehung (mit dem beobachtenden Objekt) miteinander verbunden« (Britton 1997, 104). Im entstehenden triangulären Raum »ergibt sich infolgedessen sowohl die Möglichkeit, Teil einer Beziehung zu sein und dabei von einer dritten Person beobachtet zu werden, als auch die Möglichkeit, selbst eine Beziehung zwischen zwei Personen zu beobachten« (Britton 1989, 98).

In der beginnenden frühen ödipalen Situation mit einem erst in der Entwicklung begriffenen psychischen Raum überwiegt jedoch ein paranoid-schi-

3 Ähnliche Phänomene finden sich im stationären psychotherapeutischen Setting in Gruppen, die von Patienten mit Boderline-Pathologien geprägt sind.

zoides Erleben. Dabei wird der beobachtende Blick oftmals mit feindlichen Qualitäten ausgestattet, die in das Dritte oder in das Paar aus ›beobachtendem Blick‹ und ›Gedanken der Beobachterin‹ projiziert werden.[4] Mit dieser Situation sind die Teilnehmerinnen der analytischen Säuglingsbeobachtung in einer besonderen Weise konfrontiert.

Angesichts der intimen und zugleich verletzlichen, sich neu entwickelnden Beziehung von Mutter und Baby erleben viele Beobachterinnen den eigenen Blick zunächst als intrusiv (Maiello 2015). Hier hilft die Seminargruppe den Beobachterinnen, ihre Gefühle zu verstehen und im realen Kontakt mit dem Mutter-Baby-Paar (und dem Vater) Nähe und Abstand der Beobachtungsposition zu regulieren. Aber auch von außen wird der beobachtende Blick mit Projektionen auf das trennende Dritte durchsetzt und lässt ihn für manche als kalt, bedrohlich, vernichtend erscheinen. Ein Spaltungs-Phänomen, das m. E. in den Diskussionen um die analytische Säuglingsbeobachtung spürbaren Einfluss hat.[5]

IV. Zusammenfassende Gedanken zur analytischen Säuglingsbeobachtung als frühe Erfahrung

Die begleitende Seminargruppe übernimmt wichtige und triangulierende Funktionen: Sie containt die z. T. intensiven Affekte und hilft, sie in Bezug auf das

4 Nach Britton (1997, 103) werden »bleibende natürliche Grenzen unserer sich entwickelnden Psyche [...] als leicht verfügbare Linien zum Spalten« gebraucht. Die von ihm beschriebenen Analysanden hielten die intersubjektive Beziehung und die Subjekt-Objekt-Beziehung getrennt, um die Wahrnehmung der ödipalen Situation abzuwehren. »Objektives Wissen wird mit Sehvermögen und Erkenntnis (Sehen und Denken) gleichgesetzt und dem dritten (beobachtenden/eindringenden) Objekt zugeschrieben; ›Verstehen‹, Fühlen und Träumen dagegen dem (begehrten) Primärobjekt« (Britton 1997, 105). Die intrusive, vernichtende Qualität, mit der sich der Blick in diesem Erlebensmodus durch Projektionen auf das Dritte aufladen kann, vermittelt Britton (1997, 110) durch Rilkes Gedicht: »Ach wehe, meine Mutter reißt mich ein [...] Sie reißt mich ein, indem sie kommt und schaut«.

5 In einer aktuellen deutschen Debatte (Knott 2017; Ludwig-Körner 2015; 2017) behauptet Ludwig-Körner die Anwesenheit der Babybeobachterin schade dem Baby und plädiert dafür, den beobachtenden Blick durch eine Videokamera zu ersetzen.

Baby, die Mutter und die Beobachterinnen selbst zu verstehen. Durch das gemeinsame Nachdenken über das äußere und innere Erleben der Beobachterinnen mit Bezug auf analytische Theorie entsteht in der Gruppe eine Reflexionsebene, auf die die Beobachterinnen innerlich Bezug nehmen können, wenn ihnen im Ansturm der projizierten, primitiven Zustände in der Beobachtungssituation die dritte Position verlorengeht. Durch die Reflexion in der Seminargruppe können sich die Teilnehmerinnen ihrer Identifizierungen mit dem Baby, der Mutter oder inneren (Teil-)Objekten bewusst werden. Gelingt es ihnen im Verlauf, ihre Identifizierungen zu wechseln und die verschiedenen Perspektiven zu bedenken, sich also mit einer dritten Position zu identifizieren, wird es für sie auch in der Beobachtungssituation leichter, ihre eigenen Impulse wahrzunehmen, sie in sich zu halten und zu bedenken, statt ihnen agierend zu folgen. Angeregt durch die Gruppe können sie zunehmend mehr Offenheit für das entwickeln, was in der Beobachtungssituation vor sich geht. Im Vergleich der vorgestellten Babys erfahren sie zudem, wie verschieden diese bereits von Anfang an sind und wie unterschiedlich sie durch äußere Erfahrungen beeinflusst werden. Das Zusammenspiel aus Babybeobachtungen und begleitender Seminargruppe – aus emotionalem Erleben und abstrahierendem Denken – ermöglicht den Teilnehmerinnen ein *Lernen durch Erfahrung* (Bion 1962).

In der Babybeobachtung entfaltet sich ein Raum, in dem frühe unbewusste Austauschprozesse zwischen Baby und Mutter (Vater) erfahrbar werden. Im Zustand der Reverie können die Beobachterinnen über ihre Sinne ungekannte, einzelne versprengte oder umfassende, sich oft körperlich vermittelnde, sehr flüchtige oder anhaltende Empfindungen wahrnehmen, die manchmal mit einem veränderten Raum- und Zeiterleben einhergehen. Dadurch erhalten sie sowohl einen tiefen Eindruck von dem frühen unintegrierten Erleben des Säuglings, das er in Form roher Sinnesdaten (mit einer noch unrealisierten Erwartung eines Containers) in die Welt wirft, als auch von projektiv identifikatorischen Prozessen als frühste Formen der unbewussten Kommunikation. Die Erfahrungen der existentiellen Angewiesenheit des Babys, der dringenden Notwendigkeit des Containments, des absoluten und zeitlosen Erlebens des Babys, seiner alles umfassenden frühen Ängste und seiner auch in der normalen Entwicklung unvermeidlichen, z. T. tiefgreifenden Erschütterungen hinterlassen einen unvergesslichen Eindruck.

Meiner Erfahrung nach bietet die Säuglingsbeobachtung ein gutes Fundament, um sich in psychoanalytischen Behandlungen auch mit tief regressiven oder namenlosen Zuständen von Analysanden zu identifizieren und diese im analytischen Prozess in sich zu tragen. Existentielle frühe Erlebensweisen – z. B. unbewusste Reaktionen von Analysanden auf Deutungen, Unterbrechungen, Änderungen des Rahmens – können vor diesem Hintergrund unmittelbar erfassbar werden. Die in der Babybeobachtung im Zusammenspiel mit der begleitenden Seminargruppe erworbenen Fähigkeiten, intensive Affekte nicht zu agieren, sondern in sich zu halten und aus einer dritten Position heraus zu bedenken, helfen in analytischen Stunden dabei, auch unter dem heftigen Ansturm von Projektionen noch denken zu können *(thinking under fire,* Bion 1982), aber auch Unklarheit, Zweifel und Nicht-Verstehen zu tolerieren *(negative capability,* Bion 1970). Die Erfahrung, ein lebendiger Teil der Beobachtungssituation zu sein, aber immer wieder »zu einer gewissen Distanzierung zum Geschehen [zu] gelangen« (Bick 1964, 181) und das Ringen darum, neutral zu bleiben, sind wichtige Bestandteile der analytischen Haltung. Das Bemühen, in der Babybeobachtungssituation sowohl das äußere als auch das innere Geschehen wahrzunehmen, bietet eine gute Vorausetzung für die Arbeit mit Übertragung und Gegenübertragung. Die Erfahrungen von Reverie können sich in den psychoanalytischen Stunden in einer Haltung von träumerischer Gelöstheit und *no memory, no desire* (Bion 1967) fortsetzen und es dem/der Analytiker/in ermöglichen, unbewusste, präverbale, unrepräsentierte Ebenen von Analysanden wahrzunehmen, die sich oftmals durch Körper- und Sinnesempfindungen bemerkbar machen (Lombardi 2016). Fantasien oder Gedanken, die sich in der Reverie einstellen, können zu imaginativen Entwürfen beitragen, die dem noch Unrepräsentierten, dem Ungekannten, eine erste Gestalt geben.

Literatur

Bick, E. (1964): Notes on Infant Observation in Psycho-Analytic Training. In: *Int. J. Psychoanal.* 45, 558–566. Dt. (2006): Bemerkungen zur Säuglingsausbildung in der psychoanalytischen Ausbildung. In: *Jahrb. Psychoanal.* 53, 179–197.

Bick, E. (1968): The Experience of the Skin in Early Object Relations. In: *Int. J. Psychoanal.,* 49, 484–486. Dt. (1990): Das Hauterleben in frühen Objektbeziehungen. In: *Melanie Klein heute.* Bd. 1. Hg. von Bott-Spillius, E. München/ Wien: Verlag Internationale Psychoanalyse, 236–240.

Bion, W.R. (1962): *Learning from Experience.* London: Heinemann. Dt. (1990): *Lernen aus Erfahrung.* Übers. von Krejci, E. Frankfurt am Main: Suhrkamp.

Bion, W.R. (1963): *Elements of Psycho-Analysis.* London: Karnac. Dt. (1992): *Elemente der Psychoanalyse.* Übers. von Krejci, E. Frankfurt am Main: Suhrkamp.

Bion, W.R. (1965): *Transformations.* London: Karnac. Dt. (1997): *Transformationen.* Übers. von Krejci, E. Frankfurt am Main: Suhrkamp.

Bion, W.R. (2002 [1967]): Anmerkungen zu Erinnerung und Wunsch. In: *Melanie Klein heute.* Bd. 2. Hg. von Bott Spillius, E. Suttgart: Klett-Cotta, 22–28.

Bion, W.R. (1970): *Attention and Interpretation.* London: Tavistock Publications. Dt. (2006): *Aufmerksamkeit und Deutung.* Frankfurt am Main: Brandes & Apsel.

Bion, W.R. (1991 [1982]): *The Long Week-End 1897–1919.* London: Karnac.

Bion, W.R. (1992): *Cogitations.* London: Karnac.

Bria, P. (2018): Denken, Fühlen, Sein: Die Forschung über das Unbewusste von Ignacio Matte Blanco. In: *Jahrb. Psychoanal.* 76, 43–65.

Britton, R. (1989): The Missing Link: Parental Sexuality in the Oedipus Complex. In: Britton, R./Feldmann, M./O'Shaugnessy, E. (Hg.): *The Oedipus Complex today. Clinical Implications.* London: Karnac. Dt. (1998): Die fehlende Verbindung: Die Sexualität der Eltern im Ödipuskomplex. In: *Der Ödipuskomplex in der Schule Melanie Kleins.* Hg. von Britton, R./Feldman, M./O'Shaughnessy, E. Stuttgart: Klett-Cotta, 95–116.

Britton, R. (1997): Weitere Überlegungen zur dritten Position. In: *Groll und Rache in der ödipalen Situation.* Beiträge der Westlodge Konferenz. Hg. von Britton, R./Feldman, M./Steiner, J. Übers. von Frank, C. Tübingen: edition diskord, 97–121.

Freud, S. (1938c): Ergebnisse, Ideen, Probleme. In: *GW* XVII, 151–152.

Klein, M. (1995 [1928]): Frühstadien des Ödipuskomplexes. In: *Gesammelte Schriften,* Bd. I, Teil 1. Hg. von R. Cycon unter Mitarbeit von H. Erb. Stuttgart-Bad Cannstatt: frommann-holzboog, 287–306.

Klein, M. (1995 [1935]): Beiträge zur Psychogenese der manisch-depressiven Zustände. In: *Gesammelte Schriften,* Bd. I, Teil 2. Hg. von R. Cycon unter Mitarbeit von H. Erb. Stuttgart-Bad Cannstatt: frommann-holzboog, 29–76.

Klein, M. (2000 [1946]): Bemerkungen über einige schizoide Mechanismen. In: *Gesammelte Schriften,* Bd. III. Hg. von R. Cycon unter Mitarbeit von H. Erb. Stuttgart-Bad Cannstatt: frommann-holzboog, 1–42.

Knott, M. (2017): Alle denken an das Baby. Zum Artikel »Und wer denkt an das Baby?« von Christiane Ludwig-Körner. In: *Psyche – Z. Psychoanal.* 71, 151–154.

Krejci, E. (1999): *Psychogenese des ersten Lebensjahres.* Perspektiven kleinianischer Psychoanalyse. Tübingen: edition diskord.

Lombardi, R. (2016): *Formless Infinity. Clinical explorations of Matte Blanco and Bion.* London: Routledge.

Ludwig-Körner, C. (2015): Und wer denkt an das Baby? Überlegungen zur Methode der Säuglingsbeobachtung. In: *Psyche – Z. Psychoanal.* 69, 1162–1186.

Ludwig-Körner, C. (2017): Infant Observation nutzt dem Beobachter, nicht dem Säugling. Eine Antwort auf die Replik »Alle denken an das Baby« von Maria Knott. In: *Psyche – Z. Psychoanal.* 71, 260–262.

Maiello, S. (2015): Säuglingsbeobachtung als Lernerfahrung in der psychoanalytischen Ausbildung. In: *Psychoanalytische Säuglingsbeobachtung und Säuglings-Kleinkind-Eltern-Psychotherapie.* Hg. von Häußler, G. Frankfurt am Main: Brandes & Apsel, 51–64.

Matte-Blanco, I. (1988): *Thinking, Feeling, Beeing. Clinical reflections on the fundamental antinomy of human beings and world.* London: Routledge.

Nissen, B. (2014): Versuch einer psychoanalytischen Theorie der Zeit. In: *Zeitschrift für psychoanalytische Theorie und Praxis.* Jahrgang XXIX, 279–298.

Nissen, B. (2015): Faith (F) and presence moment (O) in analytic processes: an example of a narcissistic disorder. In: *Int. J. Psychoanal.* 96, 1261–1281.

Ogden, T. (2006 [1989]): *Frühe Formen des Erlebens.* Gießen: Psychosozial-Verlag.

Rhode, M. (2005): Mirroring, imitation, identification: the sense of self in the reation to the mother's internal world. In: *Journal of Child Psychotherapy* 31 (1), 52–71.

Segal, H. (2008 [1997]): Gebrauch und Mißbrauch von Gegenübertragung. In: *Jahrb. Psychoanal.* 56, 9–21.

Steiner, J. (1992): The equilibrium between the paranoid-schizoid and the depressive positions. In: *Clinical Lectures on Klein and Bion.* Hg. von Robin, A. London: Routledge, 46–58.

Dr. med. Uta Zeitzschel, Rappstr. 16, 20146 Hamburg,
uta.zeitzschel@dpv-mail.de

Lehranalytiker zwischen Konflikt und Dilemma

Gruppenprozesse im psychoanalytischen Institut

*Georg Bruns**

Zusammenfassung

Der Aufsatz beschäftigt sich mit der Rolle der Lehranalytikergruppe in psychoanalytischen Instituten. Er beschreibt, dass ihr in besonderer Weise Macht und Einfluss zukommt, entstehend aus dem historischen Auftrag an sie, Hüter der psychoanalytischen Lehre im Sinne Freuds und der psychoanalytischen Bewegung zu sein. Der Leiter der Lehranalytikergruppe, repräsentiert im Ausbildungsausschuss, wird angesichts des besonderen Auftrags der Lehranalytiker zum informellen Leiter des Instituts, neben dem formellen, auf der Grundlage der Satzung gewählten Leiter. Daraus entsteht eine besondere gruppendynamische Konstellation. Sie beruht auch auf dem Bewegungscharakter der Psychoanalyse, der in ihrem institutionellen Selbstverständnis mindestens gleichrangig neben ihrer Charakteristik als Wissenschaft steht. Das Gewicht der Ausbildung und der Lehranalytikergruppe in einem Institut werden an einem Ausbildungskonflikt sichtbar, der das Institut vom Zustand einer Arbeitsgruppe in den einer Grundannahmen-Gruppe im Sinne Bions hat verfallen las-

* Georg J. Bruns, Prof. Dr. med. Dr. phil. habil., Nervenarzt, Facharzt für Psychotherapeutische Medizin, Dipl.-Soz., Lehranalytiker der DPV, Psychoanalytiker in eigener Praxis, war Professor für Soziologie mit dem Schwerpunkt Medizinische Soziologie an der Universität Bremen. Zahlreiche Veröffentlichungen zur Soziologie der Psychiatrie und Psychoanalyse, Psychotherapie der Psychosen und verschiedenen psychoanalytischen Themen.

sen. Die Zugehörigkeit zur Lehranalytikergruppe und zum Institut schafft wenig bemerkte, oft unbewusste Bindungen an psychoanalytische Institutionen. Um diesen Einflüssen in der psychoanalytischen Arbeit mit Lehranalysanden zu entgehen und eine offene neutrale Haltung einnehmen zu können, muss der Lehranalytiker über die Funktion der doppelten Ichspaltung, d. h. einer therapeutischen und einer institutionsbezogenen Ichspaltung verfügen.

Summary

The Training Analyst Between Conflict and Dilemma. Group Processes in Psychoanalytic Institutes

This paper deals with the role of the group of training analysts in psychoanalytic institutes. It shows that this group owns special power and influence deriving from its historical task to safeguard psychoanalytic doctrine according to Freud and to maintain the psychoanalytic movement. The chair of the group becomes the informal director of the institute because of the training analysts' special task. He steps at the side of the formally elected director. This constellation induces special group dynamics. It refers to the fact that psychoanalysis in its history and in what it stands for is at least equally a socio-professional movement and a science. The importance of training and of the training analysts' group in an institute becomes evident with an educational conflict which lets the whole institute change from the state of a work group to that of a basic assumption group in the sense of Bion. To belong to the group of training analysts and to the institute allow narcissistically important ties to psychoanalytic institutions, which often remain unnoticed and unconscious. These ties can influence the analysts's work with candidates. Therefore, the training analyst needs to have at his disposal the function of double ego-splitting in order to achieve an open, neutral attitude. Double ego-splitting consists of therapeutic and institutionally related ego-splitting.

Einleitung

Die Psychoanalyse ist eine relativ junge Wissenschaft. Sie unterscheidet sich von anderen wissenschaftlichen Disziplinen organisatorisch dadurch, dass sie in wesentlichen Teilen nicht an den üblichen gesellschaftlichen Orten der Wissenschaft, den Universitäten, sondern in privat organisierten Instituten gelehrt und vermittelt wird. Diese Institute werden in der Regel von den Psychoanalytikern getragen, die Institutsmitglieder sind. Die Institute bilden von ihnen ausgewählte Interessenten an der Psychoanalyse, die Ausbildungskandidaten, zu Psychoanalytikern aus. Nach Abschluss ihrer Ausbildung werden diese meistens auch Mitglieder des Instituts, so dass die Institute sich mittels eines Selbstrekrutierungsprozesses erhalten, an dessen Beginn die psychoanalytische Ausbildung steht. Fast alle lokal agierenden Institute gehören einer auf nationaler Ebene angesiedelten Fachgesellschaft an, die wiederum einer oder mehreren internationalen Fachgesellschaften angehören kann. Die DPV (Deutsche Psychoanalytische Vereinigung) etwa gehört der EPF (Europäische Psychoanalytische Föderation) und der IPV (Internationale Psychoanalytische Vereinigung) an, ähnlich wie die DPG. Diese lokalen, nationalen und internationalen Strukturen kann man als die institutionalisierte Psychoanalyse bezeichnen, die auf nationaler Ebene auch Kooperationsstrukturen, -mechanismen und -vereinbarungen umfasst.[1] Sie ist in der Regel auf allen Ebenen vereinsrechtlich organisiert.

Während die psychoanalytischen Institute sich vorrangig der psychoanalytischen Ausbildung von Kandidaten widmen, verfolgen die nationalen Fachgesellschaften in ausgeprägterem Maße die Pflege der Psychoanalyse als Wis-

1 So haben die primär wissenschaftlich orientierten Fachgesellschaften DPV, DPG (Deutsche Psychoanalytische Gesellschaft), DGAP (Deutsche Gesellschaft für Analytische Psychologie), DGIP (Deutsche Gesellschaft für Individualpsychologie) sowie die sogenannten freien Institute sich in der DGPT (Deutsche Gesellschaft für Psychoanalyse, Psychotherapie, Psychosomatik und Tiefenpsychologie) als einer für alle wissenschaftlichen Ansätze offenen Dachgesellschaft zusammengeschlossen. Die berufspolitische Vertretung der Fachgesellschaften ist an die DGPT abgegeben worden. In den Bereich der institutionalisierten Psychoanalyse gehören auch die mit staatlichen Stellen (Gesundheitsverwaltungen) und öffentlich rechtlichen Einrichtungen (Ärztekammern, Kassenärztliche Vereinigungen) getroffenen Vereinbarungen, die u.a. besagen, dass die Institutsausbildungen die im Psychotherapeutengesetz, in den Psychotherapie-Vereinbarungen und Psychotherapie-Richtlinien definierten Qualitätskriterien berücksichtigen. Dafür berechtigen die Institutsabschlüsse zur Teilnahme an der medizinischen Versorgung im Rahmen des GKV-Systems.

senschaft, ferner suchen sie eine organisatorische, prozedurale und theoretisch-diskursive Verbindung zwischen den ihnen angehörenden Instituten aufrecht zu erhalten. Die internationalen Fachgesellschaften suchen solche Verbindungen zwischen den nationalen Fachgesellschaften zu fördern. In den Verbindungen auf nationaler und internationaler Ebene spielen Vereinbarungen über Standards der Ausbildung und der Ausübung von Psychoanalyse eine wichtige Rolle.

Die in der IPA vertretenen Gesellschaften und Institute verstehen sich als die Hüter einer Psychoanalyse in der Tradition Sigmund Freuds.[2] Gegenüber einer Lehre der Psychoanalyse an den Universitäten besteht eine widersprüchliche Haltung (Bruns/Loetze 2005). Einerseits wird die Tatsache, dass Psychoanalyse kein universitäres Lehrfach ist, als Zeichen fehlender Anerkennung und als enttäuschend empfunden, andererseits besteht die Angst, dass Psychoanalyse als akademische Disziplin in ihrer Entwicklung unkontrollierbar für die Fachgesellschaften würde, sodass Institute und Fachgesellschaften eine Kooperation mit Universitäten z. T. auch bewusst meiden.

2 In der aktuellen Satzung der IPA (http://www.ipa.world/ipa/IPA_Docs/RULES OF THE INTERNATIONAL PSYCHOANALYTICAL ASSOCIATION (revised 2013) [reformatted].pdf) (Adresse am 13.08.2017) wird der Bezug zu S. Freud hergestellt in:
1) »Rule 1. IPA ORGANISATIONAL STATUS, HISTORY, STRUCTURE: Section D. History – The IPA is a professional association of psychoanalysts, founded by Sigmund Freud in 1910, the operations and assets of which are now run and owned by the Corporation.«
2) »Rule 3. DEFINITIONS AND TERMINOLOGY: Section M. Psychoanalysis. – The term ›psychoanalysis‹ refers to a theory of personality structure and function and to a specific psychotherapeutic technique. This body of knowledge is based on and derived from the fundamental psychological discoveries made by Sigmund Freud. The words ›psychoanalysis‹, ›psychoanalytical‹, etc. are the equivalents of the words ›psycho-analysis‹, ›psycho-analytical‹, etc.«

1. Zur besonderen Stellung der Lehranalytiker in psychoanalytischen Einrichtungen

Vor diesem Hintergrund spielt die Ausbildung von Adepten an den psychoanalytischen Instituten eine entscheidende Rolle in der fachlich-wissenschaftlichen Kontinuität und personellen Reproduktion der Institute und Fachgesellschaften.

Lehranalytiker zu werden stellt die höchsterreichbare formale Qualifikation in der Laufbahn eines Psychoanalytikers dar. Darüber hinaus kann er für besonders gute Leistungen in der Lehre, als Supervisor oder bei der Durchführung von Lehranalysen Anerkennung erlangen, sich so Renommee und Reputation verschaffen. Sie geben ihm aber lediglich eine persönliche und fachliche, keine durch einen Status[3] dokumentierte Amtsautorität. Jedoch sind die psychoanalytischen Institutionen lange dem ungeschriebenen Gesetz gefolgt, dass die Leitungspositionen in psychoanalytischen Organisationen wie den Fachgesellschaften und den Ausbildungsinstituten durch Lehranalytiker zu besetzen seien. Darin drückt sich deren besondere Stellung in psychoanalytischen Organisationen aus, dass ihnen nämlich dank persönlicher und fachlicher Autorität auch eine höhere administrative Kompetenz zugeschrieben worden ist und noch wird.

Es ist jedoch auch ein anderer Aspekt darin enthalten, den Beland (2016, 418) in Überlegungen zu der »gegenwärtigen antiinstitutionellen Stimmung« in psychoanalytischen Organisationen an den Beginn des Problems setzt:

> Begonnen hatte alles mit Freuds Sorge um die Zukunft der Psychoanalyse und mit den sieben Ringträgern […] Alle Ringträger zusammen sollten so etwas sein wie eine sublimierte Bruderhorde ohne Vatermord. Sie sollten die Psychoanalyse schützen, bewahren und fördern und sich dabei wechselseitig kritisch stützen. Im Jahr 1922, als die Lehranalyse verbindlich gemacht wurde, sollten die Lehranalytiker die besten unter den verfügbaren Analytikern sein […] Dann kam sehr früh – zum Schutze der Psychoanalyse – die Ausweitung der Lehranalytikerfunktionen auf alle

3 Obwohl der Terminus »Lehranalytiker« benutzt wird, beschreibt er nicht einen Status innerhalb der Fachgesllschaft, sondern die Ausübung einer Funktion. Die Richtlinien der DPV zur Lehranalytikerbeauftragung sprechen eben von der »Beauftragung mit den Funktionen als Lehranalytiker«. Diese Beauftragung kann auch zurückgenommen werden.

> Leitungsfunktionen. Das war sozusagen der soziologische Sündenfall, von dem die analytische Welt sich gegenwärtig immer noch versucht zu befreien […] Zum Schutz der Psychoanalyse mussten die Vorsitzenden der Vereinigung sowie die Leiter eines Instituts Lehranalytiker sein, sie mussten personell die Ausbildungsausschüsse stellen, sie mussten alle Supervisionen leisten, sie mussten die Dozenturen ausfüllen bzw. kontrollieren, sie mussten die Zulassungen zur Ausbildung und zu jeder Ausbildungsstufe validieren und aussprechen […]. (Beland 2016, 422f.)

In vielen psychoanalytischen Instituten werden inzwischen jedoch Leitungspositionen auch mit Mitgliedern besetzt, die nicht Lehranalytiker sind. Auch Theorieveranstaltungen werden häufig von Mitgliedern, die nicht Lehranalytiker sind, durchgeführt.

Die zentralen Ausbildungsaktivitäten jedoch – Planung und Erstellung des Curriculums, Auswahl der Kandidaten, Lehranalysen, Supervisionen, Beurteilung des Ausbildungsstandes von Kandidaten, Zulassung zum Abschluss – obliegen in den Instituten den Lehranalytikern. Darüber hinaus besetzen die Fachgesellschaften den Posten des Vorsitzenden weiterhin mit einem Lehranalytiker. Jedenfalls gilt das für die DPV und DPG; sie verstehen sich vor allem als wissenschaftliche, weniger als berufspolitische Organisationen.

Insgesamt wird den Lehranalytikern unbezweifelt weiterhin die zentrale psychoanalytische Lehrkompetenz zuerkannt, die in der psychoanalytischen Ausbildung zum überwiegenden Teil in einem Meister-Lehrling-Modell Anwendung findet. Lehranalytiker vermitteln Ausbildungskandidaten in einem sehr persönlichen 1:1-Verhältnis in der Lehranalyse die Funktionsweise des Seelenlebens am Beispiel der psychischen Prozesse des Kandidaten selbst, insbesondere seiner individuellen Dispositionen und Abwehroperationen. Aber, wie für jede Analyse, ist »die Identifikation des Patienten mit dem Psychoanalytiker und seinen Funktionen« (Thomä 1981, 94) auch ein Ziel der Lehranalyse, d.h. der Kandidat erlernt das Analysieren auch am Beispiel seines Lehranalytikers, dessen analytische Funktionen er sich zu eigen macht – vorausgesetzt, es existiert eine passende interpersonelle Konstellation. In ähnlicher Weise erlernt der Kandidat auch die psychoanalytische Technik, die fallbezogene Selbstreflektion, also die Untersuchung seiner Gegenübertragung, und die Wahrung der psychoanalytischen Haltung in der 1:1-Relation mit einem supervidierenden anderen Lehranalytiker. In der Supervision tritt die Ähnlichkeit mit dem Meister-Lehrling-Verhältnis in der Werkstatt des Meisters, der seinem Lehrjungen zeigt, welches Werkzeug er bei der Bearbeitung eines Werkstückes benutzen, wie er es ansetzen, welche (Körper-)Haltung er selbst einnehmen sollte, noch deutlicher zutage.

Aus dem besonderen Verhältnis der Kandidaten zu den Lehranalytikern, insbesondere zu dem Lehranalytiker, der die Lehranalyse durchführt, ergeben sich besondere Beziehungen. In ihnen entwickeln sich jene vielfältigen Übertragungen, wie sie auch in psychoanalytischen Behandlungen von Patienten entstehen. Anna Freud (1970, 571 ff.) weist jedoch auf wichtige Unterschiede zu Behandlungen hin. Unter den Motiven für eine Analyse, sagt sie, gebe es das Leidensmotiv in der therapeutischen und das Lernmotiv in der didaktischen Analyse. Die Übertragung entwickele sich in den beiden Formen unterschiedlich. Beim Lehranalysanden erzeuge erst die Analyse die Übertragungsbereitschaft, der neurotische Patient dagegen bringe sie von vornherein in die Behandlung mit. Die Übertragung sei auch insofern unterschiedlich, als der Analytiker für den Lehranalysanden nicht wie für den neurotischen Patienten eine schattenhafte Figur bleibe, sondern eine entscheidende reale Rolle in seinem Leben spiele. Anders als die therapeutische Analyse laufe die Lehranalyse in eine Identifizierung mit dem Lehranalytiker aus, indem derselbe Beruf ergriffen werde. Die Identifizierung werde damit real, während der analytische Patient am Ende einer geglückten Analyse seine Übertragungsneurose auflöse und seine Selbständigkeit zurückgewinne.

Herrmann (2014) hat über Anna Freud hinausgehend für die Lehranalyse grundsätzliche Paradoxien beschrieben. Die erste Paradoxie bestehe darin, dass die Lehranalyse eine »normale« Analyse sein solle, aber einer Reihe von Vorgaben unterworfen sei, die im Widerspruch zur Tendenzlosigkeit, also der Ziel- und Absichtslosigkeit der idealen Analyse stünden wie: Erreichung eines Berufszieles; Vorschrift der Länge, der Mindestzahl und Frequenz der Sitzungen. Eine weitere Paradoxie liege darin, dass Lehranalysand und Lehranalytiker derselben Ausbildungsinstitution angehörten und damit die übliche Abstinenzbedingung aufgehoben sei, keine Analysanden aus dem persönlichen oder näheren beruflichen Umfeld in Analyse zu nehmen.

Eine dritte Paradoxie sei, dass sich aus derselben Berufswahl von Lehranalytiker und Analysand eine partiell unanalysierbare Identifizierung ergebe, was auch Anna Freud schon gesagt hatte. Als vierte Paradoxie benennt Herrmann (2014, 1066) eine Durchlässigkeit von eigentlich einzuhaltenden Grenzen. Er zitiert Ermann (1993, 135), »dass die Grenze zwischen analytischem Raum und Institution nicht strikt eingehalten werden kann«, weil die Lehranalyse sich »in einer schwer fassbaren Verantwortung dem Institut gegenüber« befinde. Die imaginäre Grenze des analytischen Raumes und ihre Schutzfunktion würden aufgelöst.

2. Das psychoanalytische Institut als strukturierte Großgruppe

Das psychoanalytische Institut kann soziologisch als rechtlich autonomer Teil eines sozialen Systems, das den Charakter einer Institution trägt, betrachtet werden, nämlich als Teil des psychoanalytischen Ausbildungssystems. Für Institutionen bietet die Soziologie verschiedene, ziemlich unscharf bleibende Definitionen, die sich in einigen Kernaspekten aber gleichen. Aus wissenssoziologischer Sicht sind Institutionen nicht plötzlich, sondern langsam entstanden, indem charakteristische Formen der Kommunikation und Interaktion typisiert, habitualisiert und historisiert, das heißt an eine Nachfolgegeneration weitergegeben worden sind (Berger/Luckmann 1966, 56f.). Institutionen besitzen eine symbolisch-normative und eine organisatorische Dimension (Gimmler 1998, 24). Eine verschiedene Ansätze zusammenfassende Definition lautet:

> Institutionen sind überindividuelle, d.h. kollektive Dauergebilde. Als solche speichern sie gewissermaßen Zeit in Form von Geschichte, Symbolen und Erinnerungen, sie stellen dadurch Kontinuität her. Zu Institutionen gehört die Dimension des Organisatorischen ebenso wie die des Normativen und des sozial geteilten Sinns. Aufgrund ihrer Abstraktionsleistung werden einzelne Handlungsabläufe zu Handlungsschemata und wirken so entlastend vom Zwang der Koordinierung. Institutionen liefern Stabilität und Orientierungsgewissheit für Individuen. (Gimmler 1998, 26)

Wenn diese Definition auf ein psychoanalytisches Institut angewandt wird, kann man sagen, dass die organisatorische Dimension in der Bereitstellung von Räumlichkeiten, in der Vereinssatzung, in der inneren Strukturierung mit verschiedenen Organen und in der Durchführung eines Geschäftsablaufs liegt. Die symbolische Dimension liegt in der Durchführung einer definierten Ausbildung, der Vertretung einer spezifischen, kontinuierlich weiterentwickelten Persönlichkeits-, Krankheits- und Behandlungstheorie und der Vermittlung spezifischer Normen und Werte sowie spezifischer Regeln für den Umgang mit Patienten. Diese symbolische Ordnung dient dazu sicherzustellen, dass die Ausbildungs-, Behandlungs- und Forschungsaktivitäten auf das Wohl der Patienten und die wissenschaftliche Erweiterung der Psychoanalyse ausgerichtet bleiben. Die psychoanalytischen Institute, wie sie heute existieren, sind aus weniger formalisierten Vorformen der Vermittlung psychoanalytischer Theorie und Praxis hervorgegangen.

Das psychoanalytische Institut als Organisation besitzt eine innere Struktur mit einem Vorstand, der das Institut zu leiten und nach außen zu vertreten hat. Da die Aufgabe psychoanalytischer Institute bis heute vorrangig in der Rekrutierung und Ausbildung von Kandidaten besteht, haben alle der Ausbildung dienenden Aktivitäten in ihnen ein besonderes Gewicht und die ihr dienenden Personen und Strukturen eine besondere Stellung, also vor allem die Lehranalytiker. Sie stellen den Kern des Ausbildungsinstitutes dar und sind als Gruppe im Ausbildungsausschuss organisiert.

Berufliche Gruppen und Organisationen haben in der Regel einen formellen Leiter, der definierte, ihm reservierte Kompetenzen besitzt. Neben ihm gibt es aber auch immer einen informellen Leiter, der aufgrund seiner wie auch immer begründeten Autorität oder aufgrund seiner Beliebtheit einen erheblichen Einfluss ausübt. Das kann in Gruppen zu ernsten Konflikten oder zu Lähmungen beim Verfolgen des Gruppenzieles oder -auftrags führen.

Die betonte Ausrichtung auf die Ausbildung von Kandidaten konstituiert unvermeidlich Dauerfriktionen in psychoanalytischen Instituten, weil die Leitung des Instituts nicht identisch mit der Leitung der Ausbildung ist. Der Ausbildungsleiter wird in psychoanalytischen Instituten qua Funktion zum informellen Leiter neben dem gewählten Institutsleiter, eine kontinuierliche Quelle für Konflikte. Tatsächlich sind Rivalitäten und Kompetenzstreitigkeiten zwischen der Institutsleitung und der Ausbildungsleitung regelmäßige Erscheinungen in psychoanalytischen Instituten. Sie entzünden sich oft an eher nebensächlichen Fragen, etwa der, ob eine Sitzung lediglich ausbildungsrelevant oder für das gesamte Institut relevant sei und wer folglich diese oder jene Sitzung zu leiten habe; ob alle Sitzungen mit einem Bezug zur Ausbildung vom Ausbildungsleiter zu leiten seien oder in manchen Zusammenhängen auch vom Institutsleiter.

Hinter diesen und weiteren ähnlichen Fragen steht die ungelöste Machtfrage, die in psychoanalytischen Instituten in der Schwebe bleibt, weil die Leitungsrolle des Institutsleiters durch die starke Position des Ausbildungsleiters gekontert wird. Dieser Konflikt ist in psychoanalytischen Instituten strukturell angelegt; er kann partiell neutralisiert werden, wenn Institutsleiter und Ausbildungsleiter konstruktiv kooperieren können. Einigungen werden dann besonders schwer, wenn der Institutsleiter nicht Lehranalytiker und deswegen von der Mitwirkung an einer Reihe ausbildungsbezogener Entscheidungen ausgeschlossen ist. Er hat diese Entscheidungen dann aber zu vertreten. Praktisch in jedem Institut führt diese Konstellation immer einmal wieder dazu, dass der Institutsleiter sich übergangen und gekränkt fühlt.

Der Einfluss des Ausbildungsleiters und der Lehranalytiker wird zusätzlich dadurch gestützt, dass die Gruppe der Lehranalytiker in den Instituten die am besten organisierte Subgruppe des Instituts darstellt, solange der Ausbildungsleiter seine Funktion im Wesentlichen konsensuell mit den übrigen Lehranalytikern ausführt. Organisation und Zusammenarbeit der Lehranalytiker ergeben sich aus ihrer Aufgabe, im Ausbildungsausschuss zusammenzuarbeiten und immer wieder über das Lehrangebot, die allgemeinen Ausbildungsbelange und kandidatenbezogenen Fragen zu beraten.

In nationalen Gesellschaften ist dieser Konflikt nicht so brisant wie in den Instituten, weil der Vorsitz der Gesellschaften immer an einen Lehranalytiker vergeben wird und weil auf dieser Ebene wissenschaftliche und politische, nicht ausbildungsbezogene Aktivitäten eine größere Rolle als in den Instituten spielen.

3. Das psychoanalytische Institut und der Funktionszustand der unstrukturierten Großgruppe

Diese strukturelle, latente oder offene konfliktöse Dauerspannung in psychoanalytischen Instituten labilisiert Zustand und Verfassung der Institute, wird aber durch die Satzung in Schach gehalten. Die Labilisierung zeigt sich zum Beispiel daran, dass manchmal nicht klar ist, ob der Vorstand des Instituts oder der Ausbildungsausschuss des Instituts sich mit einer Frage zu befassen hat – Zuständigkeiten sind z. T. unklar und hängen auch davon ab, wie energisch Instituts- oder Ausbildungsleiter zugreifen. Die stabilisierende Funktion der Satzung, die über die Verteilung von Zuständigkeiten auch Entscheidungshierarchien herstellt und Handlungsschemata bereitstellt, wird durch die Unentschiedenheit zwischen satzungsmäßiger und funktionaler Macht unterminiert. Das Institut ist damit, wenn ein weiterer Konflikt hinzu kommt oder der Kompetenzstreit kulminiert, in der Gefahr, einen Teil seiner Strukturiertheit zu verlieren und zumindest *passager* vom Funktionszustand einer strukturierten in den einer unstrukturierten[4] Großgruppe überzugehen.

Großgruppen werden von einer strukturellen Paradoxie (Bardé 1994, 254f.) geprägt: In einer Gruppe ist jedes Mitglied gezwungen, eine Beziehung zu jedem anderen Mitglied herzustellen. Mit zunehmender Gruppengröße entsteht die Anforderung an jedes Mitglied, Beziehungen zu immer mehr Gruppenmitgliedern aufzunehmen, wobei hierfür jedoch gleichzeitig immer weniger Zeit und Raum zur Verfügung stehen. Dadurch werden die in der Ethnomethodologie beschriebenen impliziten Regeln alltagsweltlicher Kommunikation außer Kraft gesetzt wie:

– die Annahme der Reziprozität der Perspektiven zwischen A und B (jeder nimmt an, der andere nehme die Welt wie er wahr, und nimmt ferner an, der andere nehme das auch an. Dadurch sind sie in einem Grundkonsens

4 Als strukturiert bezeichne ich eine Großgruppe, die eine innere Struktur, d.h. eine dauerhafte Aufgaben- und Funktionsdifferenzierung aufweist, die mit einer Vereinbarung, z.B. einer die Struktur beschreibenden Satzung, von den Mitglieder besiegelt worden ist. Wenn sie auch eine gemeinsame, definierte Aufgabe oder Zielsetzung verfolgt, kann sie als Organisation im soziologischen Sinne bezeichnet werden. Eine unstrukturierte Großgruppe zeigt keine dauerhafte innere Differenzierung. Die Bezeichnungen weisen eine Parallele zu Freuds (1921, 90) Unterscheidung zwischen den revolutionären und stabilen Massen auf. Mc Dougall, auf den Freud (1921, 92f.) sich bezieht, spricht von der unorganisierten und der organisierten Masse, für die er den Begriff der Organisation ins Spiel bringt. Massen bewegen sich allerdings in anderen Größenordnungen als die Großgruppe. Freud (1921, 101) bezeichnet die zwei Organisationen Kirche und Heer als künstliche Massen, die stabil, weil künstlich sind (1921, 101); er stellt ihnen die Familie als eine »natürliche Massenbildung« gegenüber (1921, 139), die sich zwischen dem Strukturgrad des totemistischen Clans und der fast unstrukturierten Urhorde, einer Masse mit einem »überstarken Einzelnen« (1921, 135), bewege.

mit einander verknüpft, der eine Interaktion zwischen ihnen ermöglicht und sinnhaft macht),

- die Annahme der Zurechnungsfähigkeit und Identität (jeder nimmt an, der Andere bleibe über die Zeit derselbe und fühle sich für seine Äußerungen und Handlungen verantwortlich),
- die Annahme der Einhaltung von Normalformen des Umgangs (jeder erwartet vom Anderen eine den Konventionen entsprechende Rede- und Handlungsweise, etwa hinsichtlich Körperdistanz, Blickkontakt, Lautstärke, Sprechdauer, Kleidung),
- die Einhaltung einer Selbstreflexivität des Gesprächs (unterschwellige Vermittlung, dass im Gespräch alles in Ordnung ist, durch Interjektionen, Gesten u. a.m. als Signal, dass das Gespräch fortgesetzt werden kann, indem so ein Grundkonsens bestätigt wird),
- die Einfügung von Et-cetera-Annahmen (bei unvollständigen Informationen und Wahrnehmungen werden die Lücken mit der Unterstellung von »Vernünftigkeit« überbrückt, so dass die Gesprächspartner gemeinsam eine konsistente Gesamtgestalt entwerfen und damit einen gefährdeten Grundkonsens sichern),
- Herstellung eines retrospektiv-prospektiven Ereignissinns (können A und B trotz der o. g. Techniken keine gemeinsame, beziehungssichernde Grunddeutung einer Situation erreichen, unterstellen sie, dass zukünftige Informationen Aufklärung und Sinn erbringen werden. Dadurch wird für eine Alltagssituation eine vertrauensvolle Kontinuität aufrechterhalten).

Mit Hilfe dieser Interpretationsmethoden und kommunikativen Techniken halten Beziehungspartner in der Alltagswelt einen stillschweigenden Basiskonsens aufrecht. Die Großgruppe mit ihrer immanenten strukturellen Paradoxie verbaut nun aber die Möglichkeiten, die den Grundkonsens sichernden Interpretationen und kommunikativen Techniken anzuwenden. Dadurch untergräbt sie das selbstverständliche Gefühl, in einer einigermaßen problemfreien Alltagswelt zu leben und akzeptiertes Mitglied der jeweiligen Gruppe zu sein. In dieser Situation entsteht leicht das Gefühl, die vertraute Heimat, den Nachbarn verloren zu haben, Gruppenmitglieder fühlen sich leicht trotz ihrer Teilhabe an der Großgruppe in ihr fremd und ausgeschlossen.

Aus psychoanalytischer Sicht erscheint diese Situation wie der Verlust des primären Objektes (Bardé 1994, 260f.), das in der Bewältigung archaischer Ängste durch die beruhigende und liebevolle Präsenz eine entscheidende Rolle gespielt hat. Die in der verinnerlichten Beziehung zum Objekt gebundenen Affekte werden plötzlich wieder entbunden, und es flammen archaische Ängste auf, die die Gruppenmitglieder mit frühen Abwehrmechanismen zu beherrschen suchen. Im Rahmen von Spaltungsprozessen projizieren sie böse, bedrohliche Objektanteile in die Außenwelt, fühlen sich durch ihre Projektionen der eigenen Aggressionsfähigkeit zugleich beraubt und umso mehr von außen bedroht. Es entsteht ein die Angst steigernder Kreislauf aus Spaltung, Projektion, erneuter, jetzt gesteigerter Angst. Diese Prozesse können ein ganzes Institut infizieren.

Die Vorgänge dabei werden besser verständlich mit Hilfe von Bions Konzept der Arbeitsgruppe und der Grundannahmen-Gruppe, die sich gegenüberstehen. Freud (1911) folgend, der für das psychische Geschehen ein triebnahes, primärprozeßhaftes und ein realitätsbezogenes, sekundärprozeßhaftes beschreibt, nimmt Bion (1961) auch für den Gruppenprozess zwei Funktionsmodalitäten an. Die realitätsbezogene Ebene nennt er Arbeitsgruppe *(work group),* die trieb- und wunschbezogene Ebene nennt er Grundannahmen-Gruppe (basic assumption group). Grundannahmen deshalb, weil Bion annimmt, die Gruppe teile unbewusst bestimmte gemeinsame Annahmen oder Einstellungen, welche ihre Funktionsweise bestimmten und sich in charakteristischen affektiven Zuständen der Gruppe darstellten. Insbesondere eine Großgruppe scheint leicht vom Zustand der Arbeitsgruppe in den der Grundannahmen-Gruppe übergehen zu können (Bardé 1994, 262), weil sie in ihrer strukturellen Paradoxie störungsanfälliger als eine Kleingruppe ist.

Bion (1961) verbindet folgende Vorstellungen mit den wechselnden Zuständen der Gruppe: Die Arbeitsgruppe gibt sich eine differenzierte Struktur, orientiert sich an der Realität, handelt rational und kooperiert in der Erledigung ihrer Aufgabe, sie funktioniert sekundärprozesshaft. Bion bezeichnete sie ursprünglich als differenzierte Gruppe: Sie gebe sich eine differenzierte Struktur und setze sich mit der Realität auseinander.

Bei der primärprozesshaften Grundannahmengruppe unterscheidet Bion die drei Grundannahmen Abhängigkeit, Kampf und Flucht sowie Paarbildung. Bei Vorherrschen der Grundannahme Abhängigkeit bestehen in der Gruppe die

Überzeugung und die Erwartung, dass die Gruppe Schutz und Nahrung von einem äußeren Objekt erhalten sollte. Der Fütterungswunsch ist wie eine magische Erwartung mit der Fantasie, dass bei seiner Verwirklichung Unsicherheit und Bedrohungsgefühle der Gruppenmitglieder beseitigt würden. Wenn die Erwartungen nicht erfüllt werden, treten starke Gefühle der Enttäuschung und Frustration auf.

Dominiert die Grundannahme Kampf und Flucht, existiert die Überzeugung, dass die Gruppe sich selbst nur durch Kampf oder durch Flucht erhalten kann. Die Gruppe fühlt sich durch einen äußeren Feind bedroht. Aggressive Gefühle werden auf einen vermeintlichen äußeren Feind gerichtet. Das fördert die Gruppenkohäsion und vermittelt ein Gefühl der Stärke. Die Gruppe neigt zu Aktionen wie Angriff oder zu Angst und Panik.

Bei der Grundannahme der Paarbildung befinden sich in der Regel zwei Mitglieder der Gruppe in einem besonderen Austausch miteinander. Die Gruppe nimmt daran teil, schafft sich eventuell erst die Vorstellung der besonderen Verbindung zweier Mitglieder. Es bestehen sexuelle Fantasien, die Gruppe zeigt eine hohe Kohäsion auf der Grundlage libidinöser Bindungskräfte.

4. Die Institutsgroßgruppe als Grundannahmen-Gruppe – Zwei Beispiele

Der Wechsel vom Zustand der Arbeitsgruppe in den der Grundannahmen-Gruppe kann durch kleine Anlässe angestoßen werden: In der Mitgliederversammlung eines Instituts wurde bei der Planung einer Veranstaltung mit einem auswärtigen Gast darüber gesprochen, die Veranstaltung auch für einen Kreis potentieller Interessenten, den der ständigen Gäste, zu öffnen, die nicht Mitglieder des Instituts waren. Ein Mitglied erhob Bedenken dagegen und betonte, in der Veranstaltung könne auch klinisches Material zur Sprache kommen; die Vertraulichkeit der klinischen Situation müsse geschützt werden. Man müsse überlegen, ob überhaupt alle Mitgliedergruppen des Instituts teilnehmen könnten, oder ob nicht auch affiliierte Mitglieder und Kandidaten fernzuhalten wären. Diese Bedenken waren überraschend, weil auch alle angesprochenen Subgruppen – Interessenten, affiliierte Mitglieder, Kandidaten – die Arbeit mit und Darstellung von klinischem Material kannten, sich seiner Schutzbedürftigkeit bewusst waren und in der Vergangenheit an ähnlichen Veranstaltungen teilgenommen hatten. Die geäußerten Bedenken führten aber jetzt zu einer Verwirrung, Irritation und Verunsicherung. Es entstand eine spannungsreiche Atmosphäre mit kontroversen, zunehmend gereizter werdenden Diskussionsbeiträgen. Über der Versammlung schwebte die Fantasie, nur die Vollmitglieder wüssten die vielleicht zu erwartenden Inhalte der Veranstaltung zu schützen und angemessen zu würdigen. Die in der Versammlung nicht oder gering vertretenen Subgruppen schienen zu einer bedrohlichen, feindlichen Macht zu werden, die eine Atmosphäre idealen psychoanalytischen Arbeitens zerstören würde. Es wurde deutlich, dass die Mitgliederversammlung sich in einer paranoiden Verfassung und im Zustand der Grundannahme Kampf und Flucht befand. Inzwischen hatte ein anwesendes Mitglied in der Satzung des Instituts gefunden, welche Regelung dort für affiliierte Mitglieder und ständige Gäste hinsichtlich der Teilnahme an Veranstaltungen festgehalten war. Die Besinnung auf die Satzung, d. h. auf die prästrukturierte Funktionsweise und auf den definierten Auftrag des Instituts, ermöglichte der Mitgliederversammlung, in den sekundärprozesshaften Zustand der Arbeitsgruppe zurückzukehren, indem sie die Gültigkeit der Satzungsregelungen anerkannte. Sie konnte nun auch eine Entscheidung zur Teilnahme von Kandidaten zu treffen.

Anders als in diesem ersten Beispiel, das zeigt, wie eine Institutsversammlung für 15 Minuten in den Zustand einer Grundannahmen-Gruppe verfällt, kann ein Institut auch anhaltend in solch einen Zustand geraten, den es eventuell ohne Hilfe von außen nicht überwinden kann. Dazu ein Beispiel: In einem Institut war eine neue Leitung der Ausbildungskommission gewählt worden. Ein Rückgang der Bewerber- und Kandidatenzahlen hatte das Institut seit längerem mit Existenzängsten und Zweifeln am eigenen Ausbildungsangebot belastet, die aber kaum anzusprechen und nicht offen zu diskutieren waren, sondern mit Phänomenen einer Selbstidealisierung abgewehrt wurden. Mehrere Lehranalytiker fanden wegen der kleiner gewordenen Ausbildungsgruppe keine Lehranalysanden mehr. Wenn Kandidaten in Veranstaltungen fehlten, fiel das mehr auf als zuvor. Dozenten waren nicht selten enttäuscht und gekränkt von einer geringen Teilnahme, es schien, als richteten sie die Enttäuschung über geringe Bewerber- und Kandidatenzahlen jetzt auf die anwesenden Kandidaten. Diese empfanden, dass ihnen ein Mangel an Engagement und Arbeitswillen unterstellt wurde.

Die neue Leitung der Ausbildungskommission verfolgte einen strengeren Kurs als den zuvor über viele Jahre eingehaltenen einer wohlwollend-großzügigen Unterstützung der Kandidaten. Die Kandidaten waren von den Veränderungen sehr verunsichert, sahen sich auch in einigen wichtigen privaten und familiären Angelegenheiten, die die Ausbildung z. T. tangierten, nicht respektiert. Sie fühlten sich übermäßig kritisiert, in ihrem hohen Einsatz für die Ausbildung nicht wahrgenommen und für den Abschluss der Ausbildung nicht mehr solidarisch unterstützt wie in früheren Jahren. Es machte sich eine Stimmung breit, die Ausbildung lieber abzubrechen als unter solchen Bedingungen fortzusetzen. In Lehrveranstaltungen und insbesondere in Besprechungen zur Ausbildung, etwa einer Semesterschlussbesprechung, herrschte eine gereizte, konfrontative Atmosphäre; wiederholt verließen Kandidaten tief verletzt und aufgewühlt solche Veranstaltungen. Zwischen der Ausbildungskommission und der Gruppe der Kandidaten hatte sich ein unüberbrückbarer Graben aufgetan. Obwohl es in der Ausbildungskommission auch andere Positionen als die der Leitung gab, konnten diese nicht zur Geltung gebracht werden. Die Kandidaten erlebten die Ausbildungskommission als geschlossenen Block. Die Leitung der Ausbildungskommission konnte ihre fordernde Position nicht revidieren, die Institutsleitung konnte keine Vermittlung zwischen den Gruppen erreichen. Es hatte sich für den Ausbildungsbereich im Institut eine giftige und aufgeladene Stimmung entwickelt, die sich ebenfalls in Lehrveranstaltungen zeigte und so auch Mitglieder und Dozenten miterfasste, die nicht der Ausbildungskommission angehörten. Der Ausbildungsbereich des Instituts funktionierte jetzt gemäß den Merkmalen einer Kampf/Flucht-Grundannahmen-Gruppe: Das Institut war zerfallen in die einander polarisiert gegenüberstehende Gruppen der Kandidaten und der Ausbildungskommission/Lehranalytiker. Die Dynamik des Konfliktes infizierte auch primär unbeteiligte Mitglieder des Instituts.

Es zeigte sich, wie Behr/Hearst (2009, 186) es für die Großgruppe beschreiben, eine »Spaltung in polarisierte Untergruppen« und eine »Projektion [...] von einer Untergruppe zur anderen«. Im Hintergrund dieser internen Dynamik spielte sich die nie richtig durchdachte und deshalb pathogen wirksame Projektion »von der Großgruppe als Ganzes auf einen Aspekt der Außenwelt« (ebd.) ab – die mangelnde Gefragtheit des Instituts bei Bewerbungen und damit auch die Ungefragtheit eines Teils der Lehranalytiker als Lehranalytiker wurde als ungerechtfertigte kränkende Missachtung empfunden. Diese Abwehrkonstruktion und die Gründe für die geringe Nachfrage waren aber nie angemessen untersucht und der Anteil des Instituts an dem inzwischen eingetretenen Nachfragemangel nicht reflektiert worden. Erst mit Hilfe zweier unbeteiligter Beobachter und Vermittler konnte das Institut das Funktionsniveau einer Kampf/Flucht-Grundannahmen-Gruppe überwinden.

5. Der besondere Auftrag: Lehranalytiker als Träger der psychoanalytischen Bewegung

Die herausgehobene Stellung der Lehranalytiker in den psychoanalytischen Instituten ist nicht nur in ihrer Funktion als Lehranalytiker begründet, die sie in eine besondere Beziehung zu ihren Lehranalysanden – und späteren Institutsmitgliedern – setzt. Sie liegt auch in der historischen Bedeutung der Lehranalytiker für die Ausbreitung der psychoanalytischen Bewegung und die Bewahrung ihres Geistes.

Freud hat zwar die Psychoanalyse als eine neue Wissenschaft betrachtet und ihren Charakter als Wissenschaft vehement vertreten. Organisatorisch jedoch war die Psychoanalyse eine außerhalb der Universitäten aufblühende Disziplin. Freud war an der Schaffung einer Organisation, von Zeitschriften und Ausbildungsstätten beteiligt, die er unter seiner eigenen und der Kontrolle von Getreuen zu halten bedacht war. Er selbst bezeichnete die junge Psychoanalyse 1914 in seiner Schrift *Zur Geschichte der psychoanalytischen Bewegung* eben als Bewegung. In ihr rechnete er mit Adler und Jung ab, die Modifikationen und alternative Theorien ausgesprochen hatten, reklamierte die Führerschaft in der Psychoanalyse für sich und ließ keinen Zweifel daran, dass er das Recht und das Urteil, ob ein Gedanke mit der Psychoanalyse vereinbar und eine Theorie als psychoanalytisch zu bezeichnen sei, für sich in Anspruch nehme:

> Denn die Psychoanalyse ist meine Schöpfung, ich war durch zehn Jahre der einzige, der sich mit ihr beschäftigte, und alles Mißvergnügen, welches die neue Erscheinung bei den Zeitgenossen hervorrief, hat sich als Kritik auf mein Haupt entladen. Ich finde mich berechtigt, den Standpunkt zu vertreten, daß auch heute noch, wo ich längst nicht mehr der einzige Psychoanalytiker bin, keiner besser als ich wissen

> kann, was die Psychoanalyse ist, wodurch sie sich von den anderen Weisen, das Seelenleben zu erforschen, unterscheidet, und was mit ihrem Namen belegt werden soll oder besser anders zu benennen ist. (Freud 1914, 44)

Die Abfallbewegungen – als Abfall erlebte Freud die Formulierung eigener psychoanalytischer Theorien durch andere – von Adler und vor allem Jung veranlassten ihn und einige Anhänger, im September 1913 eine ihn unterstützende Gruppe, das *Geheime Komitee* zu gründen, anfangs bestehend aus Abraham, Ferenczi, Jones, Rank und Sachs (Wittenberger 1988). 1912 hatte Jones den Vorschlag zur Bildung solch eines Komitees gemacht, im Mai 1913 verlieh Freud seinen Mitgliedern einen Ring. Jung, obwohl seit 1910 Präsident der Internationalen Psychoanalytischen Vereinigung, gehörte diesem Komitee nicht an. 1920 kam Eitingon hinzu, sodass das *Geheime Komitee* einschließlich Freud sieben Mitglieder umfasste. Es hatte die Aufgabe, die psychoanalytische Lehre im Sinne Freuds zu vertreten und zu verteidigen sowie organisatorische Aufgaben etwa in der Vorbereitung von Tagungen zu erfüllen, jedoch ohne dass ein formeller Auftrag der IPV dazu bestand. Es handelte sich also um ein geheimes, nahezu konspiratives, Freud gegenüber besonders loyales Steuerungsorgan innerhalb der IPV. Nach den Auseinandersetzungen um Rank 1924, nach dem Tode Abrahams 1925 und nach einem letzten Treffen zum 70. Geburtstag Freuds setzte die verbliebene Gruppe des *Geheimen Komitees* sich nach Jones selbst als Vorstand der Internationalen Vereinigung ein (Wittenberger 1988, 49). Aus diesem Kreis rekrutierten sich ununterbrochen von 1914 bis 1949 die Vorsitzenden der IPV.

Auch und gerade die psychoanalytische Ausbildung wurde unter der Ägide des *Geheimen Komitees* etabliert. Die erste institutionalisierte Ausbildung entstand am Beginn der 1920er Jahre am Berliner Psychoanalytischen Institut in Form des Eitingon-Modells mit seinen drei Elementen der Lehranalyse, des Seminarbetriebs und der Supervision. Es wurde 1923 in einer Ausbildungsordnung des BPI festgehalten. 1925 wurde ein Ausbildungsausschuss der IPV gebildet, dessen Leiter Max Eitingon wurde und bis zu seinem Tode im Jahre 1943 blieb. Das Eitingon-Modell der Ausbildung wurde weltweit übernommen.

Erst mit diesem Modell der Ausbildung entstand unter den Psychoanalytikern eine besondere Gruppe, die der Lehranalytiker. Bis dahin hatten Adepten der Psychoanalyse eine eigene Analyse gemacht, zu deren Dauer und Tiefe es keine Empfehlungen gab. Es gab auch keine Empfehlung dazu, bei welchem Analytiker ein Interessent eine eigene Analyse machen sollte. Interessenten scheinen sich vor allem an prominente Analytiker wie Freud in Wien und Abraham in Berlin gewandt zu haben. Im Jahr der Gründung des BPI, 1920, wurde auch der erste offizielle Lehranalytiker bestellt, Hans Sachs, der dazu von Zürich nach Berlin umzog, vor allem auf Betreiben von Freud und Eitingon (Schröter 1996, 1151).

Damit versammelten sich in Berlin bei der Gründung des ersten psychoanalytischen Instituts und bei der Erschaffung des ersten Lehranalytikers der Welt drei Ringträger aus dem *Geheimen Komitee* – Abraham und Sachs als uranfängliche Mitglieder sowie Eitingon, der 1920 in diesen Kreis aufgenommen worden war. Die Tatsache, dass eines der Mitglieder des *Geheimen Komitees* der erste Lehranalytiker überhaupt wurde und ein anderes Mitglied, Eitingon, für fast 20 Jahre den Ausbildungsausschuss der IPV leitete, kann als Hinweis auf die Bedeutung der Ausbildung und insbesondere der Lehranalyse für die Sicherung der Psychoanalyse im Sinne Freuds genommen werden.

Unter dem Gesichtspunkt der Gruppendynamik und der Institutionengeschichte der Psychoanalyse nehme ich an, dass dieser Gründungsablauf einer geregelten psychoanalytischen Ausbildung den Lehranalytikern, die ihre Rolle in der Reproduktion der Institution übernehmen, eine besondere Wächterfunktion übertragen hat, die in die Struktur der Institute und insbesondere der Ausbildung eingewebt ist. Komplementär dazu übernehmen die Lehranalytiker, ohne dass es ihnen vielleicht bewusst wird, aber doch mit einem Gefühl hoher Verantwortung, eine besondere und tragende Rolle in der Ausbildung und der Fortführung einer Tradition. Das Resultat ist in der Regel eine ausgeprägte Identifizierung mit der psychoanalytischen Institution und seiner Tradition. Diese Identifizierung bindet sie an die Institution, beflügelt sie in vielen Fällen zu großem Engagement, erschwert ihnen andererseits eine Distanz zu ihrer Institution und macht sie empfindlich für Kritik. Oft sind sie von der Überzeugung beseelt, in der Wahrung der Tradition das unbestreitbar Richtige zu tun, das nie einer Änderung bedürfe. Die hohe Identifizierung mit der Institution und Tradition lässt sie nicht selten sich selbst getroffen fühlen, wenn etwa Regelungen und Abläufe von anderen kritisiert werden.

Die Gründungsgeschichte der psychoanalytischen Institute, die mit der Gründung des BPI begonnen hat, ist eben vor allem der Beginn einer Institutionalisierung der Psychoanalyse *als Bewegung* (Bruns 1996). Die Institute dienten und dienen vorrangig der Gewinnung und Ausbildung neuer Anhänger. Das andere Projekt Freuds, die Psychoanalyse als eine neue Grundlagenwissenschaft zu etablieren, wie es anklingt, wenn er sagt, Psychoanalyse sei nicht nur ein therapeutisches Verfahren, sondern sei »jetzt auch der Name einer Wissenschaft geworden, der vom Unbewußt-Seelischen« (1925, 96; s. a. Schröter 1996, 1129), ist kaum Sache der Institute geworden.

Mir erscheint daher die Annahme berechtigt, dass in die Matrix der Institute der Gedanke, ein Teil der psychoanalytischen Bewegung zu sein und die Psychoanalyse als Bewegung zu fördern, als eine Maxime eingeflossen ist. Deshalb hegen sie die Loyalitätserwartung, die jede Bewegung an ihre Mitglieder richtet. Sie existiert besonders lebhaft in der psychoanalytischen Ausbildung und auch in der Lehranalyse, die von vielen als ihr Kernstück angesehen wird. Die Lehranalytiker sind die Personifizierung des Bewegungsauftrages. Sie und ihre Gruppe umwehen bis heute Reste der Aura von Macht, Berufung und Geheimnis, die bereits den Geist des *Geheimen Komitees* geprägt haben, aus welchem die Rolle des Lehranalytikers als tragendes Element des Ausbildungssystems hervorgegangen ist.

6. Das Loyalitätsdilemma des Lehranalytikers und die doppelte Ichspaltung

Der analytische Auftrag des Lehranalytikers und seine Zugehörigkeit zum psychoanalytischen Institut wie zur psychoanalytischen Fachgesellschaft als Träger der psychoanalytischen Bewegung konstituieren für ihn ein Loyalitätsdilemma. Es entsteht aus seiner doppelten Verpflichtung a) dem Lehranalysanden und b) dem Ausbildungsinstitut gegenüber.

Die Verpflichtung dem Institut gegenüber ergibt sich aus dessen Loyalitätserwartung an die Mitglieder, insbesondere die Lehranalytiker, wie sie aus der Geschichte erwachsen sind, aber auch aus anderen Konstellationen wie der Zugehörigkeit zum Institut, Dankespflichten, freundschaftlichen Beziehungen mit Kollegen u. a. m. Man kann sie zusammengefasst als das institutionelle Mandat bezeichnen.

Die Verpflichtung dem Lehranalysanden gegenüber ist, ihm zur bestmöglichen psychoanalytischen Erfahrung bei seiner Selbsterforschung zu verhelfen, d.h. ihm eine tendenzlose Analyse, frei von äußeren Veranlassungen zu bieten. Aber auch die Selbsterfahrung unterliegt, wie oben ausgeführt, institutionellen Einflussnahmen (s.a. Bruns 2014)

Mit einer solchen Konstellation umzugehen, ist nicht einfach. Ein Konflikt entsteht z. B., wenn ein Analysand davon spricht, sich durch das Institut oder eine Ausbildungsregelung falsch oder ungerecht behandelt zu fühlen, wie ich es wiederholt erlebt habe. Ich kenne den spontanen Impuls, für den Kandidaten oder das Institut Partei ergreifen zu wollen. Diese gegensätzlichen Impulse drücken meine Identifizierung mit dem Institut und mit dem Kandidaten aus. Ich kenne es auch, innerlich zwischen einer Zustimmung zum Institut und zum Kandidaten hin und her zu schwanken. In diesen gegensätzlichen und wechselnden Identifizierungen wird das Loyalitätsdilemma in der Lehranalyse deutlich. Es existiert auf der klinischen Ebene und der institutionellen Ebene, auf der es nicht so unmittelbar erlebbar wird.

Zwei Identifizierungen gleichzeitig oder in kurzer Aufeinanderfolge zu empfinden, ist in der Psychoanalyse ja nicht ungewöhnlich. Wir erleben es oft in der Arbeit mit Patienten, die vor einer dilemmatischen Situation stehen, wenn wir uns in sie hineinversetzen. Die Lösung einer solchen dilemmatischen Situation erreichen wir dadurch, dass wir das Dilemma für den Patienten benennen.

Im Falle eines Loyalitätsdilemmas stehen wir selbst in einem Dilemma. D. h. wir müssen uns selbst eine entsprechende Deutung geben bzw. die Struktur der Situation vor Augen führen. Erst wenn uns das gelungen ist, können wir klarer über eine Deutung für den Analysanden nachdenken.

Das Loyalitätsdilemma in der Lehranalyse ist, so meine Vermutung, deswegen nicht so leicht zu lösen, weil unsere Loyalität mit der Fachgesellschaft, dem Institut und dem Ausbildungsausschuss uns nicht abverlangt, uns ständig mit ihnen zu beschäftigen und uns ihrer dadurch immer bewusst zu sein. Unsere institutionellen Gruppenzugehörigkeiten sind im Alltagsleben eher selbstverständliche und nicht ständig befragte Teilidentitäten, die im Hintergrund, gewissermaßen in der Kulisse unserer persönlichen Identität mitlaufen, sie machen sich vielleicht schwach durch ein Zugehörigkeitsgefühl bemerkbar. Anders ist es in unserer täglichen Arbeit mit dem einzelnen Analysanden. Dort sind wir aufmerksam und wach für die Übertragungsangebote, beobachten unsere Gegenübertragungsreaktionen und empfinden sie klarer. Aber die weniger schnell wechselnden Übertragungs- und Gegenübertragungsdispositionen, die auf stabilen Einstellungen und Haltungen beruhen, fallen uns weniger auf, weil sie uns so vertraut und selbstverständlich sind. Sie können sich leichter unbemerkt in unsere Arbeit einschleichen. Unsere institutionellen Zugehörigkeiten gehören dazu.

Um auch die Beeinflussungen durch unsere institutionellen Zugehörigkeiten wahrnehmen und reflektieren zu können, benötigen wir in Lehranalysen eine besondere Funktion, die ich die doppelte Ichspaltung nenne. Sie besteht aus der therapeutischen Ichspaltung (Sterba 1934) und der institutionsbezogenen Ichspaltung. In der institutionsbezogenen Ichspaltung können wir uns unserer Beziehung zu der Ausbildungsinstitution, vor allem also zum Institut und seinen Vertretern, in zweiter Linie auch zur Fachgesellschaft bewusst werden und entdecken, welche Einflüsse dieser beiden Einrichtungen in uns wirksam sind (Bruns 2014, 1105).

Sie ist eine Leistung analog zur therapeutischen Ichspaltung. Sterba versteht darunter die Gleichzeitigkeit von Übertragung und Untersuchung der Übertragung, also die Gleichzeitigkeit von Erleben und Selbstbeobachten. Durch die Deutung des Analytikers werde dem Analysanden eine Übertragung als Übertragung bewusst und er könne eine Spaltung in ein erlebendes und ein beobachtendes Ich vornehmen. Sterba sieht in der Ichspaltung eine Analogie zur Über-Ich-Bildung, nämlich eine Identifizierung mit dem Analytiker. Diese Identifizierung bilde einen realitätsangemessenen Anteil im Ich des Analysanden und arbeite mit dem Analytiker in der Untersuchung der von Trieb und Verdrängung besetzten anderen Anteile des Ichs zusammen.

Heute würde ich die therapeutische Ichspaltung theoretisch als eine Symbolisierungsleistung auf der Grundlage einer hinreichend entwickelten Als-ob-Funktion verstehen: Der Analysand wird durch eigene Fähigkeit oder durch die Deutung des Analytikers dahin gebracht zu erkennen, dass seine Gefühle gegenüber dem Analytiker so sind wie die gegenüber einer bedeutungsvollen Person seines früheren Lebens. Er erlebt den Analytiker, als ob er diese Person wäre, mit dem gleichzeitigen Wissen, dass er nicht diese Person ist.

Die therapeutische Ichspaltung, die Sterba in der Zeit der frühen Ichpsychologie für den Patienten beschrieben hat, ist seit der Nutzung der Gegenübertragung zur Erschließung der Innenwelt eines Analysanden (Heimann 1950) auch von Analytikern zu erbringen. Der Analytiker wechselt dabei zwischen einer Haltung der Identifizierung mit dem Patienten und der Distanzierung von ihm. Auch er changiert zwischen Erleben und Selbst-Beobachten bzw. Reflektieren.

Die institutionellen Einflüsse können unterschiedlicher Art sein. Der Lehranalytiker kann in einer idealisierenden Übertragung auf die Institution versucht sein, manche Normen und Ideale der psychoanalytischen Ausbildung besonders strikt zu vertreten, er kann aus der Befürchtung heraus, von seinen Kollegen als nicht hinreichend konsequent angesehen zu werden und damit in eine schwierige Position in der Lehranalytikergruppe zu geraten, manche Regeln rigide vertreten, er kann aus einer Opposition dem Institut gegenüber manche tatsächlich strenge Anforderung aufweichen, er kann im Bedürfnis, bei den Kandidaten beliebt zu sein, versucht sein, Manifestationen und Bearbeitung der negativen Übertragung zu vermeiden.

Die Gefahr, solchen und vielfachen anderen institutionellen Einwirkungen Raum zu geben, wird gefördert durch die Tatsache, dass Lehranalysen sich nicht in der Abgeschlossenheit einer therapeutischen Analyse, sondern in einem bestimmten Maße in der Öffentlichkeit des Instituts abspielen. Auch diesen auf der Lehranalyse liegenden Öffentlichkeitsdruck gilt es zu reflektieren.

Wenn Lehranalytiker die Einflüsse aus den oft hochbesetzten institutionellen Zugehörigkeiten reflektieren, die eher unauffällig, oft unbewusst im Hintergrund wirken wie die aus der Familientherapie beschriebenen »invisible loyalties« (Boszormenyi-Nagy/Spark 1973), werden, wie immer bei solchen Selbsterforschungen, die verborgenen Bindungen in Frage gestellt. Das kann, wenn sie temporär oder anhaltend aufgegeben werden, zu einem Erlebnis der Einsamkeit führen, es kann zur Erkenntnis führen, dass etwas auch gegen die Meinung der Lehranalytikergruppe getan werden muss. Beides erfordert Mut und Kraft. Es kann aber auch berufliche Loyalitäten und das Gefühl der Zugehörigkeit stärken.

Für die wichtigste berufliche Aufgabe des Lehranalytikers, gute, tendenzlose Analysen mit seinen Lehranalysanden durchzuführen, ist die institutionsbezogene Ichspaltung eine notwendige Voraussetzung. Sie erst macht ihn frei für die notwendige Offenheit und affektive Beweglichkeit, um die Abläufe zwischen ihm und seinen Lehranalysanden unvoreingenommen erleben und bedenken zu können.

Literatur

Bardé, B. (1994): Großgruppe. In: *Handbuch Gruppenanalyse.* Hg. von R. Haubl/F. Lamott. Berlin/München: Quintessenz, 253–268.

Behr, H./Hearst, L. (2009): *Gruppenanalytische Psychotherapie.* Menschen begegnen sich. Eschborn: Verlag Dietmar Klotz.

Beland, H. (2016): Lehranalyse und Institution. Die Progression des Verstehens ist im Rahmen des organisierten Vertrauens möglich. In: *Forum Psychoanal* 32, 413–430.

Berger, P.L./Luckmann, T. (1980 [1966]): *Die gesellschaftliche Konstruktion der Wirklichkeit. Eine Theorie der Wissenssoziologie.* Frankfurt am Main: Fischer.

Bion, W.R. (1990 [1961]): *Erfahrungen in Gruppen und andere Schriften.* Frankfurt am Main: Fischer.

Boszormenyi-Nagy, I./Spark, G.M. (1973): *Invisible Loyalties.* Philadelphia: Lippincott Williams and Wilkins.

Bruns, G. (1996): Spaltung und Entfaltung. Die doppelte Bedeutung wissenschaftlicher Entwicklungen in der Psychoanalyse. In: Bruns, G.: *Psychoanalyse im Kontext – Soziologische Ansichten der Psychoanalyse.* Opladen: Westdeutscher Verlag, 101–125.

Bruns, G. (2014): Die institutionsbezogene Konstruktion der Lehranalyse – Zeit über sie nachzudenken. Diskussionsbemerkungen zu Andreas P. Herrmanns »Lehranalyse und Institution – eine Paradoxie«. In: *Psyche – Z Psychoanal* 68, 1096–1107.

Bruns, G./Loetze, S. (2005): Die Repräsentanz der Psychoanalyse an der Universität – eine Unentschiedenheit der Psychoanalytiker. In: *Psychoanalyse – Texte zur Sozialforschung* 9, 142–164.

Ermann, M. (1993): Das Verantwortungsgefühl des Psychoanalytikers und die psychoanalytische Ausbildung. In: *Forum Psychoanal* 9, 132–139.

Freud, A. (1970): Probleme der Lehranalyse. In: *Psyche – Z Psychoanal* 24, 565–576.

Freud S. (1911): Formulierungen über die zwei Prinzipien des psychischen Geschehens. In: *GW* VIII, 229–238.

Freud, S. (1914): Zur Geschichte der psychoanalytischen Bewegung. In: *GW* X, 43–113.

Freud, S. (1921): Massenpsychologie und Ich-Analyse. In: *GW* XIII, 70–161.

Freud, S. (1925): Selbstdarstellung. In: *GW* XIV, 31–96.

Gimmler, A. (1998): *Institution und Individuum. Zur Institutionentheorie von Max Weber und Jürgen Habermas.* Frankfurt/New York: Campus.

Heimann, P. (1950): On Counter-Transference. In: *Int J. Psych-Anal* 31, 81–84.

Herrmann, A.P. (2014): Lehranalyse und Institution – eine Paradoxie. In: *Psyche – Z Psychoanal* 68, 1057–1084.

Rucht, D. (1994): Öffentlichkeit als Mobilisierungsfaktor für soziale Bewegungen. In: Neidhardt, F. (Hg.): *Öffentlichkeit, öffentliche Meinung, soziale Bewegungen. Kölner Zeitschrift für Soziologie und Sozialpsychologie,* Sonderheft 34. Opladen: Westdeutscher Verlag, 337–358.

Schröter, M. (1996): Zur Frühgeschichte der Laienanalyse. Strukturen eines Kernkonflikts der Freud-Schule. In: *Psyche – Z Psychoanal* 50, 1127–1175.

Thomä, H. (1981): Über die Identifikation des Patienten mit dem Psychoanalytiker und seinen Funktionen. In: Ders.: *Schriften zur Praxis der Psychoanalyse: Vom spiegelnden zum aktiven Psychoanalytiker.* Frankfurt am Main: Suhrkamp, 94–149.

Wittenberger, G. (1988): Die Geschichte des »Geheimen Komitees«. Psychoanalyse im Institutionalisierungsprozeß. In: *Psyche – Z Psychoanal* 42, 44–52.

Prof. Dr. med. Georg Bruns, Schubertstraße 54, 28209 Bremen,
gj.bruns@t-online.de

Essay

Populismus als destruktiver Container

Eine psychoanalytische Perspektive auf die Gesellschaft

*Karin J. Zienert-Eilts**

Zusammenfassung

Eingerahmt von Sigmund Freuds Ausführungen zu »Warum Krieg?« geht die Autorin der Frage nach, wie destruktive populistische Gruppenprozesse in einer westlichen demokratischen Gesellschaft psychoanalytisch zu verstehen sind. In einer Zusammenführung der Erklärungsansätze Wilfred Bions, Herbert Rosenfelds und Otto Kernbergs werden am Beispiel von Donald Trumps Wahlkampfreden 2016 Umrisse der Entstehung eines destruktiven Populismus skizziert, der als destruktiver Container *gefasst wird. Paranoide Projektionen, Hass und vernichtende Wut im Modus der paranoid-schizoiden Position werden in diesem Container (Bion 1990) zwar aufgenommen, jedoch nicht verarbeitet, entgiftet und gemildert, sondern im Gegenteil angeheizt. In eskalierenden Gruppen- und Massenprozessen werden die Elemente des destruktiven Narzissmus (Rosenfeld 1971) verstärkt, in einem geschlossenen System fatalerweise immer erneut bestätigt und verhindern so jede Entwicklung.*

* Karin J. Zienert-Eilts, Dr. phil., ist Psychoanalytikerin (DPG/IPV) in freier Praxis in Berlin und Dozentin am Psychoanalytischen Institut Berlin. Sie arbeitet zu den Themen psychoanalytische Theorieentwicklung, Geschichte der Psychoanalyse und Prozesse in Gruppen. Letzte Veröffentlichung: *Destruktive Gruppenprozesse. Entwicklungslinien in der Geschichte der psychoanalytischen Bewegung und Erkenntnisse für gegenwärtige gesellschaftliche Konflikte* (2017).

Jahrbuch der Psychoanalyse 77, S. 175–188 © 2018 frommann-holzboog

Summary

Populism as Destructive Container. A Psychoanalytic Perspective on Society

Framed by Sigmund Freud's explanations on »Why War?« the author asks how in a western democratic society destructive populistic group processes can be understood. In bringing together the explanations of Wilfred Bion, Herbert Rosenfeld and Otto Kernberg the author sketches the outlines of the origin of destructive populism, understood as a destructive container, taking Donald Trump's campaign speeches 2016 as an example. Although paranoid projections, hatred and devastating rage in the mode of the paranoid schizoid position are taken in by this container (Bion 1990), they are not digested, decontaminated or mitigated, but, on the contrary, stimulated. In escalating group and mass processes elements of a destructive narcissism (Rosenfeld 1971) are reinforced. Unfortunately, in a closed system they are re-confirmed again and again and thus hinder any development.

In »Warum Krieg?« fasst Sigmund Freud im September 1932 seine Überlegungen zu den Ursachen von vernichtender Gewalt und Herrschaftsausübung zusammen und beschreibt an Albert Einstein gerichtet, dass die »Triebe des Menschen […] von zweierlei Art« seien. Von der Existenz des Todestriebes mit seiner Erscheinungsform des »Aggressionstrieb[es] oder Destruktionstrieb [es]« und der seines Gegenspielers, des lebenserhaltenden, libidinösen, erotischen Lebenstriebes war Freud (1933b, 20) schon seit vielen Jahren ebenso überzeugt wie von ihrem »Zusammen- und Gegeneinanderwirken« als Erklärung für den Ursprung menschlicher Handlungen. Als einzigen Ausweg aus den destruktiven Dynamiken, die zu vernichtenden Handlungen und Kriegen führen, sah Freud (1933b, 23; 26) – was bislang selten hervorgehoben wird – den Verzicht auf den Wunsch, »die aggressiven Neigungen der Menschen abschaffen zu wollen«. Zudem setzte er in seinem unbeirrbaren Glauben an die Vernunft seine Hoffnung in »die Erstarkung des Intellekts, der das Triebleben zu beherrschen beginnt, und die Verinnerlichung der Aggressionsneigung mit all ihren vorteilhaften und gefährlichen Neigungen«.

Freuds Gedanken über die menschliche Destruktivität sind durch weitergehende psychoanalytische Forschungen Karl Abrahams, Melanie Kleins, Wilfred Bions, Herbert Rosenfelds und Otto Kernbergs erheblich differenziert worden. Diese Erkenntnisse möchte ich im Folgenden zusammenführen und auf das derzeit verbreitete gesellschaftliche Problem des Populismus beziehen, prototypisch am Beispiel einiger der charakteristischen Äußerungen Donald Trumps, des 45. Präsidenten der USA, im Wahlkampf 2016. Dabei soll die dynamische Verschränkung von individuellen Dynamiken und destruktiven Gruppenprozessen beleuchtet sowie die Beziehungsdynamik zwischen Gruppe und Anführer psychoanalytisch entfaltet werden.

Gesellschaftliche Destruktion und Gewalt sind die Folge von meist jahrzehntelangen, in ihrer Bedeutung verleugneten individuellen, sozialen und gesellschaftlichen Regressionsprozessen, die innere und äußere stabilisierende Strukturen zerrütten, Triangulierungsmuster zersetzen, Werte pervertieren sowie die in Individuum und Gesellschaft ständig bereitliegenden primitiven, realitätsverzerrenden und vernichtungsbereiten Kräfte zu einer von Teilen der Bevölkerung geradezu ersehnten Normalität werden lassen.

Im Gesamtzusammenhang mit weltweitem Terrorismus, Kriegen, Klimakatastrophen, Globalisierung und Massenflucht sind wir in der westlichen Welt seit einigen Jahren mit dem Erstarken von populistischen, fremdenfeindlichen, hasserfüllten und teilweise neonazistischen Entwicklungen sowie mit demokratisch gewählten autokratischen Führern konfrontiert (z.B. Viktor Orban, Jaroslaw Kaczynski in Europa, Donald Trump in den USA). Ein gemeinsames Merkmal dieser populistischen Führer ist, dass sie zur Machtgewinnung und zum Machterhalt die Polarisierung der Gesellschaft vorantreiben sowie die in Demokratien und deren Verfassungen verankerten machtbegrenzenden und triangulierenden Institutionen und Strukturen angreifen, allen voran die freie Presse und die unabhängige Justiz.

Wie aber kommt es, dass diese Anführer, die in Wahlkämpfen ihre autokratischen, fremdenfeindlichen, antidemokratischen Ansichten ganz unverhohlen und teilweise offen hasserfüllt geäußert haben, mehrheitlich demokratisch gewählt werden? Ökonomische und soziale Verwerfungen und Ungleichheit sowie eine schleichende Polarisierung der Gesellschaft spielen eine große Rolle. Was aber geschieht genau in den Individuen, was geschieht in Gruppen bzw. Massen und was geschieht mit den Individuen in Gruppen?

Warum Trump? »Destruktiver Populismus« und die »destruktive populistische Passung«

Populismus, ein derzeit sozial- und politikwissenschaftlich breit diskutierter, aber auch umgangssprachlich häufig verwendeter Begriff, wird sehr unterschiedlich gefasst und definiert.[1] Die gängigen Definitionen basieren darauf, dass Populismus im Kern spaltet zwischen dem ›wahren Volk‹ und der ›korrupten Elite‹ sowie zwischen *dem* Volk und denen, die nicht zum Volk ›gehören‹ (Müller 2016). Die Haltungen von Populisten sind also grundsätzlich dreifach determiniert: Sie sind anti-elitär *und* anti-pluralistisch, *und* sie beanspruchen die moralische *Alleinvertretung* (»Wir – und nur wir – sind das Volk« statt »Wir sind *auch* das Volk« bzw. differenzierter noch: »Wir repräsentieren *auch Teile* des Volkes«; vgl. dazu Müller 2016, 85). Ich schlage vor, Populismus innerhalb eines Kontinuums zu bestimmen, in dem allgemeiner Populismus in verschiedenen Ausprägungen und mit fließenden Übergängen an einem bestimmten Punkt in einen *»destruktiven Populismus«* umschlägt. An dem einen Ende stehen allgemein-populistische Parolen mit positivem Inhalt, die generell durch einfache, möglichst kurze und einprägsame Sätze sowie ständige Wiederholungen charakterisiert sind und die in gesellschaftlichen Bewegungen und vor allem in Wahlkämpfen regelhaft benutzt werden, wie beispielsweise »Yes, we can« von Barack Obama im US-amerikanischen Wahlkampf 2008 und »Wir schaffen das« von Angela Merkel in der Flüchtlingskrise in Deutschland 2015.

Destruktiver Populismus hingegen zeichnet sich aus durch Kernsätze, die bevorzugt negative Affekte wie tiefgreifende Ängste, Benachteiligungs- und Verfolgungsgefühle, Neid und Aggressionen aufgreifen und *anheizen,* narzisstische Omnipotenz und Brutalität *idealisieren* sowie *Erlösung durch omnipotente Stärke* versprechen. Dies zielt auf Verführung, Polarisierung und Spaltung sowohl der psychischen Verfassung der Individuen als auch der gesamten Gesellschaft, weil nur dann die destruktive Macht ihre überwältigende, ent-

1 Vgl. dazu Müller 2016; Mudde/Kaltwasser 2017. Zu den verschiedenen geschichtlichen Hintergründen und Ausformungen von Populismus sowie insbesondere zur »transatlantischen Verwirrung« zwischen Europa und den USA vgl. ebenfalls Müller 2016, 39ff.

grenzende Wirkung entfalten kann. Der Umschlagspunkt hin zu einem destruktiven Populismus kann vor allem anhand des Ausmaßes der paranoiden und hasserfüllten Inhalte, der omnipotenten Versprechungen und des Grades der Realitätsverzerrung bestimmt werden.

Als Methoden des destruktiven Populismus werden eine primitive, tendenziell oder explizit vernichtende, grob-aggressive Sprache, Grenzüberschreitungen in Form von Tabubrüchen und die Spaltung in Gut und Böse, Starke und Schwache, Gewinner und Verlierer, Zuspitzungen sowie eine besondere Führerzentrierung und ein spezifisches Erlösungsversprechen eingesetzt. Am Beispiel von Donald Trumps Äußerungen im Wahlkampf 2016 kann der destruktive Populismus prototypisch veranschaulicht werden. Trump hat wie kein anderer Anführer in einer westlichen demokratischen Gesellschaft primitive Affekte angesprochen und befeuert. Auch Phänomene der »destruktiven populistischen Passung« – die symbiotische Beziehung zwischen Anführer und Masse auf der paranoid-schizoiden Ebene – wie sie Freud 1921 entworfen, Melanie Klein 1946 vertieft sowie Rosenfeld 1988 und Kernberg 1988 (vgl. auch Zienert-Eilts 2017) ausgeführt haben, können daran exemplifiziert werden, was ich jetzt skizzieren möchte.

Ohne hier auf die Komplexität der amerikanischen Gesellschaftsprozesse differenzierter eingehen zu können, lässt sich feststellen: Die USA befinden sich seit vielen Jahren in einer tiefen gesellschaftlichen Krise. Innenpolitisch ist diese Krise gekennzeichnet durch Umwälzungen der Arbeitsbedingungen sowie die immer weiter auseinanderklaffende Polarisierung zwischen arm und reich, außenpolitisch durch die Erosion der moralischen, wirtschaftlichen und militärischen Glaubwürdigkeit.[2] Im Kontext der Globalisierung, in der die Welt immer unübersichtlicher, undurschaubarer und unverständlicher wird, entstehen neue Konfliktlinien und Polarisierungen zwischen gesellschaftlicher Öffnung und Abgrenzung. In bestimmten Bevölkerungsgruppen werden Gefühle des Ausgeliefertseins, des Ausgegrenztseins und des Kontrollverlustes als immer bedrohlicher erlebt. Die Teilhabe an gesellschaftlichen Prozessen – und zwar nicht nur die materielle – wird immer unsicherer. Die Zunahme existentieller Ängste, insbesondere in der unteren Mittelschicht, die häufig trotz mehrerer Jobs nicht mehr zuverlässig gesicherte Verhältnisse erreichen oder

2 Vgl. dazu Ulrich 2017, 3.

gar bescheidenen Wohlstand durch eigene Leistung erringen bzw. erhalten kann, führen zu einer um sich greifenden Hoffnungslosigkeit breiter Schichten der Bevölkerung – der ›Vergessenen‹, ›Ungehörten‹ und der ›Abgehängten‹ – hinsichtlich einer besseren Zukunft (vor allem für ihre Kinder). Die Folge ist eine lange nicht beachtete Zusammenballung eines enormen Verzweiflungs- und Wutpotentials in Teilen der Gesellschaft.

Psychoanalytisch kann man diese Prozesse in einer tieferen psychischen Dimension als das Erleben des Ausgestoßen-Seins bzw. Ausgestoßen-Werdens aus dem »mütterlichen Container« der Gesellschaft verstehen, das eine Mobilisierung archaischer Ängste vor lebensbedrohlicher Vernichtung sowie neidvollen Hass hervorruft. Diese Affekte werden durch die typischen Abwehrformen der paranoid-schizoiden Position, wie Melanie Klein sie 1946 beschrieben hat (Spaltung, projektive Identifikation), zu bewältigen versucht, jedoch zunächst längere Zeit auf der individuellen Ebene bzw. in den Randbereichen der Gesellschaft gehalten. Eine Massenbewegung entsteht, wenn sich ein Führer anbietet, der sich in demselben psychischen Modus bewegt wie diese Gruppen,[3] der die Vereinzelung aufhebt sowie die Hoffnungen *und* Aggressionen in seiner Person bündelt. Eine solche Persönlichkeit ist Trump. Denn mit seinem spezifischen Versprechen einer revolutionären Umwälzung aller Werte und Regeln versteht er sich als Führer einer anti-pluralistischen und anti-elitären *Bewegung von unten* – ausdrücklich nicht als Repräsentant einer etablierten Partei – mit einem Alleinvertretungsanspruch.

Zudem stellte er im Wahlkampf die Bestrafung der Repräsentanten der elitären, »kriminellen« Klasse wie Hillary Clinton in Aussicht und stachelte damit sadistische Bedürfnisse an – mit der Folge, dass die Menge schrie: »Sperrt sie ein!«, »Tötet sie!« sowie Äußerungen wie »Wir wollen Blut sehen!«.[4] Trump bot sich den Wählern als »Outsider« an, als einer wie sie, ausgeschlossen vom sogenannten Establishment, und förderte damit – vermutlich gezielt – die Identifikation und die symbiotische Verschmelzung seiner Anhängerschaft mit ihm (»Ich bin einer von euch«). Mit dem wirkungsvollen Muster des »Ei-

3 Dieses Phänomen hat Otto Kernberg 1988 bezogen auf totalitäre Gruppen eindrucksvoll ausgeführt.

4 Trumps Auftritt in Phönix, »Der Brandstifter. Was Trumps Rhetorik anrichtet«. spiegeltv, 01.11.2016/YouTube.

ner-gegen-Alle« und mit narzisstisch-omnipotenten Reden stilisierte er sich als derjenige, der *als Einziger* stark genug ist, das alles zu ändern: »Niemand kennt das System besser als ich. Deshalb kann ich allein es reparieren«.[5] Er behauptete, er – und nur er – sei derjenige, der »euch hört«, der »dem Volk eine Stimme gibt« (»Ich bin eure Stimme«). Trump stellte sich als Familienmensch dar, als ›guter Vater‹, der von allen geliebt wird (»everybody loves me«) und der seine Kinder beschützt, und er versprach eine »neue Ära der amerikanischen Großartigkeit«.

Auch seine Vorstellungen vom Umgang mit Andersdenkenden, Minoritäten und Oppositionellen machte Trump bei einer seiner Wahlkampfveranstaltungen unmissverständlich und konkret klar. Er stachelte diejenigen seiner Anhänger an, die einen Demonstranten überfallartig tätlich angegriffen hatten: »Früher hat man solche Typen auf 'ner Trage rausgetragen. Würde ihm gerne eine reinhauen.« Und: »Haut ihm den Unsinn aus dem Schädel! Macht ihn fertig! Ich verspreche euch, ich zahle die Anwaltskosten« (ebd.). Die Realität wird in absolut gut und absolut böse, schwach und stark gespalten, übertrieben und verzerrt: Andersdenkende werden von Trump als »Feinde des amerikanischen Volkes« bezeichnet, Journalisten, die nicht seine Ansichten vertreten, als »totale Lügner«; Richter nennt er »linke Aktivisten«, Vertreter des politischen Establishment werden als »Verräter«, das Ausland als Verfolger markiert. Das »gute« Amerika wird von Trump als schwach, bevormundet und als umzingelt von Feinden und Ausbeutern beschrieben. Genauso scheinen größere Teile der Bevölkerung sich zu empfinden – eine paranoid-schizoide Welt, aus der Trump den Ausweg über manische Omnipotenz wies. Mit unberechenbarer Willkür, Frauen und Minderheiten verachtenden Sprüchen, öffentlichen Demütigungen seiner Konkurrenten sowie Drohungen stilisierte er sich als jemand, der als Einziger im Besitz des Wissens und des Rechts ist und der über allen anderen steht, auch über dem Gesetz.

Trump entspricht damit genau der Dynamik, die Rosenfeld (1988; 1990) und Kernberg (1988; 2001) beschrieben haben: Eine destruktiv-narzisstische Führerpersönlichkeit entsprechend dem Anführer einer »Mafia-Bande« (Rosenfeld 1988), der brutale und vernichtende Elemente idealisiert, paranoide Ideologien verstärkt und Massenmedien gezielt einsetzt (Kernberg 2001), ver-

5 »Trumps Weg an die Macht«, Dokumentation 2017, ZDFinfo/YouTube.

spricht dem Volk Sicherheit durch die öffentlichkeitswirksame Darstellung narzisstischer Omnipotenz. Durch Anstachelung zum Hass und zur Aggression gegen vermeintliche »Feinde« wie Andersdenkende, Schwache und Minoritäten werden sowohl die primitiven Aggressionen selbst als auch deren Abfuhr legitimiert. Die Auftritte vor den Massen und die Verbreitung durch die Massenmedien zerrütten individuelles Denken und Reflektieren; Triangulierung und Kompromissbildungsbemühungen werden verachtet und zersetzt im rauschhaften Gejohle der Massendynamik bei jenen, die sich wohl ohnehin auf einem paranoid-schizoiden Niveau bewegen oder aber dahin zu regredieren sich fürchten.

Eine unheilvolle Dynamik entsteht: Aus Angst vor lebensbedrohlichem Existenzverlust (psychisch wie sozial und wirtschaftlich) wird Sicherheit bei einem paranoid-brutalen Anführer sowie paradoxerweise an dem Ort gesucht, an dem gleichzeitig die unbewussten Ängste gesteigert werden: nämlich in einer fanatischen Gruppe bzw. Masse, die den »Verlust der individuellen Eigenart« (Freud 1921c) mit sich bringt. Die vermeintliche Sicherheit, welche die Gruppe und der Anführer den Gruppenmitgliedern implizit und explizit versprechen, bedeutet gleichzeitig den weiteren bedrohlichen Verlust sowohl des Ich als auch des Realitätsbezuges sowie der individuellen Kraft, die sich in der Verschmelzung mit dem Massen-/Gruppen-Ideal und dem Gruppenführer auflöst (vgl. Bion 1971). Der Rausch in der Masse wird als individuelle Potenzaufladung ersehnt, gleichzeitig jedoch unbewusst gefürchtet. Um den Betrug der uneinlösbaren Versprechungen nicht sichtbar werden zu lassen, muss die destruktive Dynamik zwischen Führer und Anhänger immer erneut angeheizt, müssen Verdrehungen und Verzerrungen von Tatsachen und Realität bis zur Absurdität getrieben (*»Alternative Facts«)* und muss die Spirale von verführerischen Heilsversprechen, von Gewalt und Drohungen gegen »Abweichler«, die aus der Massendynamik ausbrechen, sich aus der destruktiven Verschmelzung lösen sowie positive libidinöse Wünsche erfüllen wollen, immer weiter gesteigert werden.

Im Verlauf der Regression, der Zunahme primitiver Ängste und archaischer Abwehrnöte in Gruppen (Bion 1971) gewinnen die omnipotenten, destruktiv-narzisstischen Elemente (Rosenfeld 1971, 1988) immer stärker die Oberhand. Sie verfestigen sich im Zuge der Eskalationsbeschleunigung schließlich zu pathologischen Manifestationen mit extremer Feindseligkeit, mit pathologischen Projektionen eigener destruktiver Impulse sowie mit verdreht-verzerrter Wahrnehmung und Realitätsverlust. Der Grad der pathologischen Verfestigung lässt sich am Grad des Realitätsverlustes und der totalitären Vorstellungen ablesen. Masse und Anführer befeuern sich wechselseitig in rauschhafter Weise. Dadurch werden symbiotische destruktive Dynamiken beschleunigt und destruktive Bindungen verstärkt, insbesondere dann, wenn sie durch die Massenmedien mit deren entgrenzender weltweiten Aufmerksamkeit oder auch fatalerweise durch die Realität, beispielsweise erfolgreiche Wahlen, bestätigt werden.

Umrisse der Entstehung des destruktiven Populismus und Bions Container/contained-Konzept als ein Erklärungsmodell

Wie aber kann es überhaupt zu einer solchen destruktiven populistischen Passung kommen? Zum besseren Verständnis einer destruktiven gesellschaftlichen Entwicklung schlage ich Bions *Container/contained*-Modell in seinen Grundzügen[6] vor, das an dieser Stelle als ein plausibles Erklärungsmodell Anwendung finden kann. In gesellschaftlichen Krisenzeiten, in denen sich im Kontext zunehmend einsetzender individueller Regressionen Existenzängste, Ohnmacht, Neid und primitive Aggression schnell steigern können, vollziehen sich Polarisierungs-, Entdifferenzierungs- und Fragmentierungsprozesse nicht nur zwischen den Bevölkerungsgruppen (*die* Reichen – *die* Armen, *die* Flüchtlinge – *die* Einheimischen), sondern auch zwischen Teilen der Bevölkerung und den etablierten Parteien (*das* Volk – *die* Elite). Hoffnungen und Hilfeerwartungen der verschiedenen Bevölkerungsgruppen werden zunächst – durchaus realitäts- und objektbezogen – an die Parteien und die etablierten politischen Anführer sowie – in Demokratien – auf Wahlen gerichtet. Werden indes die Bedürfnisse des Wahlvolkes nicht ausreichend gehört und in entsprechende Veränderungen umgesetzt, setzen in den Individuen Frustration, Enttäuschungs- und Regressionsprozesse in Richtung der paranoid-schizoiden Position ein. Heftige Schwankungen zwischen Angst und Aggression, zwischen

6 Bions grundlegende Ausführungen sind für den hier skizzierten Erklärungsansatz meines Erachtens ausreichend. Deshalb bleiben bedeutsame Weiterentwicklungen der Konzepte Bions (vgl. z. B. Nissen 2009) unberücksichtigt.

Zerstörungswut und Wiederherstellungshoffnungen sind die Folge; auf dieser Ebene kann es zu keiner Beruhigung kommen. Teile der Gesellschaft resignieren (z. B. die Nicht-Wähler), andere Teile bilden Parallelgesellschaften (z. B. Gruppen in sozialen Randgebieten und Migrationsgruppierungen) und/oder werden offen gewalttätig.

Greifen die Repräsentanten der Regierung und Parteien diese Bewegung nicht ausreichend auf, dann nehmen negative Affekte zu. In der Folge verengen sich Wahrnehmungen: Die Repräsentanten werden nicht mehr differenziert in ihrer Komplexität und Unterschiedlichkeit erlebt, sondern als *eine* unzugängliche Figur *(die* Regierung, *die* Parteien, *das* Establishment), also gleichsam als eine negative Mutterfigur, die ich als negative »Establishment-Mutter« bezeichnen möchte. Eine solche vermag – aufgrund eigener Interessen, Nöte oder politischer Ohnmacht – weder Forderungen bestimmter Bevölkerungsgruppen und vor allem Affekte von Verzweiflung und Wut auf- noch Modifizierungen vorzunehmen. Projektive Identifizierungsversuche der ungehörten Bevölkerungsgruppen werden immer gewaltsamer, die »Establishment-Mutter« reagiert häufig mit Verstehens-Verweigerung – vereinzelt auch mit Gegenaggression[7] – und schließt sich immer weiter ab. Zu diesem Prozess gehört beispielsweise auch die Darstellung der eigenen Politik als »alternativlos«. Diese Kennzeichnung verhindert sowohl eine gesellschaftliche Auseinandersetzung als auch eine eigene Reflexion. Dadurch wird der Entdifferenzierung weiter Vorschub geleistet: Eine mögliche alternative Figur im gesellschaftlichen Spektrum, wie sie beispielsweise Repräsentanten von Oppositionsparteien darstellen könnten – also gleichsam ein »Establishment-Vater«, der in einer triangulierenden Funktion hilfreich sein könnte –, wird nicht gefunden: *Alle* Repräsentanten werden *gleichermaßen* als vor allem beschäftigt mit der Durchsetzung ihrer eigenen ehrgeizigen Interessen (wie z. B. dem persönlichen politischen Überleben oder der finanziellen Gier) wahrgenommen.

Je stärker aber die kommunikative Funktion der projektiven Identifizierung blockiert ist, desto eher schlägt sie in ihre pathologische Form um. Je häufiger die Ängste und Nöte des ungesättigten und abhängigen »Kindes«/der Bevölkerung am »Establishment-Container« abprallen, desto größer, gewaltsamer und

7 Ein Beispiel dafür ist die öffentliche Kennzeichnung der Trump-Wähler durch Hillary Clinton als »Abschaum«.

undifferenzierter werden Verwirrung, Wut und Angst. Je »namenloser« (Bion 1990, 232) und archaischer die Angst wird, desto weitgreifender wird auch die eigene Verantwortlichkeit auf- bzw. abgegeben. Im eskalierenden Polarisierungsprozess aber werden *alle* Personen von Ängsten erfasst, auch die Vertreter der etablierten politischen Gruppen. Auch sie sind von Wünschen nach Verstanden-Werden geleitet und auf die Resonanz der Bevölkerung, des *populus*, angewiesen; auch sie sind Ängsten ausgesetzt und sind von der Bevölkerung abhängig – beispielsweise hinsichtlich ihrer Popularität und ihrer Wiederwahl. In diesem Prozess der *wechselseitigen* Abhängigkeit und des Nicht-Verstehens wird auf beiden Seiten Vertrauen immer weiter zerstört. Das Sichere, das Gute wird immer unwirklicher und unerreichbarer und deshalb immer stärker idealisiert; das Schlechte erscheint immer schlechter. Je weniger Teile des sogenannten Establishments ihre aufnehmende, ausgleichende und triangulierende gesellschaftliche Container-Funktion erfüllen können, desto mehr wird die *wechselseitige Abhängigkeit* geleugnet und desto mehr kommt das normale Wechselspiel zwischen paranoid-schizoider und depressiver Position bei allen Beteiligten aus dem Gleichgewicht. Schuld haben dann immer die anderen, so dass eigene Verantwortung nicht selbst übernommen werden muss.

Die regressive Spirale dreht sich so lange immer schneller weiter, bis im öffentlichen Raum eine Persönlichkeit auftaucht, die sich auf demselben Niveau bewegt wie die regredierten Wählergruppen und die auch selbst die Mechanismen der paranoid-schizoiden Position auslebt – sie spricht die Sprache dieser Wählergruppen, vermag diese zu »hören« und teilt den Hass auf die »Establishment-Mutter«. Dadurch wird in den Augen der verzweifelten, regredierten, gewalttätig-rebellierenden Gruppe bzw. der schweigenden Mehrheit fatalerweise endlich eine scheinbar verstehende Mutter *und gleichzeitig* ein angeblich guter, beschützender und omnipotenter Vater gefunden. Schnelle Befriedigung und die Heilung der zerstörten inneren und äußeren Welt durch omnipotente Stärke wird all denen versprochen, die diesen Anführer unterstützen. Tiefgreifende Ängste, Benachteiligungsgefühle, Neid und Aggressionen werden *scheinbar contained*. Es wird aber ein Container angeboten, der destruktive Prozesse nicht verarbeitet, entgiftet und transformiert, sondern sie im Gegenteil anheizt.

Ich schlage vor, dieses Phänomen einen *destruktiven Container* zu nennen. Die eigentliche Funktion des Containings wird pervertiert, korrumpiert und zerstört. Der Prozess eines so verstandenen *destruktiven Containings* nimmt in der Gruppendynamik einer Großgruppe, einer Masse oder einer gesellschaftlichen Bewegung rauschhaften, manischen Charakter an. Dabei wird die eigene, durch Ohnmacht, Demütigung und Hilflosigkeit bestimmte Identität durch eine *doppelte omnipotent-destruktive Gruppenidentität* ersetzt: zum einen durch die symbiotische Identifizierung mit dem destruktiven, paranoid-schizoiden Anführer und zum anderen durch Identifizierung mit den anderen Gruppenmitgliedern, die sich ebenfalls in einem ähnlich paranoid-schizoiden Modus bewegen. Der ursprüngliche Wunsch nach Symbiose mit einem *hilfreichen* Objekt sowie die Sehnsucht, von eigenen inneren destruktiven Impulsen und von äußeren destruktiven Erfahrungen befreit zu werden, ist der Nährboden für diese unheilvolle Dynamik.[8]

Zusammengefasst kann Populismus in seiner Entstehung also psychoanalytisch gedacht werden als die Folge eines elementaren Misslingens eines langen, latent immer feindseliger werdenden Beziehungsprozesses zwischen den Repräsentanten der etablierten Parteien, die im Zuge einer tiefen Regression zunehmend in der Figur einer abgeschotteten »Establishment-Mutter« – einschließlich der fehlenden Alternative eines »Establishment-Vaters« – verschmelzen, auf der einen Seite und bestimmten Bevölkerungsgruppen auf der anderen Seite, die – in einer destruktiven Eskalationsspirale stetig anwachsend – immer verzweifelter, hoffnungsloser und wütender werden sowie eigene Verantwortung zunehmend weniger leben können oder wollen. Die Lücke, die diese Polarisierung reißt, wird von einer Führungspersönlichkeit gefüllt, die sich in verführerischer Weise sowohl als aufnehmende Mutter- als auch als omnipotente Vaterfigur anbietet, die jedoch faktisch als pervertierter, *destruktiver Container* fungiert.

Es sollte deutlich werden, wie schwer sich diese wechselseitige destruktive Dynamik auflösen lässt, wenn der gesellschaftliche Polarisierungs- und Spal-

8 Wichtig ist jedoch, dass die Anhängerschaft jedes destruktiven Populisten – so auch die von Trump – in zwei Gruppen eingeteilt werden kann: in eine kleinere Gruppe fanatischer Kern-Anhänger, die sich auf dem paranoid-schizoiden Niveau besonders eng mit dem Anführer als einem ungetrennt mütterlich/väterlichen Container verkleben, und in eine Gruppe von Enttäuschten aus einem weiteren Umkreis, die sich flexibler zwischen den beiden inneren Positionen bewegen können – was perspektivisch andere Folgen hat.

tungsprozess bereits so weit fortgeschritten ist, dass sich eine fanatisierte Menge oder Masse und ein Anführer schon in omnipotent-narzisstischer Weise symbiotisch verbunden haben.[9] Welche Anstrengungen und welche Zeitdauer zur Stabilisierung einer Gesellschaft durch Begrenzung destruktiver Gruppenprozesse erforderlich sind, drückt Freud in seinen Ausführungen zu »Warum Krieg?« plastisch aus: »Ungern denkt man an Mühlen, die so langsam mahlen, daß man verhungern könnte, ehe man das Mehl bekommt« (Freud 1933b, 24).

Literatur

Bion, W.R. (1971 [1961]): *Erfahrungen in Gruppen und andere Schriften.* Stuttgart: Ernst Klett Verlag.

Bion, W.R. (1990 [1962a]): Eine Theorie des Denkens. In Bott Spillius, E. (Hg.): *Melanie Klein heute. Entwicklungen in Theorie und Praxis.* Band 1. Beiträge zur Theorie. München/Wien: Verlag Internationale Psychoanalyse, 225–235.

»Der Brandstifter. Was Trumps Rhetorik anrichtet«. Trumps Auftritt in Phönix, spiegeltv, 01. 11. 2016/YouTube.

Freud, S. (1921c): *Massenpsychologie und Ich-Analyse.* In: *GW* XIII, 73–161.

Freud, S. (1933b): Warum Krieg? An Albert Einstein. In: *GW* XVI, 11–27.

Kernberg, O.F. (1988): *Innere Welt und äußere Realität. Anwendungen der Objektbeziehungstheorie.* München/Wien: Verlag Internationale Psychoanalyse.

Kernberg, O.F. (2001): Wie entsteht gesellschaftliche Gewalt? Eine psychoanalytische Betrachtung. In: Bohleber, W. (Hg.): *Die Gegenwart der Psychoanalyse – die Psychoanalyse der Gegenwart.* Stuttgart: Klett Cotta, 78–92.

Klein, M. (1946): Bemerkungen über einige schizoide Mechanismen. In: *GSK,* Bd. III, 1–41.

Mudde, C./Kaltwasser, C.R. (2017): *Populism. A Very Short Introduction.* New York: Oxford University Press.

Müller, J.-W. (2016): *Was ist Populismus? Ein Essay.* Berlin: Suhrkamp Verlag.

Nissen, B. (Hg.) (2009): *Die Entstehung des Seelischen. Psychoanalytische Perspektiven.* Gießen: Psychosozial-Verlag.

9 Auch Rosenfeld ließ an der Schwierigkeit dieser Aufgabe keinen Zweifel. Bezogen auf die Extremsituation von Nazi- und Nachkriegsdeutschland schrieb er: »Wenn die psychotisch-omnipotente Struktur eine ganze Nation überwältigt, ist die Einsicht, die Verrücktheit voll anzuerkennen, sehr schwierig« (Rosenfeld 1988, 391).

Rosenfeld, H. A. (1971): Beitrag zur psychoanalytischen Theorie des Lebens- und Todestriebes aus klinischer Sicht. Eine Untersuchung der aggressiven Aspekte des Narzißmus. In: *Psyche – Z Psychoanal* 25, 476–493.

Rosenfeld, H. A. (1984): Narzißmus und Aggression. In: Kutter, P./Paramo-Ortega, R./Zagermann, P. (Hg.) (1988): *Die psychoanalytische Haltung*. München/Wien: Verlag Internationale Psychoanalyse, 375–391.

Rosenfeld, H. A. (1990 [1987]): *Sackgassen und Deutungen. Therapeutische und antitherapeutische Faktoren bei der psychoanalytischen Behandlung von psychotischen, Borderline- und neurotischen Patienten.* München/Wien: Verlag Internationale Psychoanalyse.

»Trumps Weg an die Macht«, Dokumentation 2017, ZDFinfo/YouTube.

Ulrich, B.: Der amerikanische Patient. Ist Donald Trump Symptom oder Ursache der gegenwärtigen Krise der USA? Ein Essay von Bernd Ulrich mit Kurzreports von Kerstin Kohlenberg, Elisabeth Raether und Mark Schieritz. In: *DIE ZEIT* Nr. 35 vom 24. August 2017, 3.

Zienert-Eilts, K. J. (2017): *Destruktive Gruppenprozesse. Entwicklungslinien in der Geschichte der psychoanalytischen Bewegung und Erkenntnisse für gegenwärtige gesellschaftliche Konflikte.* Gießen: Psychosozial-Verlag.

Dr. phil. Karin J. Zienert-Eilts, Johannisberger Str. 3, 14197 Berlin.
kzienert@gmx.de

Wolfgang-Loch-Vorlesung

Über das Schöpferische im Paranoischen Mechanismus*

*Hanna Gekle***

Zusammenfassung

Mit Rückgriff auf Freuds paranoischen Mechanismus lässt sich an Texten von Ernst Bloch der Unterschied zwischen einem ausgearbeiteten Wahnsystem und einer nur partial wirksamen paranoischen Verwerfung herausarbeiten. Reißt ersteres am Ende alle Sublimierungen in den Abgrund, so kann das partial Verworfene eine eigene Form von Kreativität entwickeln. Die Verwerfung betrifft inhaltlich vor allem den Signifikant »Vater«; wenngleich im Denken gelöscht, verschafft sie sich Ausdruck teils als Bild, teils als Gestalt der äußeren Wirklichkeit und unterscheidet sich scheinbar in nichts von der äußeren Wirklichkeit. Aber der Affekt verrät ihre psychische Genese. Ernst Bloch hat dies kategorial seit 1918 als Noch-nicht-Bewusstes der Freud'schen Verdrängung entgegen gehalten, denn hier formiert sich etwas, das noch nie zuvor ausgedrückt werden konnte. Um seine Wirkweise schreibend zu vergegenwärtigen, sah er sich darüberhinaus gezwungen, dem neuen Inhalt auch eine neue Form zu geben; dann wich er aus dem philosophisch-kategorialen Denken auf das literarische Erzählen aus. – Auch Wolfgang

* Überarbeitete Fassung der Wolfgang-Loch-Vorlesung 2017, gehalten am 20. November 2017 in Tübingen.

** Hanna Gekle, Psychoanalytikerin in freier Praxis, Studium der Philosophie, Germanistik, Geschichte und Psychologie. Promotion in Philosophie: Wunsch und Wirklichkeit – Blochs Philosophie des Noch-Nicht-Bewußten und Freuds Theorie des Unbewußten. Zahlreiche Veröffentlichungen zu Bloch und Fragen der Psychoanalyse.

Jahrbuch der Psychoanalyse 77, S. 191 – 219 © 2018 frommann-holzboog

Loch notiert das Auftauchen von etwas Neuem, aber er analysiert es im Rahmen des psychoanalytischen Prozesses.

Summary

The Creative in Paranoid Mechanism

With reference to Freud's concept of »paranoiac mechanism«, Ernst Bloch's writings make it possible to define the difference between a fully elaborated system of paranoia and a partial paranoiac foreclosure (repudiation). Whereas a system of paranoia ultimately prevents all sublimation, partial foreclose may result in a specific form of creativity. The content of the foreclosure is, primarily, the signifier »father«. Excluded from consciousness, it manifests itself partly in image form, partly as a gestalt of external reality, and is seemingly impossible to distinguish from external reality. But the affect discloses the psychological genesis. With his concept of the »not-yet-consciousness« developed in 1918, Ernst Bloch described the phenomenon of creativity as being the opposite to repression – in the creative process, things that have never been expressed before come into existence. In order to present this new content, Bloch chose a new form of expression. Instead of staying within the format of categorial-philosophical thinking, he switched to literary narrative. Wolfgang Loch also noted the emergence of something new, but he analysed it within the psychoanalytic process.

Einleitung

Das vermutlich berühmteste Opfer des paranoischen Mechanismus war Johann Wolfgang Goethe. Er beschreibt dies in *Dichtung und Wahrheit,* als »eine der sonderbarsten Ahndungen«. Nachdem er im Umgang mit seiner Jugendliebe Friederike von Brion immer ängstlicher geworden war und ihr aus dem Weg ging, ergriff er schließlich geradezu die Flucht vor ihr. Aber als er den Ort endgültig verließ, überfiel ihn etwas, dessen er sich selbst noch zur Zeit von *Dichtung und Wahrheit* nicht gewiss war:

> Ich sah nämlich, nicht mit den Augen des Leibes, sondern des Geistes mich mir selbst denselben Weg zu Pferde wieder entgegenkommen, und zwar in einem Kleide wie ich es nie getragen, hechtgrau mit etwas Gold. Sobald ich mich aus diesem Traum aufschüttelte, war die Gestalt ganz hinweg. (Goethe 1811–1814, 452)

Zwischen Ahnung und Traum, Zukunft und Vergangenheit schwebt diese Gestalt, die Doppelgänger, Spiegelbild oder der eigene Fremde des Selbst sein könnte.

Das zweite bekennende Opfer des paranoischen Mechanismus, war Ernst Mach, Physiker und Philosoph, von dem man eine gediegene Verankerung in der Wirklichkeit erwarten darf. Aber auch er kommt nicht ungeschoren davon: »Er nimmt in einem Hotelwagen Platz, auf der vorderen Bank tut ein Gast das gleiche, erster Eindruck: was steigt für ein herabgekommener Landschulmeister ein – es war aber Mach im Spiegel« (Bloch 1934, 353). Diese Erfahrung wurde für Mach zum Anlass für einige Überlegungen, die dem philosophiegeschichtlich aufgeladenen Begriff des Selbstbewusstseins eine empiriokritizistische Verschlankung angedeihen ließ.

Nicht die Lösung, wohl aber das Problem machte auf Bloch größten Eindruck. Denn hier ging die Entfremdung, die das Spiegelbild immer hat, punktuell in völlige Verkennung über: Dieser heruntergekommene Landschulmeister war ein Fremder für den berühmt Gewordenen, mit dem er nichts zu tun haben wollte. Im Spiegel tritt in diesem Beispiel dem Ich ein negativer Aspekt des eigenen Selbst entgegen – als ein Anderer, Fremder, den das Ich theoretisch nicht erkennt und moralisch ablehnt. Aber noch befremdlicher ist die Form, in der sich dieser unliebsame Doppelgänger aufdrängt: Er tritt ins Bewußtsein als äußere Wirklichkeit, als ein Fremder für das Ich, das von seinem Spiegelbild regelrecht überfallen wird, zu dem es sich jedoch im zweiten, erschreckten Akt bekennen muss: Das bist Du selbst. Warum aber stößt Bloch ausgerechnet auf diese rare Stelle in der Philosophie Machs, mit der ihn ansonsten außer einem kurzlebigen jugendlichen Interesse nicht viel verband?

Ich habe diese beiden Beispiele gewählt, um an den illustren Opfern folgendes zu demonstrieren: Erstens kommt der paranoische Mechanismus häufiger vor als man vermuten würde – und man kann es trotzdem weit bringen in Wissenschaft und Kunst. Es stellt sich im Gegenteil die Frage, ob sich hier nicht eine besondere Quelle der Inspiration auftut – und wenn ja, unter welchen Bedingungen. Zweitens bezeugen beide, Goethe wie Mach, die Freud'sche Definition auf das Schönste. Von Freud nämlich stammt der Begriff; aber er illustriert ihn nicht an einem Großen des Geistes, sondern an einem großartig Gescheiterten, dessen nicht unerhebliche Geistesgaben am Ende in seinem paranoischen System untergingen: Gemeint ist der Gerichtspräsident Schreber. An ihm korrigiert Freud seine frühere These, der zufolge der Paranoiker seine unterdrückten Empfindungen nach außen projiziert: »wir sehen vielmehr ein, daß das innerlich Aufgehobene von außen wiederkehrt« (Freud 1911, 308). Das aber ist nur möglich, wenn zuvor ein wichtiger psychischer Inhalt nicht ins Ich integriert, aber auch nicht verdrängt, sondern in den Worten Freuds »verworfen« wurde. Seither spukt dieser psychische Signifikant ununterscheidbar unter den Dingen der realen Welt. Er erscheint zwar als äußere Wirklichkeit. Doch kehrt er in die Psyche zurück, überfällt er das Ich mit keiner geringeren Wucht als jener, mit der er ausgestoßen wurde; erkennbar ist seine psychische Natur am Affekt. Er, der Affekt, verlangt am Ende, die Ausarbeitung des Wahns zum Wahn*system;* als System hat es zwar den Ehrgeiz, die Welt lückenlos zu erklären, aber gerade deshalb zieht es alle Sublimierungen in den Strudel seines theoretischen Abgrunds. Deshalb sieht Freud sich gezwungen, wenn auch mit Bedauern, dem Wahnsystem Schrebers den Charakter der Sublimierung abzusprechen. Am Beispiel von Ernst Bloch versuche ich dagegen, einen paranoischen Mechanismus zu identifizieren, der wie bei Goethe und Mach nicht im Wahn endet, sondern kreativ wird.

Der tote Offizier – oder die zweite Geburt

Als Schlüssel dient mir jene Geschichte aus den *Spuren* mit dem Titel: *Die Wasserscheide,* erstmals erschienen 1928 in der *Frankfurter Allgemeinen Zeitung,* aber zurückgehend auf eine Erfahrung aus Blochs erster Studentenzeit 1910 in Würzburg. Wie der »sonderbare Erzähler« von seinem noch sonderbareren Geschick im Abstand von immerhin 18 Jahren berichtet, lebte er damals, also 1910 – »sehr zurückgezogen, suchte und fand niemand« (Bloch 1969, 37). Aber er wohnte bei einer alten Frau, die er für eine Witwe hielt, bis er eines nachts ihr Schlafzimmer offen fand: Da lag ein alter

> Mann, schön aufgebahrt in ihrem Bett, ein Nachtlicht brannte noch und rechts und links zwei hohe Kerzen; die Wohnung leer, die Frau verschwunden und ich mit dem Toten allein. *Pavor nocturnus* der Kinderzeit war wieder da, die gelähmten Glieder von damals, die nicht fliehen konnten vor dem Schrecktraum (Bloch 1969, 36).

Aber schließlich fasst der Erzähler sich, nimmt die Beine unter den Arm und rennt in die nächste Bar, eine von denen, die er freiwillig nie betreten hätte. Dort trifft er einen Mann, der wie er selbst sonst auch nie in dieser Bar zu finden war, über den er wiederum einige Bekanntschaften knüpft, die sein Leben bestimmen sollten.

An den Tod dieses alten Mannes, eines ehemaligen bayerischen Offiziers, dessen Namen der Erzähler nicht zu kennen meint, an diesen ihm fremden Mann mit seinem noch fremderen Schicksal, knüpft Bloch den Anfang seines erwachsenen Lebens, seine »zweite Geburt oder die Erwachsenentaufe« (Bloch 1969, 37). Der Tote war immerhin Offizier gewesen, aber vermutlich ›unehrenhaft‹ entlassen worden, weil er sich mit der Münchner Bohème in Gestalt einer Tänzerin nicht nur eingelassen, sondern mit ihr auch »Skandalszenen« (Bloch 1969, 38) provoziert hatte und in diesem Milieu versumpft war. Viele Jahre zuvor jedenfalls hatte er seine Frau, Blochs Hauswirtin, verlassen wegen einer Münchner Tänzerin; nun aber, bereits todkrank, war er zu ihr zurückgekehrt – zum Sterben. Manifest kreist der kleine Essay um das philosophische Thema des Zufalls im eigenen Leben. Nichts, so die wiederholte Versicherung, war zufälliger in seinem Leben als dieser tote Offizier, mit dem ihn rein gar nichts verband, dessen Leichnam ihn jedoch in jene Bar trieb, die seinem Leben eine andere Richtung geben sollte.

Demnach erzählt Bloch seine Ödipus-Geschichte als eine neue, besondere Konstruktion: Ein toter Offizier, eine abwesende Hauswirtin und ein verschatteter Student der Philosophie treffen im gleichen Raum aufeinander und entfesseln den psychischen Ödipuskomplex – als eine soziale Realität. Trotzdem handelt es sich allemal um innere Gestalten, die der damals 42-jährige Schreiber sich zu vergegenwärtigen sucht und in dieser Geschichte als Zeugen eines psychischen Geschehens ruft, das noch lange nicht sein Ziel erreicht hat. Das allerdings erzählt der Text ganz vorzüglich, nicht nur in seinem Inhalt, sondern auch in seiner Form: Das Bild, das Bloch von sich am Totenbett des bayrischen Offiziers entwirft, wirkt eher wie ein Traumbild denn als Wirklichkeit, und sei es auch eine noch so surreale. In seinem Text dagegen beschwört Bloch das Ganze geradezu als Realität, mit Betonung von Zufall und Zukunft.

Sowohl der Ödipus der Psychoanalyse wie sein literarisches Vorbild bei Sophokles gelten als tragische Gestalt *par excellence:* Ödipus unternimmt alles, um seinem prophezeiten Schicksal zu entkommen, aber gerade sein Handeln ruft jene Mächte auf den Plan, denen er zu entkommen hoffte. Dieses Handeln, dessen Voraussetzungen er ebenso wenig wie seine Folgen abschätzen kann, macht ihn zum tragischen Helden, der genau das vollbringt, was er am meisten zu verhindern sucht. Was bei Sophokles noch Gesetz der Götter, ist spätestens durch Freud als Gesetz der Anthropologie, die das Individuum bestimmt, vom Himmel geholt worden. Aber für Freud verbirgt sich darin immer noch eine Tragödie, wenngleich sie sich im Laufe der Geschichte seit den Griechen bis ins 19. Jahrhundert zu einer familialen Tragödie verinnerlicht hat – und dem Subjekt als individuelle psychische Auseinandersetzung auferlegt wird.

Ganz anders dagegen die Konstruktion Blochs. Der gegenüber Freud dreißig Jahre Jüngere begegnet dem Ödipus-Drama nicht als tragischer Held, sondern als passiver Sohn, über den das Elend der Alten so plötzlich und heftig hereinbricht, dass ihm als Reaktion nur Angst und Flucht bleiben. Von der Tragödie bleibt nur das Trauma. Zumindest auf den ersten Blick. Er ist kein Held und auch nicht schuldig; er ist Opfer. Passiv stolpert er in diese Konstellation. Nein, nicht er handelt, sondern das Gesetz des Handelns übernimmt ein anderer: *pavor nocturnus.* Der Affekt macht ihm Beine und bestimmt sein Tun; er macht ihn emotional wieder zum Kind, doch zu einem, das immerhin schon davonlaufen kann.

Wenn der klassische Ödipuskomplex Freuds an einem auf die Spitze getriebenen Konflikt zwischen libidinösem Begehren und dem Verbot desselben zerbricht, wenn er also seine Lösung am Ende in der Anerkennung der Versagung findet, weil der kleine Ödipus damit sein Überleben ›erkauft‹ und nicht wie sein großes literarisches Vorbild die Blendung an sich vollziehen muss, bleibt die Bloch'sche Konstruktion auf der Ebene des Triebes vergleichsweise leidenschaftslos: ein paar Tänzerinnen auf der Seite des Alten, eine lieblose Frau, etwas Koketterie der Witwe, er selber vereinsamt und verschattet. Vor allem aber fehlt der Konflikt: Es gibt keinen Vater, gegen den er sich behaupten müsste oder den er überwinden könnte: Der Tote wird ihm frei Haus geliefert!

Trotzdem existiert bei Bloch ein überdimensionierter Affekt, so überdimensioniert, dass er nur in der lateinisch gebändigten Fassung ausdrückbar ist: als *pavor nocturnus.* Es ist erklärtermaßen die Wiederkehr jener Angst, die Bloch als Kind empfunden haben will. Aber wie alt war er da? Ein Säugling noch? Oder schon ein kleiner Ödipus? Oder beides? Was Bloch manifest anbietet, verweist auf einen Schrecken, der aus der Sprache gefallen ist.

Selten genug, dass Bloch Psychologisches direkt thematisiert. Umso interessanter seine Ausführungen zum *pavor nocturnus,* die er noch in seinem Hauptwerk, dem *Prinzip Hoffnung* macht – mit explizitem Hinweis auf Freud (Bloch 1959, 92). Freud, so seine These, komme der Angst am Ende »dialektisch« bei. In diesem Kontext diskutiert Bloch den Zusammenhang von Kastrationskomplex und früher Verlassenheit. Er zitiert Freud, dem zufolge es die Kastrationsangst ist, von der sich alle spätere Angst ableitet, denn »vom höheren Wesen, welches zum Ich-Ideal wurde, drohte einst die Kastration« (Bloch 1959, 92). Aber er hält dagegen:

> Einleuchtender freilich ist die Erklärung der Angst aus der ersten Verlassenheit, die sämtliche späteren psychisch präformiert, aus der Losreißung von der Mutter durch die Geburt; von daher auch die wirkliche Kinderangst, der pavor nocturnus ohne sogenannten Kastrationskomplex, die Angst vor fremden Gesichtern, Dunkelheit und dergleichen. Die Sehnsucht und Liebe des Kindes zur Mutter wird von fremden Gesichtern enttäuscht [...] sie findet ihr Objekt nicht. (Bloch 1959, 92 f.)

Eine abwesende Mutter und ein kleines Kind – das ist der Stoff, aus dem sich der unaussprechliche Schrecken nächtlicher Kinderangst herleitet. Demnach gibt es gerade hier, in einem vom verbietenden Vater gereinigten Universum, einen Mangel, der größer nicht sein könnte. Die Kastrationsangst geht ›nur‹ auf die Strafe am Glied, das gesündigt hat; der *pavor nocturnus* aber zielt auf die Existenz als solche. So dokumentiert Bloch, wider bewusste Absicht, wie ein Kind ohne Vater vom Regen in die Traufe kommt. Mit Vater gäbe es Angst: Kastrationsangst, Todeswünsche und Verbot. Ohne Vater gibt es nur Angst, eine Existenzangst, die alles überrollt, weil sie das Leben selbst angreift. Allein mit der Mutter gibt es nur den verhängnisvollen Wechsel von Geburt und Tod.

Ein Symbol von Vater als etwas Lebendigem existiert weder in den *Spuren* noch im *Prinzip Hoffnung.* So bleibt die Vermutung, Bloch habe am Ende keinen Begriff einer psychischen Repräsentanz des Vaters, auch keine verdrängt-unbewusste. Es scheint, als verträte ihn kein inneres psychisches Symbol, sondern als sei das, was Vater eigentlich sein müsste, *verworfen:* eine *Leerstelle.* Der verworfene Signifikant schlechthin in der Psyche Blochs, die er in der Geschichte durch den realen Toten aufgefüllt hätte. Dann bestünde womöglich – bescheiden genug, aber dennoch äußerst folgenreich – der psychische Entwicklungsfortschritt in dieser Geschichte bereits darin, dass überhaupt eine Vaterfigur auftaucht – und sei es nur als fremder Toter. Fehlt eine innere Repräsentanz von Vater bzw. findet sie sich im Status der Verwerfung oder gibt es eine innere Repräsentanz des Vaters, wenngleich als eines toten, inneren Fremden?

Hier, in dieser Geschichte geht es um die Geburt der Individualität. Aus dem Zufall, dass ihn ein toter Mann in eine Bar treibt, hat sich der Erzähler sein Leben am Ende selbst geschaffen. Gewiss, den Zufall gibt es. Aber was ist mit der Bedeutung, die Bloch diesem Zufall gibt und der er eine Geschichte widmet? Was sah Bloch demnach beim Anblick des toten Offiziers? Nicht nur den verworfenen Signifikanten des Vaters, sondern zugleich auch sich. Er konnte die psychische Bedeutung des Vaters in sich löschen, aber in der Leiche begegnete ihm nicht nur ein toter Nicht-Vater, sondern der Tod selbst: die eigene Zukunft.

Aporien des Anfangs: Nichts oder Befriedigungserlebnis

Einsamkeit erscheint Bloch als das früheste ihm zugängliche Gefühl. Wie es seine Kindheit durchgängig begleitete, beschreibt Bloch mit fast schon gespenstischer Fähigkeit aus der Position eines nachträglichen Zurückfantasierens – das zugleich auch die Gegenwart eines Leidens hat: »Spüre mich leicht atmen, hin und her, koche leise. Merkte auch, dass ich taste, schrie, hörte aber nichts« (Bloch 1969, 61). Das Kind tastet, schreit – aber alles geht ins Leere; es antwortet nicht die beruhigende Stimme der Mutter, das Schreien des Kindes kann sie nicht herbeirufen. Es bleibt allein, allein mit plagenden Bedürfnissen, gezeichnet von einem ersten Misserfolg, seine Aktivität bleibt ohne Resonanz, die Welt fällt hier zum ersten Mal ins Nichts. Oder aber, schlimmer noch: Sie taucht erst gar nicht auf, sondern wird für das Kind greifbar nur als Nichts, als Leerstelle, als Ausfallserscheinung. Es bleibt nur das von Unlustempfindungen geplagte Kind, das mit seinem fruchtlosen Schrei nach der Mutter allein in sich zurückfällt. Die Mutter, die für den Säugling die Welt noch nicht repräsentiert, sondern *ist,* wird primär erfahren als Nichts. Dass sie empirisch immer wieder auftauchen musste – sonst hätte das Kind nicht überlebt oder wäre früh psychotisch geworden –, tut hier wenig zur Sache: Psychisch-strukturell gesehen lebt Bloch mit dieser *primären Abwesenheit,* die keinesfalls zu verwechseln ist mit der *Anwesenheit einer Abwesenheit,* die die Phänomenologen als Grundfigur sprachlicher Repräsentation bestimmen.

Diese Leerstelle liegt noch vor jeder psychischen Repräsentanz: ein Loch im Sein. Sie beschreibt den *psychischen Entstehungsort* des von Bloch so oft bemühten Schelling-Zitates: »Warum ist überhaupt etwas und nicht vielmehr nichts?« Schelling wird für Bloch in diesem Kontext zwei Mal wichtig: zum einen mit seiner manichäischen Lehre vom Ineinanderfallen von gut und böse. Zum anderen, und vor allem aber, bezieht er sich auf jene, zur damaligen Zeit des Deutschen Idealismus geradezu ungeheuerliche Passage in Schellings Text *Über das Wesen der menschlichen Freiheit* von 1809, wonach unter der scheinbar geordneten Welt, die wir jetzt erblicken und in der alles Regel, Ordnung und Form sei, im Untergrund als eigentlich Ursprüngliches etwas Regelloses sein Unwesen treibe,

> als könnte es wieder durchbrechen, und nirgends scheint es, als wären Ordnung und Form das Ursprüngliche, sondern als wäre ein anfänglich Regelloses zur Ordnung gebracht worden. Dieses ist an den Dingen die unergreifliche Basis der Realität, der nie aufgehende Rest, das, was sich mit der größten Anstrengung nicht in Verstand auflösen lässt, sondern ewig im Grunde bleibt. Aus diesem Verstandlosen ist im eigentlichen Sinne der Verstand geboren. Ohne dies vorausgehende Dunkel gibt es keine Realität der Kreatur, Finsternis ist ihr notwendiges Erbteil. (Schelling 1809, 303)

Man habe, so Bloch (1972, 226), »hier eine der tiefsinnigsten, auch unbekanntesten Stellen des deutschen Idealismus vor sich« – eine der tiefsinnigsten, weil Schelling in dieser Formulierung den Idealismus untergräbt: Ob Urzufall, ob Dissonanz, ob Regelloses am Anfang, immer steht etwas Unvernünftiges, gar Chaotisches am Beginn. Das Bewusstsein erscheint erst viel später in der Bildungsgeschichte dieser Philosophie. Vor allem aber – und hier liegt der Unterschied zur bestimmten Negation Hegels: Das ursprüngliche Chaos läßt sich nicht aufheben; es bleibt in seiner Regellosigkeit nicht im Grund, sondern im Ungrund.

Aber mehr noch. Diese Äußerungen Schellings lassen sich wie eine vorweggenommene Kritik an Freud lesen. Schellings Beginn ist von einer primären Differenz gezeichnet, einem Mangel, der sich konstitutiv von Anfang an gleichursprünglich dem Sein entgegenstellt, dem Etwas korrespondiert ein nicht weniger mächtiges Nichts. Zumindest der frühe Freud sieht die menschliche Existenz noch nicht in einer solch existentiellen ursprünglichen Dramatik zwischen zwei sich widersprechenden Prinzipien aufgerieben. Auch Freud sieht im Mangel den Motor psychischer Entwicklung. Aber es ist ein bestimmter Mangel, kein absoluter. Freud geht von einem vorgängigen Befriedigungserlebnis aus, über dessen Wiederholung sich stabile Objektrepräsentanzen aufbauen, jenseits des zugleich damit entstehenden Lust-Ichs. Mit Hilfe dieser inneren Repräsentanz kann das Kind jene kritische Zeit überstehen, die zwischen der Entstehung seines fordernden Bedürfnisses und der erneuerten Befriedigung liegt und dem hilflosen Ich peinigende Empfindungen beschert. Hier, in dieser bestimmten Negation, wäre demnach der Ursprung des Denkens zu suchen: Aus der Erfahrung der abwesenden Brust entsteht über den Umweg des inneren psychischen Bildes die Möglichkeit des Denkens. Diese Entwicklung bezeugt zugleich jene spezifisch menschliche Fähigkeit, die schmerzvoll erfahrene Abwesenheit in eine symbolische Anwesenheit zu verwandeln. Keine Brust – das sei der erste Gedanke, betonte auch W. Loch immer wieder.

Am kritischen Punkt der halluzinatorischen Wunschbesetzung trennt sich für den Erwachsenen das Reich der Psychose von dem der Neurose. Beide, Psychose wie Neurose unterstehen der Herrschaft des Wunsches. Aber in der Psychose läuft der Wunsch bis zur halluzinatorischen Besetzung und kann nicht mehr zwischen sich und der äußeren Wirklichkeit unterscheiden: Das Bild *ist* die Wirklichkeit. Vor dieser tiefgehenden Regression bleibt das neurotische Denken bewahrt. Es erhält sich die Fähigkeit der Realitätsprüfung und stoppt die wunscherfüllende Fantasie vor der Halluzination.

Von diesem Freud'schen Modell ist die Schelling-Bloch'sche Variante dramatisch unterschieden. Nicht das durch die Mutter vermittelte Befriedigungserlebnis bildet die unbezweifelbare Grundlage der Entwicklung, sondern der

Beginn ist in sich radikal gespalten. Davon gehen im übrigen nahezu alle bedeutenden psychoanalytischen Theoretiker nach Freud aus, so unterschiedlich sie auch sein mögen. Jedenfalls scheint es einen kritischen Punkt zu geben, an dem die fragile Frustrationstoleranz des Kindes zerbricht. Aus der bestimmten Negation fällt es ins Bodenlose einer Welt ohne Mutter; deren Folge zeigt sich als Leerstelle in der Psyche, in der stabile innere Repräsentanzen nicht aufgebaut werden konnten.

Diesem Modell folgt Blochs Narrativ. Innerlich konnte er wohl nicht auf das zurückgreifen, was Freud theoretisch als Befriedigungserlebnis bezeichnet im Unterschied zu Winnicotts lebenspraktisch-pragmatischem Modell einer ›genügend guten Mutter‹. Stattdessen beschreibt Bloch das Horrorszenario eines vorgängigen Nichts, einer *absoluten* Negation also, keiner nur bestimmten Negation; das unterscheidet ihn von den sogenannten Normalsterblichen und ihren Nöten. Das erklärt auch, warum er sich diesem unerträglich Dunklen nicht forschend zuwenden kann. An dieser Stelle biegt Bloch das strenge Denken der Philosophie in fabulierendes Erzählen um. Wenn der Freund/Feind Adorno von ihm als der Besonderheit eines Philosophen sprach, der eigentlich nicht dachte: Er hat recht, aber er erkennt damit nicht nur etwas Wesentliches, er verkennt es zugleich. Von Anfang an war es Blochs Intention, die Beschränkung auf das Denken zu transzendieren. Wenn er ins Fabulieren ausweicht, spricht er an den Rändern des Sagbaren und versucht, die Leere seines vielfach beschworenen Nichts in etwas Lebendiges zu verwandeln. Wo es ihm gelingt, bekommt der Text etwas schwebend-erwartungsvoll Unentschiedenes, als hätte er Watteaus *Embarquement pour Cyhtère* in Worte gesetzt, wo es ihm nicht gelingt, wird es laut und scheppert. ›Große Blochmusik‹ hat Adorno das boshaft genannt.

Die Geburt des Ideals aus dem Nichts

Die Veränderung, die Bloch nach dem Tod seiner Frau an sich wahrnimmt, nämlich die Entstehung ihres verklärten Bildes in ihm, beschreibt phänomenologisch präzise, was Freud Idealisierung genannt und von der Sublimierung unterschieden hat. Die Idealisierung vollzieht sich am Objekt: Ohne Änderung seiner Natur vergrößert und erhöht sie ihr Objekt, schreibt ihm gar Vollkommenheit zu (Freud 1915, 161). Psychogenetisch knüpft sich die Idealisierung an die Eltern und bildet eine wichtige Voraussetzung für die Entstehung des Ich-Ideals und des Ideal-Ich. Den im Schweigen begrabenen Eltern korrespondiert bei Bloch eine umso lautere, frühe Identifizierung mit den Großen des Geistes, aber auch mit den Großen der Macht. Dass diese heroische Identifizierung zwar das eigene Ich zu diesen Großen heraufhebt, aber zugleich mit einer frühen Überlastung, gar Unterwerfung bezahlt wird, verrät jene Formulierung am Grabmal Schellings, die er nicht veröffentlichte, sondern nur der unveröffentlichten Fassung anvertraute: »Ich neigte mich tief, manches Gelöbnis fasste ich da und hielt mich zu Grossem verpflichtet« (Bloch 1921, 21). Verehrende Verneigung vor einem Vorbild, dem Bloch nachstreben und dem er ähnlich werden will, aber auch eine frühe moralische Verpflichtung werden hier deutlich. Unterwerfung und Selbsterhöhung des Ich erscheinen im selben Akt, zusätzlich aufgeladen mit einer Wendung gegen sich selbst, das sich in den Dienst einer abstrakten Größe stellt. Der Schatten des Objekts fällt auf das Ich und verrät den Melancholiker.

Aber das ist nur die eine Seite von Blochs Identifikation mit einem großen Vorbild. Die Großen retten ihn auch. Denn der Text fährt fort:

> Ebenso wachte ich einmal in Stuttgart in einem Gasthof morgens 5 h auf, sprang merkwürdig getrieben ans Fenster und hatte gerade am Haus gegenüber die Tafel, dass hier Hegel geboren sei. Es war (1911) die Zeit meines glühendsten Hegelianismus. (Bloch 1921, 21)

Was riss ihn aus dem Schlaf, das sich erst beruhigte, als ihm die äußere Wahrnehmung von Hegels Anwesenheit versicherte – im Umweg über eine goldene Tafel, die er schon am Abend zuvor bemerkt haben musste? Strukturell erscheint hier jener von Freud (1911, 308) beschriebene paranoische Mechanismus, wonach »das innerlich Aufgehobene von außen wiederkehrt.«

Warum hat Bloch sich gescheut, gerade diese Stelle zu veröffentlichen? Weil dies ein unerträglicher Augenblick war, aus den ihn der wiedergefundene Hegel rettete? Dass es ihm damals in Stuttgart nicht gut gegangen sein kann, davon zeugt ein Brief an Georg Lukács, in dem er ihn umständlich und gestelzt »um eine möglichst rasche Zusendung von 70 Mark« (Bloch 1911, 63) bittet, weil er für acht Tage in der Landesbibliothek arbeiten will. Er hatte sich von allen abgesetzt, war allein und mittellos, im Streit mit Georg Simmel und Margarete Susman, auf der Flucht vor der Ehe mit Else von Stritzky, die er

»todkrank angetroffen« (Bloch 1911, 54) hatte. In dieser Situation greift er nach dem Freund: Er braucht ihn als intellektuellen Ansprechpartner nicht weniger denn als psychischen Begleiter in seiner Einsamkeit wie auch lebenspraktisch als Geldgeber.

Offenbar war er, koste es was es wolle, in »Hegels Geburtsstadt« (Bloch 1911, 63) gefahren, gewiss in der Hoffnung, in der Landesbibliothek etwas sehr Wichtiges für sein nicht gelingen wollendes Werk zu finden. Bloch schrieb mit großer Dringlichkeit. Kam das Geld zu spät? Oder konnte er das Alleinsein, das er gesucht hatte, nicht mehr ertragen? Er war jedenfalls in einer existentiellen Krise, die ihn nachts nicht schlafen läßt, die Unruhe treibt ihn aus dem Bett und sozusagen in die rettenden Arme Hegels. Es ist dies die überzeugendste Szene, mit der sich meine These begründen lässt, wonach sich Bloch in Hegel nachträglich jenen Vater zu erschaffen sucht, den er in Wirklichkeit ebenso vermisste wie ablehnte.

Lässt sich daraus die besondere Bedeutung der Idealisierung bei Bloch ableiten? Die Hinweise auf eine frühe psychische Abwesenheit – sei es des Signifikanten, sei es der mütterlichen Repräsentanz – sind so zahlreich und bestätigen sich gegenseitig, sodass man nicht nur von einem nachträglichen Phantasma Blochs ausgehen darf, sondern dies als Beschreibung seiner psychischen Realität annehmen muss. Über diese psychische Leerstelle stülpt er mit aller Kraft das Bild einer idealisierenden Anwesenheit, die nicht zuletzt aus der Verleugnung heraus in immer höhere Höhen steigen muss. Weil ihr eine verleugnete Abwesenheit zu Grunde liegt, kann sie sich nicht mit stimmigen Bildern füllen, selbst nicht mit stimmigen Bildern der Negation. Bloch greift vielmehr mit Hilfe der Mystik oder der Apokalypse auf Bilder einer furiosen Fülle zurück, die aber in sich erstarren müssen, soweit sie sich bloßer Idealisierung verdanken. So inhaltlich leer wie formal überhöht die Idealisierung, so auch die Bilder.

Das scheint Gershom Scholem erkannt zu haben, wenn er in seinem Gratulationsgruß zu Blochs 90. Geburtstag rückblickend schreibt:

> Der junge Bloch, eine in seiner Leiblichkeit und Geistigkeit überwältigende Erscheinung, war ein das Barocke nicht scheuender Stürmer in die Apokalypse und in die Vision, in der die mystischen Bilder, in denen er so schwelgte, starben. (Scholem 1975, 110).

Aber die Idealisierung hat nicht das letzte Wort. Auch das muss Scholem erkannt haben, denn er fügt sofort hinzu:

> Der Neunzigjährige ist ein blinder Seher geworden, ein Meister, der den Kampf mit dem Drachen, in dem er 40 Jahre stand, überlebt hat und ein Weiser geworden ist, im Sinn der alten jüdischen Definition des ›Alten Mannes‹ als desjenigen, der da ›Weisheit erworben hat‹, ein Gut, über dessen Unerfindlichkeit sich schon Hiob beschwert hat. (Scholem 1975, 110)

Die Neigung zur Idealisierung fordert zwar das Individuum zu großen kulturellen Leistungen auf, aber sie hat mit Sublimierung nichts zu tun. Ästhetisches Zeichen der Idealisierung ist die schiere Größe, die Stereotypie der Wiederholung, die Abstraktion in einer leeren Unendlichkeit, die ihren Produkten eignet, während das geplagte Subjekt in aller Regel in einer Dissonanz von Ehrgeiz und Begabung gefangen bleibt.

Warum aber gelang Bloch die Selbstbescheidung ohne Resignation? Darauf könnte die Geschichte von der Rettung durch Hegel in Stuttgart eine neue Erklärung eröffnen: Seine real missliche Situation muss ihn innerlich mit dem Trauma der primären Abwesenheit konfrontiert haben, der *pavor nocturnus* seiner Kindheit treibt ihn ans Fenster und er beruhigt sich mit dem Anblick jener Tafel, die Hegels Geburt (!) anzeigt. Seine Liebe zur Hegel'schen Philosophie rettet ihn aus dem mütterlichen Abgrund: Am Morgen wird er in die Bibliothek gehen, um über Hegel zu schreiben. So arbeitet er sich an der leeren Größe seiner Idealisierung ab und verändert sich damit rückwirkend selbst. Mit Hilfe eines idealisierten *alter ego* verwandelt er arbeitend die Idealisierung in Sublimierung. Dass er das alleine geschafft hat und obendrein beschreiben kann, gehört zu Blochs großen Leistungen.

Trotzdem bleibt die Idealisierung eine Gefahr für Bloch. Wenig verwunderlich ist vor diesem Hintergrund, dass Blochs große Liebe zur Musik auch seine gefährdetste war. Das ist ihm bewusst gewesen.

> Gestern kam hierher der Flügel. Die vielen alten Noten, spielte, spielte, spielte. […] Spielte Verdi, Mahler, Mahagonny, Bach – alles, viel noch dazu, was immer noch in den Fingern sitzt. Wurde ganz betäubt und betrunken vor Musik; es ist gut, dass sie mich nicht mehr so ablenkt. Es war viel Geniesserdasein dabei. (Bloch 1930, 45)

Passives Geniesserdasein wie der Suchtcharakter des aktiven Spielens bringen Bloch beide in Gefahr. Aber das waren immer noch die Wonnen der Gefahr. Doch gab es auch Gefahr ganz ohne Wonne.

Das Trauma des unerträglichen Augenblicks

Eine *Theorie* des Unerträglichen gelang ihm zwar nicht, sehr gelungen ist ihm jedoch die *phänomenologische Beschreibung* dieser existentiellen Erfahrung. Sie findet sich als außerordentlich komprimierter Text, merkwürdigerweise nicht in den Philosophischen, sondern in den Literarischen Aufsätzen (Bloch 1977, 220f.).

Bloch (1977, 221) beschreibt diese Erfahrung in ihrer Zeitstruktur als ›Augenblick‹ und in ihrer Qualität als ›unerträglich‹, als »blutigen Riß im Jetzt«, als eine »Art allerstärkster Übelkeit« (Bloch 1977, 220). Aber wenn er auch Metaphern aus dem Bereich des Körperlichen bemüht, so handelt es sich doch gerade *nicht* um körperliche Erfahrung, sondern um eine rein psychische Extremsituation, für die allerdings die Worte schon deshalb fehlen müssen, weil ein Riss, Bloch (1977, 221) zufolge, »keinen Inhalt hat«. Am unerträglichen Augenblick ist bestimmend die Form: Er ist punktuell, jäh, aus allem herausreißend, mit nichts verbunden, ein Schock und Sturz ins Bodenlose. Selbst Tod und Umnachtung wären hier als Ausweg nicht möglich. Bloch spricht erkennbar aus eigener Erfahrung, aber literarisch greift er punktuell zur Verfremdung und nimmt die Perspektive des Berichterstatters ein:

> Sterben sei hier sogar kurz nachher erwünscht, doch wirke so etwas als Ausweg fast lächerlich. Der Abgrund, wohin man durch das Unerträgliche falle, scheine überhaupt keinen Boden zu haben, worauf man zerschellen könne, woran der Fall ein Ende habe. Er habe nur durch seine Kürze ein Ende, doch diese genüge, um spüren zu lassen, daß gegen diese Art Sturz kein Sterben gewachsen sei. (Bloch 1977, 221)

Bloch beschreibt hier einen Zustand schlimmer als der Tod.

> Vorausgesetzt ist aber allemal eine gehabte Enttäuschung, oft mehrere Stunden vorher. Ein wichtiger Brief, ein sehr erwarteter Besuch kamen nicht, das alles auf eine uns etwas preisgebende Weise. (Bloch 1977, 221)

Das ist die *Voraussetzung* dieser Erfahrung, nicht aber ihr *Inhalt* wie Bloch betont; ihr Anlass, wenn auch nicht die Ursache, ist ein Objektverlust; Besuch oder Brief fallen aus. Doch der Hinweis, man fühle sich preisgegeben, lässt eine unterschwellige Dramatik des Ich anklingen: Das ausgebliebene ersehnte Liebesobjekt zeigt nicht nur einen objektlibidinösen Verlust, sondern zugleich eine empfindliche narzisstische Kränkung an: Die Enttäuschung über das Liebesobjekt verbindet sich mit einem Angriff auf das Selbst. Das ist die Voraussetzung für das Unerträgliche des Verlustes, sonst könnte eine enttäuschte Hoffnung kaum so dramatisch enden. Er erklärt obendrein, warum der körperliche Tod dagegen ein verschwindendes Übel wäre: Hier geht es um die *Angst des Selbst* vor seiner *Vernichtung;* dagegen kommt der körperliche Tod nicht an, jedenfalls nicht im Reich der Psyche.

Zweierlei ist daran auffällig: Erstens die *Ungetrenntheit* von Ich und Objekt: Bleibt das eine aus, geht das andere unter. Auffällig ist zweitens die völlige *Trennung* von Affekt und Vorstellung: so überwältigend in seiner inhaltslosen Elementarkraft der erste, so banal die Inhalte, an die er sich knüpft. Zunächst unterbleibt die erwartbar gewesene Reaktion auf die Enttäuschung. Hier findet sich demnach erneut eine Leerstelle. Es ist jene Leerstelle, die der Traumatisierte seit seinen Kindertagen als psychische Erfahrung des Nichts in sich trägt. Sie verwehrt es ihm, die Enttäuschung über das ausgebliebene Liebesobjekt ›normal‹ zu verarbeiten, denn er verfügt weder über die affektive Resonanz noch die Vorstellung dazu, sondern er wird im Gegenteil erneut mit seinem Mangel konfrontiert. – Kaum hat Bloch dieses psychische Erdbeben überlebt, überkommt ihn das überwältigende Bedürfnis zu laufen, nur weg, irgendwohin. Die Angst vor der Nachwirkung bleibt dem verzweifelt in den offenen Raum Fliehenden im Rücken – als Verfolgung.

Die Geschichte vom toten Offizier scheint mir die Voraussetzung für das Verständnis des unerträglichen Augenblicks. Auch damals ergriff ihn nicht nur eine jähe, alles überwältigende Angst; auch damals ergriff ihn ein starker Bewegungstrieb, der ihn in die nächste Bar laufen ließ. Das ist nicht nur die früheste Datierung eines unerträglichen Augenblicks, es ist auch die theoretisch vollständige Geschichte: Denn dieser Text über die Wasserscheide schließt jene Leerstelle, die den *Auftakt* für Blochs Text *Der unerträgliche Augenblick* bildet. Letzterer fällt in jeder Hinsicht aus dem Rahmen: durch seine Kürze nicht weniger als durch seine unvermittelte Gewalt wie durch das Atemberaubende seines Inhalts. Obendrein gehört er zu den raren Texten von Bloch, in denen er sich jede utopische Aussicht versagt. Inhalt wie Form stehen auf der Nadelspitze der Entscheidung: Der Anblick des Toten durchschlug jäh und unvermittelt alle Abwehrstrukturen des Ich und konfrontierte ihn mit dem innerlich Verworfenen. In der Leiche des bayrischen Offiziers tritt ihm, vermutlich zum ersten Mal, dasjenige als *äußere Wirklichkeit* entgegen, was ihm *innerlich fehlte.*

Fügt man Blochs eigene Erklärungsansätze aus den unterschiedlichen Werken und Epochen zusammen, so erhält man folgendes Narrativ: der *pavor nocturnus,* der ihn beim Anblick des Toten ergreift, enthüllt die psychischen Folgen der Abwesenheit der Mutter als schützendem Objekt, heute wie damals. Der unerträgliche Augenblick ist demnach die wiederkehrende Erfahrung jener initialen Katastrophe in der Beziehung zur Mutter, die ihn von Geburt an zeichnet; sie zieht sich als roter Faden einer primären Abwesenheit durch seine gesamte spätere Entwicklung und gibt ihr eine spezifische Färbung von Mangel und Leid mit, die *vor* dem Freud'schen Ödipuskomplex liegt. Ihre primäre Dissonanz ist überall präsent und färbt jede Erfüllung mit ihrer Melancholie. Der Text über die »Wasserscheide« ist gerade deshalb so kostbar, weil er dieses Schema durchbricht, wenn auch ›nur‹ im Vorbegrifflichen der Literatur. Dass gerade die Literatur ihr spezifisches Surplus hat, belegt dieser Text ganz nebenbei: Schöner ist Lacans väterlicher Signifikant nie gestorben. Die Geschichte vom toten Offizier legt keine genetische, sondern eine strukturelle Lesart nahe. *Ex negativo* bestätigt sie die Macht des Ödipuskomplexes unter den Auspizien einer abwesenden Mutter. Der Vater, stets ausgegrenzt und noch weit abwesender als die Mutter, erzwingt sich eine Wiederkehr über das *factum brutum* des Todes: Hier zerschellen alle Fantasien; die Realität des Todes zerschlägt die Mutter-Kind-Dyade; hier bricht sich die Macht der Wirklichkeit, die allen Phantasmen ihre tödliche Grenze zeigt, ihre furchtbare Bahn. Furchtbar, weil sie mit der Furcht des Todes aufgeladen ist, der kein Überschreitendes kennt.

Diese Geschichte zeigt zum ersten Mal eine Besonderheit im Denken, die Bloch das Bonmot entlockte, wonach Philosophen Menschen seien, denen das Denken besonders schwer falle. Weil er aus einer normalen psychischen Entwicklung heraus fiel, war auch die Entwicklung im Denken eine andere. Dass er die *Realität* des Todes brauchte, um aus einer melancholischen Symbiose mit seiner Zimmerwirtin in die Welt gestoßen zu werden, entlarvt eine Symbolisierungsschwäche: Er kann zwischen Fantasie und Wirklichkeit psychisch nicht sicher unterscheiden, sondern er braucht die Gewalt des Todes.

Aber der tote Offizier steht nicht nur für die körperliche Präsenz des Todes, er ist auch ein Symbol: Symbol der Endlichkeit ganz allgemein, aber auch *der Realität gewordene Repräsentant des psychisch verworfenen Vaters.* Oder in den Worten Freuds: »das innerlich Aufgehobene kehrt von außen wieder« (Freud 1911, 194). Das beschreibt zwar die existentielle Gefährdung einer paranoischen Verfassung, aber sie bleibt *partiell.* Hier liegt der entscheidende Unterschied zum Wahn des Senatspräsidenten Schreber. In dessen Wahn, einem ausgearbeiteten Wahn*system,* geht die Welt gänzlich unter und lässt das Selbst allein zurück. In diesem Kontext spricht Freud ausnahmsweise von den *kreativen Leistungen* der Paranoia, die der Regression Schrebers zum Opfer fielen:

> Überblickt man die kunstvollen Konstruktionen, welche der Wahn Schrebers auf religiösem Boden aufbaut […], so kann man rückschließend ermessen, welcher Reichtum von Sublimierungen durch die Katastrophe der allgemeinen Libidoablösung zum Einsturz gebracht worden war. (Freud 1911, 196)

Bis zur *allgemeinen* Libidoablösung ging die Katastrophe nicht bei Ernst Bloch, sondern da sie sich nur *partiell* vollzog, blieb in seinem Fall der Reichtum der Sublimierungen nicht nur erhalten, sondern im Gegenteil: Die Katastrophe des unerträglichen Augenblicks war so groß, dass sie ihn aus seiner Flucht in die Melancholie vertrieb und ihn zum Produzieren zwang; aber sie war nicht groß genug als dass sie die Sublimierungsfähigkeit aufs Ganze gesehen geschädigt hätte.

Der Leichnam des unbekannten Offiziers wie die Geschichte insgesamt stehen für eine Rückkehr des psychisch Eliminierten *aus der Wirklichkeit.* Es ist eine Art Zwitter: Was als äußere Realität erscheint, ist *de facto* nicht nur psychischen Ursprungs. Sondern das, was es im Raum der Psyche aufgrund frühzeitiger Verwerfung erst gar nicht zu einer stabilen Repräsentanz gebracht hat, taucht aus der Wirklichkeit auf: Das Entsetzen, das dieses Auftauchen begleitet, verrät zum ersten Mal ein, wenn auch unbewusstes, Verständnis des Subjekts, das nunmehr den Mangel erkennt, mit dem es gelebt hat. Die Welt ist durchsetzt mit Psychischem, während die Psyche Teile ihrer selbst in die Außenwelt verschoben hat.

Eine Krise beschreibt das allemal. Das Auftauchen des Verworfenen in der äußeren Realität zeugt von einer Entwicklung, aber konfrontiert das Subjekt zugleich erneut mit jenen Konflikten, die es seinerzeit zur Verwerfung zwangen. Ihr Ausgang ist offen. Am Beispiel des toten bayrischen Offiziers beschreibt Bloch eine Entwicklungsgeschichte in zwei Phasen: Das erste Mal läuft der 22-jährige Student in die Bar, das zweite Mal kehrt das Verworfene wieder als *Geschichte des Anderen,* vom Erzähler Ernst Bloch festgehalten im Wort. Indem Bloch diesen Text, der von der Geburt seines Selbst berichtet, nicht etwa ödipal die *Weg*scheide, sondern die *Wasser*scheide nennt, weckt der Text Assoziationen an Naturgewalten und Weltalter, die hier aufeinander gestoßen sind. Bloch selbst nennt das »metaphysische Ödipuserweiterungen«. Sein vorzüglichster Zeuge ist Franz von Baader (Baader, zitiert nach Bloch 1965, 258): Dieser behauptet als Unvordenkliches vor Anfang der Welt ein Verbrechen gigantischen Ausmaßes, »weniger ein Abfall als eine Empörung«. Dieses Verbrechen sei dauernd bezogen auf eine Erbsünde, durch den Sündenfall zwar angedeutet, aber nicht erschöpft – und sende ihr Unglück bis heute ringsum und permanent in die Welt, offenbar vor allem in die geschändete Natur (Baader, zitiert nach Bloch 1965, 257). Doch bleibt diese nicht stumm: »Durch alle Schönheiten der Natur vernimmt der Mensch bald leiser, bald lauter jene melancholische Wehklage über den Witwenschleier (!), den sie aus Schuld des Menschen tragen muß« (Baader, zitiert nach Bloch 1965, 257 f.). So zitiert Bloch seinen Gewährsmann Franz von Baader mit einem an entscheidender Stelle hinzugefügten Ausrufezeichen. Offenbar ist es Bloch wichtig, die melancholische Anklage der Natur an den Menschen, er habe sie zur Witwe gemacht, auch für den Leser deutlich zu notieren.

Das von Bloch eigens zugesetzte Ausrufezeichen verweist auf eine der raren Stellen, an denen Bloch sich mit Ödipus zu identifizieren scheint. Aber auch hier weicht er vor den irdisch-menschlichen Konflikten der Ödipussage in die Grandiosität der Natur aus; obendrein bleiben Tat und Täter namenlos: Zu rekonstruieren sind sie nur aus der Nachträglichkeit – aber dafür sind sie überall: Die gesamte Natur wird zum Spiegel der Klage einer verwitweten Allnatur, zum Vorwurf an den Menschen.

Die grandiose Erhöhung zur Allnatur wäre demnach an die Stelle getreten, die im gewöhnlichen Ödipuskomplex die Verdrängung einnimmt. Das hat einen ästhetisch-progressiven Aspekt: Er malt seinen unbewussten Konflikt an den Himmel einer Allnatur, in der er – wenn auch verschattet – immer noch deren Schönheit genießt. Diese Lösung hat jedoch auch einen regressiven Aspekt: Sie spaltet diesen Aspekt des Selbst ab und verweist ihn an die fremde Übermacht der Natur, subjektiviert und personifiziert sie, aber unbewusst fürchtet und begrüßt sie von nun an zugleich in ihr das abgespaltene Fremde. Vor allem aber: Wenn alles ins Grandiose verzerrt ist, dann gilt das nicht zuletzt von den Schuldgefühlen; auch sie haben die Dimension von Naturgewalten angenommen. So ist es nur konsequent, wenn Bloch sich von Anfang an als Paraklet entworfen hat, als Tröster. Mit seinem Werk versuchte er diese Schuld abzuarbeiten.

Aber Erfahrungen wie diese ließen sich mit den ihm zur Verfügung stehenden Mitteln nicht ins Denken auflösen, er musste sie erzählen. Doch weil er von Erfahrungen erzählen will, die sich ihm selbst begrifflich entziehen, verweisen die Worte, die er findet nicht nur auf die Anwesenheit einer Abwesenheit, sie evozieren *das Bild* einer Anwesenheit und bekommen eine magische Aura: die Aura des Imaginären. Damit steht auch diese Art zu schreiben an jener Grenze, die zwischen der Wirklichkeit des Wahns und der Symbolisierung des Wortes trennt.

Gelingt ihm das, oft erst Jahre später, so ist der Erfolg ein mehrfacher: Zum einen, er setzt aus sich heraus, was ihn im Inneren zu vernichten droht. Aber die gefürchtete innere Vernichtung ist nicht das Primäre, sondern vielmehr bereits Resultat: Resultat jener innerlichen Verwerfung, die aus der primären Abwesenheit der Mutter rührt und ihm eine Übernahme des väterlichen Signifikanten verwehrte. Schreibend schließt er die Kluft, die seine Entwicklung psychisch hinterlassen hat – und kommt erst über das Schreiben zum Denken. Meist erreicht er die Höhen diskursiven Denkens und wo nicht, stört es ihn nur bedingt. Das Überschreiten war nicht nur ein theoretisches Programm, sondern praktisches Postulat, das sein Schreiben bestimmen sollte. Allemal nachvollziehen lässt sich, dass das Schreiben für Bloch weit mehr als die Mitteilung seiner Gedanken war, sondern ein existentielles Bedürfnis sein musste: Mit jedem neu geschriebenen Wort, das er dem Nichts entrang, entfernte er sich vom Abgrund seiner Verwerfung und schuf sich am Rande des

Kraters eine sich zunehmend verbreiternde Basis, die ihn sicherte. Wenn Descartes mit seinem *dubito, cogito ergo sum* das unerschütterliches Fundament der neuzeitlichen Philosophie feierte, so ist diese Gewissheit für Bloch verloren. Er steht am gähnenden Un-Grund, Abgrund eines Seins, das seinen Sinn in der Zukunft suchen muss; anthropologisch legt Bloch den Ursprung aus dem Bewusstsein heraus in die Abgründe der menschlichen Psyche; gegen die Gewalt dieses Sogs bot er alles auf, was ihm zur Verfügung stand. Im Unterschied zu jenem berühmten Diktum Wittgensteins, worüber man nicht sprechen könne, darüber müsse man schweigen, war Bloch ganz und gar nicht bereit, sich sprachlich zurück zu ziehen – er hätte eine Geschichte erzählt.

Das Déjà-vu des Anderen

Der Text über den unerträglichen Augenblick endet mit einer Frage und einem Ausblick zugleich: Die Frage betrifft die Seltenheit dieser Erfahrung, der Ausblick geht auf das Déjà-vu. Warum, so Blochs Frage, ist der unerträgliche Augenblick eine so sehr viel seltenere Erfahrung als das Déjà-vu? Demnach verwundert es nicht, wenn Bloch (1965, 242) auch dieser besonderen Erfahrung, die es bereits zu seiner Zeit im Unterschied zum unerträglichen Augenblick in die medizinische, philosophische und psychoanalytische Literatur gebracht hatte, einen Essay widmet: »Bilder des Déjà-vu«. Inhaltlich gehöre es zu all jenen abgebrochenen Anfängen, zu denen die Erinnerung bedauernd zurückkehren müsse, weil sich ihr Versprechen nicht erfüllte; um eine nachwirkende, meist schuldhafte Vergangenheit also. Von besonderer Bedeutung aber ist der Schok, der mit der Erfahrung des Déjà-vu einhergeht; er ist es, der die Verbindung zum unerträglichen Augenblick herstellt. Zusammengehalten werden diese beiden Erfahrungen laut Bloch nicht durch ihren Inhalt, sondern eben durch diesen, ihnen gemeinsamen Affekt. Aber im Unterschied zum Schock des unerträglichen Augenblicks ist derjenige des Déjà-vu erklärbar: Er mache »einen Sturz in Abgebrochenes kenntlich, diesfalls in *Versäumtes.*« (Bloch 1965, 238) Dafür steht nach Bloch Ludwig Tiecks Märchen: Der blonde Eckbert. Bloch lässt sich bereits im eigentlichen Text auf eine ausführliche Interpretation ein, welche er noch in seinem persönlich gefärbten »Nachtrag« erweitert: alles Hinweise auf die existentielle Bedeutung, die diese Geschichte für Bloch hatte.

Zur Erinnerung: Der Text von Tieck handelt von dem sich zunehmend entfaltenden Wahnsystem des blonden Eckbert, der allen, die er liebt, den Tod bringt; die in dieser Geschichte auftauchenden Personen erscheinen am Ende allesamt als imaginäre Spiegel-Andere; Handlung nicht minder wie die Personen bleiben wie in einen Kokon eingekapselt. Lediglich die Eltern wie die Hexe, also die Generation davor, bleiben außerhalb, erscheinen jedoch am Ende als die eigentlichen agents provocateurs. Der Einbruch des Wahns beginnt mit der Geschichte Bertas: Eckbert, ihr Mann, fordert sie auf, seinem Freund Walther nach dem gemeinsamen Abendessen in stürmischer Herbstnacht ihre seltsame Geschichte zu erzählen und Berta kommt diesem Wunsch ihres Mannes nach: beginnt mit den armen Eltern, denen sie als fantasiebegabtes, aber völlig untüchtiges Kind unnütze Last war, oft vom Vater grausam behandelt; erzählt von der Flucht des Kindes aus diesem Haus, von der Aufnahme in der einsamen Hütte einer alten Frau, die mit einem kleinen Hund und einem wunderschönen Vogel, der jeden Tag eine Perle legte, in verwunschener Waldeinsamkeit lebte; das erste Mal glücklich in ihrem Leben mit der Alten, die sie Kind und Tochter nannte, mit den Tieren, die sie liebten. Zunehmend selbständiger werdend, führte sie den Haushalt, wenn die Alte weg war. Aber als sie 14 Jahre alt war, erwachte in ihr der alte Kindheitstraum von einem ›überaus schönen Ritter‹ und sie begriff, dass es ein Leichtes war, in Abwesenheit der Alten den Vogel und die Perlen zu nehmen und in die verführerische Welt zu gehen. Irgendwann ist es so weit: Sie bindet den kleinen Hund, der sie mit bittenden Augen ansieht, in der Stube fest, nimmt den Vogel mitsamt dem Schmuck und verlässt die Hütte. Aber die Augen des Hundes verfolgen sie; sie vergisst seinen Namen, doch die Augen bleiben und Bertas Schuld vermehrt sich um das Vergessen. Schließlich wird ihr das Lied des Vogels, der den Verlust seiner Waldeinsamkeit beklagt, so unerträglich, dass sie ihn erwürgt. Von nun an verfolgen sie Ängste, ihre Aufwarterin werde sie bestehlen oder sie gar ermorden. Dann aber lernt sie Eckbert kennen und die Geschichte endet mit *happy end* im Schloss; vorläufig. Der Freund Walther, dem Berta das alles erzählt, ist voller Verständnis und sagt ihr Gute Nacht mit den Worten: »Edle Frau, ich danke Euch, ich kann mich Euch recht vorstellen, mit dem seltsamen Vogel, und wie Ihr den kleinen Strohmian füttert.« (Tieck, zit. nach Bloch, 239) Als Berta durch Walther den Namen des Hundes erfährt, den sie selber vergessen hatte, ergreift sie ein gewaltiges Entsetzen, an dessen Folgen sie stirbt.

Blochs Interpretation ist ganz auf diesen Satz ausgerichtet, der die Erinnerung Bertas vervollständigt und zugleich ihr Schicksal besiegelt. Hier kehrt die Trennung von Vorstellung und Affekt als Rollenverteilung zwischen den Personen wieder: Walther kennt den Namen, den Berta vergessen hat; die wiedergekehrte Erinnerung aber entbindet ein solch gewaltiges Entsetzen, denen die Kräfte der Selbsterhaltung nicht standhalten. Der todbringende Schock bildet für Bloch die gemeinsame Basis von unerträglichem Augenblick und dem Déjà-vu. Am Beispiel des Märchens vom blonden Eckbert ist es der vergessene Name, der für Bertas Schuld steht.

Aber: Der vergessene Name ebenso wie der Satz Walthers erweitern sich zur Szene. Bloch findet dafür den schönen Titel eines »Déjà-vu des Anderen« (Bloch 1965, 240); schön ist es in seiner Doppeldeutigkeit: Der Andere, das ist Walther, aber gemeint ist eigentlich das Andere der Psyche: Was Berta erfolgreich aus dem Bewusstsein ausschloss, kehrt als Realität zurück: die Magie des Namenvergessens wirkt auf Dauer nicht gegen die Macht des schlechten Gewissens und die gefürchtete Wiederkehr der Geschädigten; der paranoische Mechanismus lässt sich nicht so leicht unterlaufen – und um nichts anderes handelt es sich bei Blochs Déjà-vu des Anderen. Das verrät nicht zuletzt die besondere Struktur ihres Vergessens: Weit entfernt vom üblichen, neurotischen Vergessen war es Ausdruck einer Spaltung: Mit der Trennung von Bild und Wort – den bittenden Augen des kleinen Hundes, dessen Namen ihr entfallen war – kam Berta psychisch einigermaßen zurecht, aber als der Freund Walter, der diesen Namen nicht kennen konnte, ihre Erinnerungslücke schließt, bricht das labile Gleichgewicht zusammen: Der verworfene Name – Strohmian – ist aus dem Realen zurückgekehrt; Wahn und Fieber greifen erst nach Berta selbst und von ihr auf den Mann über, der von nun an in Walther seinen ärgsten Feind vermutet bis er ihn erschießt. – Tieck selbst macht in diesem furchtbaren Märchen deutlich, dass die Geschichte nicht als Handlung, sondern als psychischer Prozess zu lesen ist. Bereits bevor sie den Namen wieder erfuhr, war Berta im Text des Märchens ein Opfer ihrer Tat geworden: In der Aufwarterin kehrte die betrogene Alte zurück und Berta befürchtet, von ihr erdulden zu müssen, was sie der Alten antat. Die Heirat mit Eckbert wirkt nur kurz als Antidot.

Hier spricht Bloch, selten genug, von der Macht der Vergangenheit und entwickelt eine implizite Theorie: Demnach sind es Versäumnis und Schuld, was den Menschen an die Vergangenheit kettet und in seinen Bann zieht. Bricht man den deutlich autobiographisch aufgeladenen Text auf Blochs eigene Geschichte herunter, lässt sich Folgendes rekonstruieren: Als Bloch nach dem Ermächtigungsgesetz aus Ludwigshafen und dem nationalsozialistischen Deutschland floh, ließ er seine verwitwete Mutter zurück. Die letzte, über einen Brief an Karola Bloch zugängliche Begegnung von Mutter und Sohn hatte einmal mehr im Streit geendet; und es ist mehr als wahrscheinlich, dass das Blochs letzte Begegnung mit ihr überhaupt war. Blochs Mutter kam nicht, wie Karolas Familie im Konzentrationslager um, aber er, der sich als Paraklet entworfen hatte, musste sie allein im faschistischen Deutschland zurücklassen. Anfangs noch wurde er als Kritiker der Nazis verfolgt, aber die zunehmende Judenfeindlichkeit ihrer Umgebung musste ihn über die gemeinsame jüdische Identität mit der Mutter mehr zusammenschweißen als dies unter liberalen Bedingungen der Fall gewesen wäre. Auf die Mutter deutet obendrein seine Fehlleistung: Bertas »wahre Schuld ist das Unterlassen eines Tuns, das Vergessen eines Gegenstandes in einem Raum, der für immer verlassen wird.« (Bloch 1965, 242) Was für eine bürokratisch substantivierte Ausdrucksweise bei einem Schriftsteller von Blochs Format! De facto ist der verlassene Gegenstand eine lebende, leidende Kreatur, nämlich der Hund. Aber ganz analog hatte er den Hass auf die Mutter in einem seiner letzten Briefe, die den Besuch bei ihr dokumentieren, auf die Gegenstände im Raum, nämlich die alten Möbel, verschoben; dass die eigene Mutter obendrein Berta hieß wie die Protagonistin, erscheint dem gegenüber geradezu banal. Den für immer verlassenen Raum gab es nicht zuletzt in der Wohnung der Mutter. Mit der Emigration ging diese Welt für immer unter, auch das Ludwigshafen seiner Kindheit und Jugend. Zurück kehrte er, der sich so sehr mit der deutschen Sprache und dem Deutschen Idealsmus als welthistorischer Blütezeit der Philosophie identifizierte, in ein von den Nazis geschändetes Deutschland. Zurück ließ er auch das Grab seines Vaters.

Auffällig ist nicht nur die entschiedene Dezentrierung des Tieck'schen Originals gegenüber der Bloch'schen Interpretation. Auffällig ist der Umgang Blochs mit der Aufklärung des furchtbaren Geschehens bei Tieck. Am unbekannten Anfang steht die Schuld des Vaters von Berta, eines Adligen, dessen außereheliches Kind sie war. Deshalb gab sie der Vater zu den armen Häuslern, die Berta für die eigentlichen Eltern hielt, ein häufiges Märchenmotiv, das dem Erniedrigten eine Herkunft aus hohem Hause suggeriert. Aber nachdem Bertas Prüfungszeit bei der Alten bereits vorbei war, stahl sie, was ihr vermutlich selbst gehörte, erfüllte sich mit dem blonden Eckbert ihren Kindheitstraum von einem hoch idealisierten Ritter und landete mit ihrer Heirat im Bett des Stiefbruders. Im Text von Tieck ist dieser Inzest am Ende der Grund für Tod und Wahnsinn aller Beteiligten; davon setzt sich Blochs Interpretation bedeutsam ab. Einmal erklärt er die Inzest-Auflösung für den persönlichen Sparren von Tieck; das andere Mal aber greift er auf Goethe zurück, sehr implizit, aber unübersehbar: auf dessen: »und in abgelebten Zeiten warst Du meine Schwester oder meine Frau«. Dann aber, so Bloch, könnte der Schock des Déjà-vu, sonst immer schrecklich, endlich das »Befreiendste und Kostbarste« (Bloch 1965, 240) werden. Das war der Schluss seiner Interpretation vor dem Nachtrag, eine Art Fehdehandschuh, den er dem Inzesttabu hinwarf. Aber noch der Nachtrag endet mit Goethe und dem Eingeständnis eines Nicht-Wissen-Wollens: »wer heißt's euch deuten, sagt Goethe, und er sagt es nicht von Tieck.« (Bloch 1965, 242)

Was also will er nicht wissen? Bloch dimmt beides herab in dieser Erzählung: Über den Mord spricht er nicht, auch wenn seine Kenntnis vorausgesetzt ist, und den Inzest findet er teils banal, teils – allerdings dem Genie á la Goethe vorbehalten – Inbegriff der Befreiung. So scharfsichtig Bloch bei der Interpretation Bertas ist, so blind ist er Eckbert gegenüber; er liest Bertas Déjà-vu des Anderen scheinbar mühelos und findet ihr schuldhaftes Versäumnis, aber er steht nicht nur verständnislos, sondern Verständnis verweigernd, dem Wahn und den Morden des blonden Eckberts gegenüber. Geradezu ratlos aber macht seine Sicht als Ganze. Die Alte, Herz und Seele der Geschichte, erscheint ihm konkretistisch als böses Weib, das der jungen Berta ihren schönen Ritter nicht gönnt und der Inzest als eine über Goethe abgedeckte Herausforderung, das Unmögliche zu bestehen. Warum er die Auflösung Tiecks beiseiteschiebt, wonach die Alte den Wahnsinn Eckberts katalysierte, indem sie ihm als Walther oder Hugo erschien, wirkt zunächst ebenso willkürlich wie befremdlich. Das Märchen zeigt am Ende ein entfesseltes Wahnsystem, das der blonde Eckbert im Umweg über sein *alter ego* Berta aktiv einleitete bis er dessen Opfer wurde. Am Ende werden die Beteiligten in ihrem Wahn zum Opfer der Sünden ihrer Eltern: Die vom Vater verstoßene Tochter taucht in der Wirklichkeit Eckberts auf; Bertas Schuld verdeckt die Schuld des Vaters und dessen Frau. Deren Vergehen wiederholt sich in der Schuld der Kinder. Im Wahn setzt sich das ausgehebelte Inzesttabu durch.

Wie lässt sich diese offensichtliche Fehlleistung Blochs erklären? Zum einen: Es interessiert ihn vor allem das Déjà-vu mit seinem Schrecken. In diesem Kontext hat er sich in der Literatur durchaus umgesehen, aber Freuds kleine Arbeit »Über Fausse Reconnaissance (›Déjà Raconté‹) während der psychoanalytischen Arbeit« ist ihm entgangen. Dabei notiert Freud ausgerechnet hier den für ihn seltenen Fall eines Neuen: Wenn im Rahmen einer Analyse sein Patient eine Erzählung einleite mit dem Hinweis: Das habe ich Ihnen schon erzählt, müsse man – im Umweg über die Verneinung – davon ausgehen, dass nun etwas auftauche, das noch nie Thema in der Behandlung geworden sei. Freud verbindet das Déjà-vu mit der Kastrationsangst, die sich häufig als »halluzinatorische Täuschungen« (Freud 1914, 121) zu erkennen gäbe. Auch Lacan sieht im Déjà-vu eine »versprengte Halluzination« (Lacan 1954, 211); deshalb sei das Gefühl der Irrealität in diesem besonderen Fall exakt dasselbe Phänomen wie das der Realität: irreal, insofern das Verworfene aus der Wirklichkeit wiederkehrt, real, insofern als die erstmalige ›Erinnerung‹ eines Verworfenen sich als Wiedererinnerung deklariert, *de facto* aber für Lacan jenen kostbaren Moment beschreibt, in dem etwas aus dem Reich des Imaginären in das Reich des Symbolischen wechselt. Während jedoch beim Schizophrenen alles Symbolische real sei – mit Betonung auf ›alles‹ – lebe bereits der Paranoiker in einer Welt, in der die imaginären Strukturen nur noch ›vorherrschend‹ seien, sichtbar vor allem in den produktiven Phasen der Psychose und in der Halluzination.

Was aber verraten die Texte Blochs? »Die Wasserscheide« beginnt mit der Wiederkehr des verworfenen Vaters und zeigt Blochs Reaktion darauf, »Der unerträgliche Augenblick« dagegen zeigt die psychischen Auswirkungen des toten Vaters mit einer Leerstelle im Zentrum des vulkanischen Ausbruchs, während »Die Bilder des Déjà-vu« am literarischen Beispiel von Ludwig Tieck ein entfesseltes Wahnsystem entfachen. Die herzlich tendenziöse Interpretation Blochs lässt, als Fehlleistung gelesen, Rückschlüsse auf die Psyche des Autors zu: Während Tieck von der Katastrophe eines Wahnsystems erzählt, begnügt sich Bloch mit einer partialen Wiederkehr des Verworfenen: eine punktuelle Paranoia gleichsam, kein Wahnsystem, mit Berta als Opfer.

Deshalb gelingt es ihm, im Unterschied zu jemandem wie dem blonden Eckbert oder in Wirklichkeit dem Senatspräsidenten Schreber den Einbruch des Paranoischen psychisch zu bändigen und ihn kreativ zu wenden: Der Affekt ist groß genug, dass er sich Ausdruck erzwingt; aber er ist nicht dauerhaft überwältigend, so dass er in ein psychotisches System auslaufen müsste. Im Unterschied zu Schreber bleiben die Sublimierungen erhalten. Damit drängt sich die Analogie zu Freuds Theorie des Witzes auf: Wie beim Witz insgesamt das Ich in seiner Funktion erhalten bleibt, aber einen Aspekt des Gedankens der Darstellungsform des Unbewussten überlässt, so erhält sich hier das Ich, indem es einen Aspekt dem paranoischen Mechanismus opfert. Was beim Witz die Rebellion gegen den Zwang der Logik, entspräche hier dem Protest gegen die Realität. Wichtig bei beiden ist die soziale Dimension: Wie der Witz erzählt wird und den Anderen als Adressaten braucht, so vervollständigt sich im Déjà-vu des Anderen das zerrissene Ich, indem ihm der Andere den verworfenen Aspekt seiner selbst wie von außen zuspielt. Im Märchen von Tieck erkennt Bloch das Katastrophische in der Wiederkehr des Verworfenen.

Das Problem selbst ließ Bloch ein Leben lang nicht los. Aber am Ende seines Lebens, nach abgeschlossenem Werk, widmet er sich dem positiven Aspekt dieses Überschreitens. Er nennt es Anagnorisis. Gemeint ist jener Augenblick, in dem sich lang Getrennte, womöglich sogar durch Mord und Schuld Getrennte, wie in Thomas Manns *Joseph und seine Brüder,* wiedersehen: Dabei geht es nicht nur wie in dem berühmten Madeleine-Beispiel in Marcel Prousts *Suche nach der verlorenen Zeit* um die Wiedererinnerung und Vergegenwärtigung einer verlorenen Erinnerung aus der Kindheit, sondern Anagnorisis beschreibt für Bloch jenen entscheidenden Augenblick eines Wiedersehens, der alles ändert. ›Ich bin Joseph, euer Bruder; lebt denn mein Vater noch?‹ – dieser Vers aus der Oper *Joseph in Ägypten* von Nicolas-Etienne Mehul bildete in seiner späten Tübinger Zeit das oft zitierte Leitmotiv von Blochs Suche. Die berühmteste Wiedererkennungsszene in der Musik ist jene Szene in Beethovens *Fidelio,* als Leonore Florestan die Ketten abnimmt. In der Malerei fand Bloch wie nirgend sonst im Expressionismus seiner Zeit die ästhetische Verwandlung von Paranoischem in Kunst: Es ist nicht nur die Frau, die in Munchs Gemälde ihren berühmtem Schrei ausstößt; hier schreit die ganze Welt. Blochs eigener Stil war expressionistisch ausgerichtet: Machtvoll überrannten seine Sätze das bisherige Wissen und setzten eine neue Sprachwelt ein, dic, selbst wenn ihr nichts Objektives entsprechen sollte, solange Bestand hatte als sie die bisherige Welt erzittern ließ. Er selber bewunderte die Verse des alten Goethe, dessen Genie sich nicht zuletzt in Zusammenstellungen bewies, die dem normalen Denken verboten sind: Die Sonne kommt im Donnergang/ Welch ein Getöse macht das Licht. Als Wetterbericht nach der Tageschau aufgefasst, ist der Text verrückt, aber als ein im Feuer des paranoischen Mechanismus Gehärteter, wagte Goethe Verbindungen von Auge und Ohr, Stummheit und Schrei als sei der himmelstürmende Prometheus im Nebenberuf empirischer Realist.

Zum Schluss der Neubeginn: Dieses paradoxe Ende kennzeichnet auch das Leben und Werk Wolfgang Lochs. Der Neubeginn beschreibt bei Wolfgang Loch nicht weniger als bei Bloch ein Jenseits der Deutung. Genauer: Es setzt einen gemeinsam von Analysand und Analytiker beschrittenen Deutungsweg voraus, als dessen Ziel sich ein Erkanntwerdenwollen jenseits der Sprache einstellt: Auch hier gibt es eine aufklärerische erste Bewegung deutender Rekonstruktion und Konstruktion, gipfelnd in einer Krise, die Loch mit Balint als gutartige Regression charakterisiert; sie öffnet dem Analysanden einen Raum jenseits triebhaft aufgeladener Bedeutungen und Beziehungen, vorausgesetzt der Analytiker erkennt, was der Analysand ›brauche‹. Loch spricht von einem metaphorischen ›Berühren oder Befühlen‹ – und rührt damit an jenen Punkt menschlicher Existenz, der an ein Verstehen jenseits der Worte appelliert. Wenn dies gelinge, so stelle sich etwas ein, »was« – wörtlich Loch – »bisher noch nie ›erlebt‹ oder erfahren wurde« (1993, 82). Präziser lässt sich das Noch-Nicht-Bewusste im Rahmen des psychoanalytischen Prozesses kaum beschreiben.

Literatur

Bloch, E. (1965) Literarische Aufsätze. In: *Gesamtausgabe,* Bd. 9, 232–242.

Bloch, E. (1985 [1911]): Briefe 1903–1975. Hg. von K. Bloch u. a.

Bloch, E. (1934): Selbstporträt ohne Spiegel. In: *Der unbemerkte Augenblick – Feuilletons für die Frankfurter Zeitung 1916–1934.* Hg. von R. Becker 2007.

Bloch, E. (1959): Das Prinzip Hoffnung. In: *Gesamtausgabe,* Bd. 5.

Bloch, E. (1969): Spuren. In: *Gesamtausgabe,* Bd. 1. Genaue Zeitangaben fehlen; der weitaus größte Teil dieser Geschichten sei zwischen 1910 und 1929 geschrieben, verrät das Ende der Inhaltsangabe (S. 10) Zum ersten Mal veröffentlicht wurden sie 1930.

Bloch, E. (1921): Gedenk- und Tagebuch 1921, unveröffentlichte Fassung (Autograph, in der schriftlichen Übertragung meines privaten Manuskripts S. 21. Eine sehr verkürzte, von Bloch noch zu Lebzeiten verantwortete Fassung findet sich in *Tendenz – Latenz – Utopie* (1978). Ausführliche Interpretation der unveröffentlichten Fassung in: H. Gekle: *Der Fall des Philosophen* (im Druck).

Freud, S. (1915): Zur Einführung des Narzißmus. In: *GW* X, 161.

Freud, S. (1911): Psychoanalytische Bemerkungen über einen autobiographisch beschriebenen Fall von Paranoia (Dementia Paranoides). In: *GW* VIII, 239–320.

Freud, S. (1914): Über fausse reconnaissance (déjà raconté) während der psychoanalytischen Arbeit. In: *GW* X, 116–123.

Freud, S. (1911): Psychoanalytische Bemerkungen über einen autobiographisch beschriebenen Fall von Paranoia. In: *GW* XIII, 308.

v. Goethe, J.W. (1811, 1812, 1814, 1831): Aus meinem Leben – Dichtung und Wahrheit, 11. Buch. In: *Goethe Werke,* Bd. 5, Frankfurt, ohne Jahresangabe.

Loch, W. (1993): *Deutungs-Kunst:* Dekonstruktion und Neuanfang im psychoanalytischen Prozess. Tübingen: edition diskord.

Schelling, F.W.J. (1973 [1809]): Philosophische Untersuchungen über das Wesen der menschlichen Freiheit und die damit zusammenhängenden Gegenstände. In: Ders.: *Ausgewählte Werke.* Schriften von 1806–1813.

Scholem, G. (1975): Wohnt Gott im Herzen eines Atheisten? In: *Der Spiegel,* 29. Jg., Nr. 28, 7. Juli 1975; 110f. Wiederabgedruckt in: Markun, S.: Ernst Bloch und Hans Heinz Holz: System und Fragment und: Dies. Ernst Bloch in Projekten, Halle 2010, 181.

Hanna Gekle, Myliusstr. 58, 60323 Frankfurt, h.gekle@web.de

Namensregister

Sachregister

JUDITH LE SOLDAT
Werkausgabe

Herausgegeben von der Judith Le Soldat-Stiftung. Kritisch ediert, kommentiert und eingeleitet von Monika Gsell. *5 Bände. 2015 ff. Broschur. Je Band € 29,90; bei Gesamtabnahme € 24,90. ISBN 978 3 7728 2680 1.*

Judith Le Soldats (1947–2008) Beitrag zur Weiterentwicklung der psychoanalytischen Theorie beinhaltet eine grundlegende Revision der klassischen Auffassung des Ödipuskomplexes und, darauf aufbauend, eine neue psychoanalytische Theorie der Homosexualität. Die auf fünf Bände angelegte, mit editorischem Kommentar und Schlagwortverzeichnis versehene Werkausgabe macht Le Soldats Schriften in ihrem konzeptuell eng aufeinander bezogenen Zusammenhang zugänglich.

GRUND ZUR HOMOSEXUALITÄT

BAND 1: Vorlesungen zu einer neuen psychoanalytischen Theorie der Homosexualität. Aus dem Nachlass herausgegeben von der Judith Le Soldat-Stiftung. Kritisch ediert, bearbeitet, kommentiert und eingeleitet von Monika Gsell. *2015. 336 S., 35, z.T. farbige Abb. Broschur. ISBN 978 3 7728 2681 8. eBook € 29,90.* *Lieferbar*

›Grund zur Homosexualität‹ eröffnet ein radikal neues Verständnis der psychischen Prozesse, die an der Herausbildung dessen beteiligt sind, was wir sexuelle Orientierung nennen. Dabei wird nicht nur das Alltagsverständnis von Homo- und Heterosexualität hinterfragt. Auch unsere Vorstellungen davon, was Männlichkeit und Weiblichkeit bedeuten, werden auf ganz neue Grundlagen gestellt. Die Theorie, die uns Judith Le Soldat mit diesem Buch zur Verfügung stellt, ist denn auch viel mehr als eine Theorie der Homosexualität: Sie zeigt, dass eine genaue Analyse des Phänomens der Homosexualität zugleich ganz neue, bisher unerkannte Einsichten über das grundsätzliche Funktionieren der menschlichen Seele erlaubt.

»Le Soldats Revision des Ödipuskomplexes ist atemberaubend, verwirrend, löst starke Affekte aus. Le Soldat greift die Mängel, Widersprüche und Un-gereimtheiten von Freuds Triebtheorie auf und vermag manches mit brillantem Verstand und grossem Wissen aufzulösen. Damit beschert sie uns erneut jene Zumutung, die wir Freud ursprünglich verdanken: die von heftigsten Widerständen begleitete Auseinandersetzung mit den Ungeheuerlichkeiten unserer Triebwelt.« *Journal für Psychoanalyse*

LAND OHNE WIEDERKEHR

BAND 2: Auf der Suche nach einer neuen psychoanalytischen Theorie der Homosexualität. Aus dem Nachlass herausgegeben von der Judith Le Soldat-Stiftung. Kritisch ediert, bearbeitet, kommentiert und eingeleitet von Monika Gsell. *2018. 420 S., 16 Abb. Broschur. € 29,90. Bei Gesamtabnahme € 24,90. ISBN 978 3 7728 2682 5. eBook € 29,90.* *Lieferbar*

Band 2 der Judith Le Soldat-Werkausgabe enthält die Edition des zweiten bisher unveröffentlichten Buchmanuskriptes aus Judith Le Soldats Nachlass. Die Autorin beabsichtigte mit diesem Buchprojekt, ihre aus der Arbeit mit homosexuellen Analysanden gewonnenen Erkenntnisse *in statu nascendi* darzulegen. ›Land ohne Wiederkehr‹ beschreibt einen von verschiedenen möglichen homosexuellen Wegen der inneren Entwicklung. Darüber hinaus ist das Buch ein gleichermaßen überraschendes wie bewegendes Zeugnis eines Prozesses der Selbsterkenntnis geworden – einer Selbsterkenntnis zumal, die nicht nur für die – heterosexuelle – Autorin, sondern auch für die zu formulierende Theorie ganz unerwartete und grundlegende Konsequenzen haben sollte.

RAUBMORD UND VERRAT

BAND 3: Eine grundlegende Revision der psychoanalytischen Theorie des Ödipuskomplexes (Reprint zu ›Eine Theorie menschlichen Unglücks‹, Frankfurt am Main 1994). *Broschur. Ca. 290 S., 1 Abb. ISBN -2683 2.* *2. Hj. 2019*

AGGRESSION – TRIEB – STRUKTUR

BAND 4: Zur Wirkung von aggressiver Triebenergie in der psychischen Strukturbildung (Reprint zu ›Freiwillige Knechtschaft. Masochismus und Moral‹, Frankfurt am Main 1989). *Broschur. ISBN -2684 9.* *In Vorbereitung*

PSYCHOANALYSE AUS LEIDENSCHAFT

BAND 5: Gesammelte Aufsätze und Artikel 1983–2001. *Broschur. ISBN 978 3 7728 2685 6.* *In Vorbereitung*